改訂版 TOEIC® スピーキングテスト 究極のゼミ

冨田三穂 著／ヒロ前田 監修

アルク

はじめに

ここは、某所にあるTOEIC対策スクール。
3人の生徒が教室で、全11回に及ぶゼミの開始を待っている。
そこへ、主宰者のヒロが入ってきた…。

さ、始めよう。あれ、マイも受講するの？

はい。スピーキング力も伸ばしたくなりまして。

えっと、君は…ナオだね。大学生？

はい。よろしくお願いします。

よろしく。ヤスは何しに来たの？

何って、受講するんです。ちゃんと申し込みましたよ。

このゼミの先生は、どんな方なんですか？

大学でも教えているスピーキングの専門家で、新形式のテストもたくさん受けて研究している先生だよ。

でも、TOEIC® スピーキングテストって月1回しか受験できないですよね。

いや、今回の講師は、**試験研究のために韓国でも受験しまくっている。**韓国では月10回も受験可能だから、間違いなく日本で一番このテストに詳しい人だよ。

それは頼もしいです。

では、紹介する。ミホ先生、どうぞ。

こんにちは。ミホです。いきなりですが、質問です。皆さん、何でスピーキングの勉強がしたいの？

L&Rのスコアに見合うスピーキング力がなくて…。英語を自由に話せるようになりたいです。

バリバリ英語を話せるようになったら、就職にも有利だろうな。

英語で雑談とかできるようになりたいなぁ。

分かりました。このゼミはテスト対策ですが、対策だけでなくその先を見据えて練習します。

その先って何ですか？

このテストはよく作られていて、**対策することでスピーキング力がバランスよく上がる**ようになっています。だから、上手に対策すれば、プレゼンも雑談も上手になるし、英検など他の試験にも効きます。

教材はこの本ですか？

そう。これを使う理由は2つ。1つ目は、**2019年6月に始まった新しい試**

験形式を想定していること。

準備時間が増えて、ノートテイキング（メモ取り）OKになりましたね。

実は、それだけでなく、**試験の中身も大幅に変わりました**。この本はその変化にしっかり対応しています。2つ目の理由は**サンプルアンサーが2種類ある**ことです。

サンプルアンサーって、模範解答のことですか？

そう。普通、本にあるサンプルアンサーは完璧な英語で書かれているの。満点を取れる「完璧なお手本」ってことね。

「自分には無理」って思うときがあります。

この本は2つのレベルのお手本を掲載しているの。簡単に言えば、中級を目指すアンサーと、上級を目指すアンサーが載っています。効率的に力を伸ばすには、レベルに合うお手本を使うことが大事なんです。

練習問題の量が多いですね。

そこも重要です。**スピーキング力アップに必要なのは理論だけでなく実践です**から。みんなが好きな宿題もいっぱい出してあげます。

げっ。宿題があるんですか。

もちろん。最後に1つお願いです。学習をする上で何より大切なのは楽しむことです。楽しみながら練習すれば、ゼミが終わる頃には、英語が止まらない!って状態になりますよ。では、第1回ゼミを始めましょう。

登場人物紹介

ミホ

TOEIC対策及びスピーキングを専門とする講師。大学生や会社員を対象に、スコアアップと本物のスピーキング力を養成する指導を行っている。その指導は時に「鬼ミホ」の異名を取るほどのスパルタ式だが、講座が一瞬で満席になるほどの評判を得ている。TOEIC®スピーキングテストは、日本のみならず韓国でも受験を重ねており、出題傾向と効果的な対策法を熟知している。

マイ

証券会社勤務、30代。大学は英文学科を卒業していて、英語力には少し自信あり。TOEIC®スピーキングはこれまで公開テストを数回受けており、最高スコアは**160点。海外企業と直接取引する部門への異動を希望しているため、180点以上を目指している**。何事も堅実にこなす性格で、TOEIC®L&Rのスコアは最高910点だが、スピーキングに抵抗があり、今回のゼミで弱点を克服したいと考えている。

ヤス

衣料品店勤務、20代。海外からのお客さまと接する機会が多く、英語を使う機会はそれなりにあるが、定型的なやりとりに終始している。仕事で使えるスピーキング力を身につけるためにこのゼミに参加。対策せずに受験したTOEIC®スピーキングのスコアは120点。お調子者なので、**対策や練習をすれば150点以上が取れる**のではないかと楽観している。TOEIC®L&Rのスコアは最高800点。

ナオ

大学生、20代。理工系の専攻で、英語にはかなりの苦手意識を持っている。将来は海外のIT企業でエンジニアとして活躍するのが夢。大学で1回だけ受けたTOEIC®スピーキングのスコアは**90点**だった。情けないスコアを見て一念発起し、今回のゼミに参加することに。**夢を実現するため**にも、大学卒業までになんとか**120点はクリアしたい**と目論んでいる。TOEIC®L&Rのスコアは最高610点。

目次

CONTENTS

本書の使い方

本書では、TOEIC® スピーキングテストの攻略と、スピーキング力アップのトレーニングを全11回のゼミで行います。本番さながらの模試も3回分用意されており、力試しをすることができます。

本書の構成

本冊

全11回のゼミと3回の模試から構成されています。

別冊①解答例と解説

本冊の問題のサンプルアンサーや訳、解答と解説です。これだけ持ち歩いてサンプルアンサーの学習をすることもできます。

学習音声

無料でスマートフォンまたはパソコンにダウンロードできます。

入手方法はp. 16➡

別冊②直前チェックリスト

本試験の直前まで攻略ポイントや注意点を確認できる冊子です。

本冊の構成

講義

各ゼミの学習テーマに基づいて、確実にスコアアップを図るためのポイントを、講義（ゼミ）形式で学習します。先生と生徒3人の楽しい掛け合いを読むうちに、問題の形式や特徴、採点ルール、注意点などを知ることができます。

無料でダウンロードできる「学習音声」と、サンプルアンサーや解答·解説の掲載がある別冊①を一緒に使ってください。

サンプルアンサーを2種類（中級を目指すアンサーと上級を目指すアンサー）用意しました。自分のレベルに合わせて学習してください。

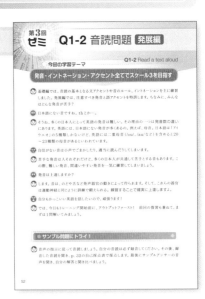

第3回ゼミ　Q1-2 音読問題 発展編

Q1-2 Read a text aloud

今回の学習テーマ

発音·イントネーション·アクセント全てでスケール3を目指す

基礎編では、音読の基本となる文アクセントや音のルール、イントネーションを主に練習しました。発展編では、注意すべき発音と語アクセントを特訓します。ちなみに、みんなはどんな発音が苦手？

日本語にない音ですね。thとか…。

そうね、多くの日本人にとって英語の発音は難しい。その理由の一つは発音数の違いにあります。英語には、日本語にない発音が多くあるの。例えば、母音。日本語は「アイウエオ」の5種類しかないけど、英語には二重母音（/ou/、/au/など）を含めると20～23種類の母音があるといわれています。

自信がない音は小声でごまかしたり、適当に読んだりしてしまいます。

苦手な発音は人それぞれだけど、多くの日本人が共通して苦手とする音もあります。この際、難しい発音、間違いやすい発音を一気に練習してしまいましょう。

発音は上達しますか？

します。音は、のどや舌など発声器官の動きによって作られます。そして、これらの器官は運動神経と同じように訓練で鍛えられる。練習することで確実に上達しますよ。

自分もかっこいい英語を話したいので、頑張ります！

では、今日もトレーニング開始前に、アウトプットファースト！　前回の復習も兼ねて、まずは1問解いてみましょう。

サンプル問題にトライ！

音声の指示に従って音読しましょう。自分の音読は必ず録音してください。その後、録音した音読を聞き、p. 32の自己採点表で採点します。最後にサンプルアンサーの音声を聞き、自分の解答と聞き比べましょう。

52

マークの意味

- ディレクション 001 …… ディレクション（問題の指示文）の音声
- 問題 002 …… 問題の音声
- サンプル 003 …… サンプルアンサーの音声。ほとんどのサンプルアンサーには、目標とするレベル別にLevels 5-6とLevels 7-8の２種類が用意されています。
- 別冊 p.4 …… 別冊①のサンプルアンサーや訳、解答・解説の掲載ページ数
- ● REC …… このマークがあるときは、問題を解いたり練習をしたりする際に、自分の発話を録音してください。
- sheet …… このマークがあるときは、答えを付属の赤シートで隠すことができます。表現を覚えるときやクイックレスポンス練習などに活用してください。

問題の攻略法

問題ごとの攻略法を一覧にまとめました。このポイントに沿ってトレーニングを行い、スコアアップとスピーキング力強化を行います。

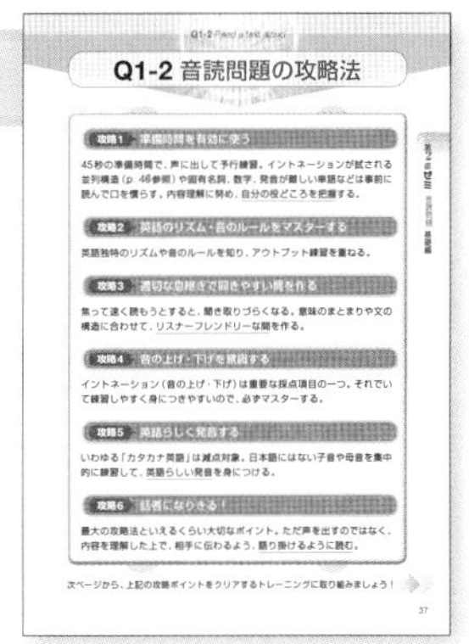

トレーニング

各攻略ポイントに沿って、スコアアップに直結する語彙・表現力の強化を行い、スピーキングのコツを身につける練習を行います。

sheetがある問題は、付属の赤シートで答えを隠して練習できます。● RECがある問題は、必ず自分の発話を録音し、書き取ってサンプルアンサーと比較して、違いを確認しましょう。

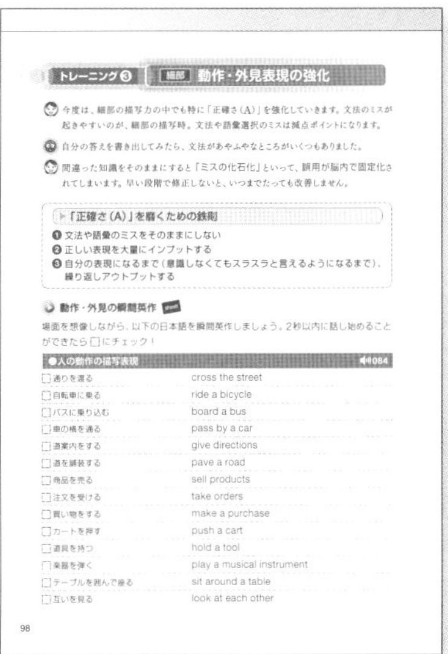

本書の使い方

ノートテイキングの仕方

ノートテイキングが有効な問題では、スコアに差が出るメモの活用法を取り上げています。

さらに、著者のミホ先生による実演動画をQRコードで呼び出すことができます。
(p. 134、p. 222)

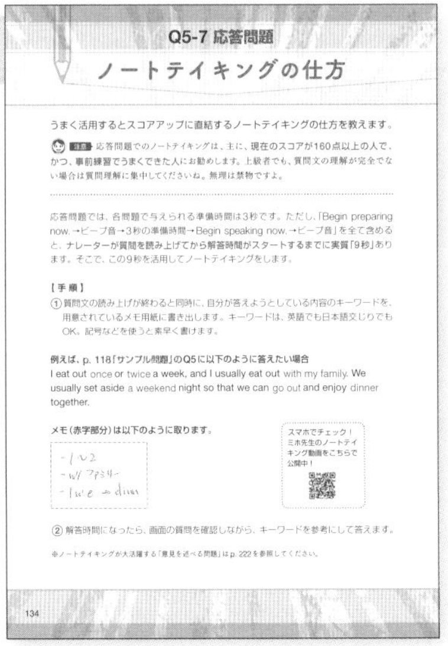

Q5-7 応答問題

ノートテイキングの仕方

うまく活用するとスコアアップに直結するノートテイキングの仕方を教えます。

注意 応答問題でのノートテイキングは、主に、現在のスコアが160点以上の人で、かつ、事前練習でうまくできた人にお勧めします。上級者でも、質問文の理解が完全でない場合は質問理解に集中してくださいね。無理は禁物ですよ。

応答問題では、各問題で与えられる準備時間は3秒です。ただし、「Begin preparing now.→ビープ音→3秒の準備時間→Begin speaking now.→ビープ音」を全て含めると、ナレーターが質問を読み上げてから解答時間がスタートするまでに実質「9秒」あります。そこで、この9秒を活用してノートテイキングをします。

【手順】

① 質問文の読み上げが終わると同時に、自分が答えようとしている内容のキーワードを、用意されているメモ用紙に書き出します。キーワードは、英語でも日本語交じりでもOK。記号などを使うと素早く書けます。

例えば、p. 118「サンプル問題」のQ5に以下のように答えたい場合

I eat out once or twice a week, and I usually eat out with my family. We usually set aside a weekend night so that we can go out and enjoy dinner together.

メモ(赤字部分)は以下のように取ります。

スマホでチェック!
ミホ先生のノートテイキング動画をこちらで公開中!

② 解答時間になったら、画面の質問を確認しながら、キーワードを参考にして答えます。

※ノートテイキングが大活躍する「意見を述べる問題」はp. 222を参照してください。

134

実践練習問題

第1回以外の奇数回ゼミの最後に、総まとめの練習問題を用意しました。本番さながらの問題にチャレンジして、攻略ポイントや語彙·表現、スピーキングのコツが身についているかを確認してください。

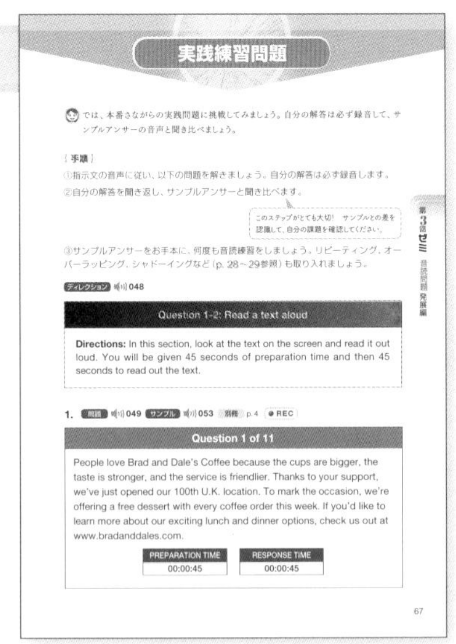

実践練習問題

では、本番さながらの実践問題に挑戦してみましょう。自分の解答は必ず録音して、サンプルアンサーの音声と聞き比べましょう。

【手順】

①指示文の音声に従い、以下の問題を解きましょう。自分の解答は必ず録音します。

②自分の解答を聞き返し、サンプルアンサーと聞き比べます。

このステップがとても大切! サンプルとの差を認識して、自分の課題を確認してください。

③サンプルアンサーをお手本に、何度も音読練習をしましょう。リピーティング、オーバーラッピング、シャドーイングなど(p. 28~29参照)も取り入れましょう。

ディレクション 048

Question 1-2: Read a text aloud

Directions: In this section, look at the text on the screen and read it out loud. You will be given 45 seconds of preparation time and then 45 seconds to read out the text.

1. 問題 049 サンプル 053 別冊 p. 4 ● REC

Question 1 of 11

People love Brad and Dale's Coffee because the cups are bigger, the taste is stronger, and the service is friendlier. Thanks to your support, we've just opened our 100th U.K. location. To mark the occasion, we're offering a free dessert with every coffee order this week. If you'd like to learn more about our exciting lunch and dinner options, check us out at www.bradanddales.com.

PREPARATION TIME	RESPONSE TIME
00:00:45	00:00:45

第3回ゼミ 音読問題 発展編

67

宿題

実践練習問題の後に、宿題として、さらに練習問題を設けました。スピーキングは話す量によって上達度に差が付くので、この宿題を活用して、どんどん練習をしてみてください。

問題の英文やサンプルアンサーは、アルクのウェブサイトのダウンロードセンターから無料でダウンロードできます。

入手方法はp. 16➡

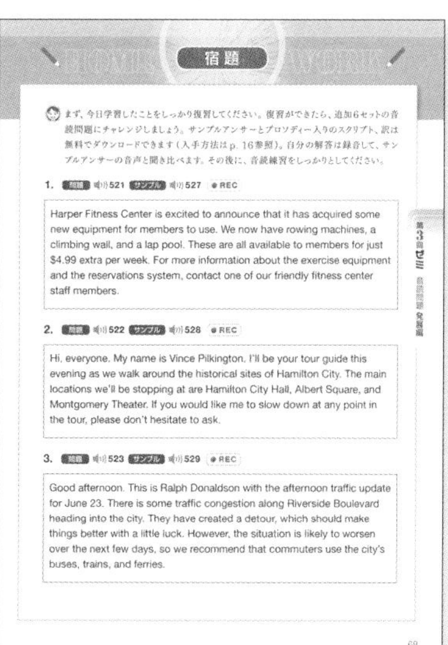

宿題

まず、今日学習したことをしっかり復習してください。復習ができたら、追加6セットの音読問題にチャレンジしましょう。サンプルアンサーとプロソディー入りのスクリプト、訳は無料でダウンロードできます（入手方法はp. 16参照）。自分の解答は録音して、サンプルアンサーの音声と聞き比べます。その後に、音読練習をしっかりとしてください。

1. 問題 521 サンプル 527 ● REC

Harper Fitness Center is excited to announce that it has acquired some new equipment for members to use. We now have rowing machines, a climbing wall, and a lap pool. These are all available to members for just $4.99 extra per week. For more information about the exercise equipment and the reservations system, contact one of our friendly fitness center staff members.

2. 問題 522 サンプル 528 ● REC

Hi, everyone. My name is Vince Pilkington. I'll be your tour guide this evening as we walk around the historical sites of Hamilton City. The main locations we'll be stopping at are Hamilton City Hall, Albert Square, and Montgomery Theater. If you would like me to slow down at any point in the tour, please don't hesitate to ask.

3. 問題 523 サンプル 529 ● REC

Good afternoon. This is Ralph Donaldson with the afternoon traffic update for June 23. There is some traffic congestion along Riverside Boulevard heading into the city. They have created a detour, which should make things better with a little luck. However, the situation is likely to worsen over the next few days, so we recommend that commuters use the city's buses, trains, and ferries.

第3回ゼミ 音読問題 発展編

69

模試

巻末に、本番そっくりの模試を3回分用意しました。本番前の総仕上げとして活用してください。通常版に加え、本試験を模して周りのノイズも収録した効果音版もあるので、試してみてください。

また、より本番に近い状態で受験できる模試を、オンライン上にも用意してあります。パソコンから、アクセスしてください。

アクセス方法はp. 16➡

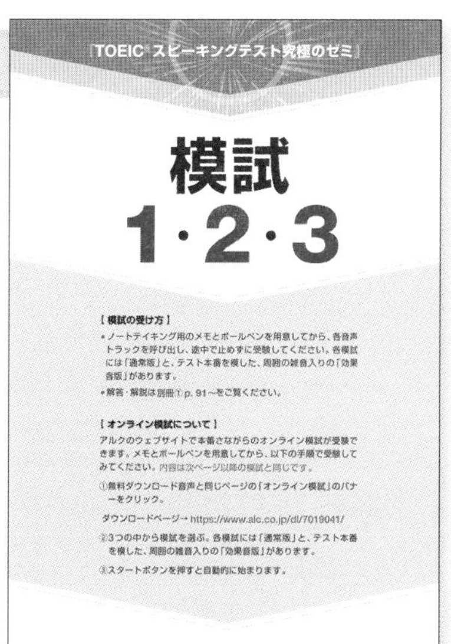

『TOEIC® スピーキングテスト究極のゼミ』

模試

1・2・3

【模試の受け方】

* ノートテイキング用のメモとボールペンを用意してから、各音声トラックを呼び出し、途中で止めずに受験してください。各模試には「通常版」と、テスト本番を模した、周囲の雑音入りの「効果音版」があります。
* 解答・解説は別冊① p. 91～をご覧ください。

【オンライン模試について】

アルクのウェブサイトで本番さながらのオンライン模試が受験できます。メモとボールペンを用意してから、以下の手順で受験してみてください。内容は次ページ以降の模試と同じです。

①無料ダウンロード音声と同じページの「オンライン模試」のバナーをクリック。

ダウンロードページ→ https://www.alc.co.jp/dl/7019041/

②3つの中から模試を選ぶ。各模試には「通常版」と、テスト本番を模した、周囲の雑音入りの「効果音版」があります。

③スタートボタンを押すと自動的に始まります。

TOEIC® スピーキングテストの概要

「TOEIC® スピーキングテスト」とは？

TOEIC® スピーキングテストは、国際的な職場環境において、効果的に英語でコミュニケーションするために必要な話す能力を測定するテストです。以下のような能力が受験者に問われます。

1. 英語のネイティブスピーカーや英語に堪能なノンネイティブスピーカーに理解しやすい言葉で話すことができる。
2. 日常生活において、また仕事上必要なやりとりをするために適切に言葉を選択し、使うことができる（例えば、指示を与えたり受けたり、情報や説明を求めたり与えたり、購入、挨拶、紹介ができるなど）。
3. 一般的な職場において、筋の通った継続的なやりとりができる。

テストの受け方

TOEIC® テストを制作するEducational Testing Service（ETS）認定試験会場のパソコン上で受験します。TOEIC® L&Rテストのようなテスト冊子やマークシートはありません。試験会場のブースに着席して、パソコンを前に、ヘッドホンを装着して、パソコンから配信される指示に従ってテストを行います。

ノートテイキングが許可されており、会場で渡されるボールペンとメモ用紙を使うことができます。

テストの型式

問題数	計11問	5つのセクションから構成されている。次ページ参照
テスト時間	約20分	スタートしたら最後までノンストップ！

テストの構成

問題番号	問題名	問題内容	準備時間	解答時間	評価基準	採点スケール
1-2 (2問)	Read a text aloud 音読問題	アナウンスや広告などの短い英文を音読する	各問45秒	各問45秒	• 発音 • イントネーション、アクセント	0～3
3-4 (2問)	Describe a picture 写真描写問題	写真を見て内容を説明する	各問45秒	各問30秒	上記の事柄すべてに加えて • 文法 • 語彙 • 一貫性	0～3
5-7 (3問)	Respond to questions 応答問題	身近な問題についてインタビュー形式で質問に答える	各問3秒	Q5：15秒 Q6：15秒 Q7：30秒	上記の事柄すべてに加えて • 内容の妥当性 • 内容の完成度	0～3
8-10 (3問)	Respond to questions using information provided 提示された情報に基づく応答問題 ※通称「表問題」	提示されたスケジュールなどの資料に基づいて質問に答える	各問3秒 ※資料を読む時間45秒 ※Q10の設問読み上げは2回	Q8：15秒 Q9：15秒 Q10：30秒	上記の事柄すべて	0～3
11 (1問)	Express an opinion 意見を述べる問題 ※通称「オピニオン問題」	提示されたテーマについて、自分の意見とその理由を述べる	45秒	60秒	上記の事柄すべて	0～5

テストの結果

テスト終了後、30日以内に「Official Score Certificate（公式認定証）」が届きます。申し込み時に設定すれば、試験日から17日後にインターネット上でスコアを確認できます。**スコアは10点刻みの0点から200点**で、スコアを基にした**能力レベル（Proficiency Level）は8段階で**評価されます。さらに、「Pronunciation（発音）」、「Intonation（イントネーション）と Stress（アクセント）」についてもそれぞれ3段階で評価されます。

スコアが示す能力の目安

Proficiency Level	各レベルに該当する受験者の能力の目安
Level 8 スコア 190～200	一般の職場にふさわしい継続的な会話ができる。意見を述べたり、複雑な要求に応えたりする際の話の内容は大変わかりやすい。基本的な文法も複雑な文法もうまく使いこなし、正確で的確な語彙・語句を使用している。 また、質問に回答し、基本的な情報を提供することができる。 発音、イントネーション、強調すべき部分がいつも大変わかりやすい。
Level 7 スコア 160～180	一般の職場にふさわしい継続的な会話ができる。的確に意見を述べたり、複雑な要求に応えることができる。長い応答では、以下の弱点が一部現れることがあるが、意思の伝達を妨げるものではない。 • 発音、イントネーションにわずかだが問題があり、話すとき、躊躇することがある • 複雑な文法構造を使うときにいくつか誤りがみられることがある • 不正確な語彙・語句の使用がいくつかみられることがある また、質問に回答し、基本的な情報を提供することができる。 書かれたものを読み上げる際の英語は大変わかりやすい。
Level 6 スコア 130～150	意見を述べたり、複雑な要求に対して、適切に応えることができる。しかしながら、少なくとも部分的に意見の根拠や説明が聞き手にとって不明瞭なことがある。これには、以下の理由が考えられる。 • 話さなければならない時、発音がはっきりしない、またはイントネーションや強調すべき部分が不適切である • 文法に誤りがある • 使用できる語彙・語句の範囲が限られている また、ほとんどの場合、質問に回答し、基本的な情報を提供することができる。しかしながら、しばしば内容は理解しにくい。 書かれたものを読み上げる際の英語はわかりやすい。

Level 5 スコア 110～120	ある程度、意見を述べる、または複雑な要求に応えることができる。ただし、応答には以下のような問題がみられる。 • 言葉が不正確、あいまい、または同じ言葉を繰り返し述べている • 聞き手の立場や状況をほとんど、またはまったく意識していない • 間が長く、躊躇することが多い • 考えを表現すること、またいくつかの考えを関連づけて表現することに限界がある • 使用できる語彙・語句の範囲が限られている また、ほとんどの場合、質問に回答し、基本的な情報を提供することができる。しかしながら、しばしば内容は理解しにくい。 書かれたものを読み上げる際の英語は概ねわかりやすいが、自らが考えて話をするときは、発音、イントネーション、強調すべき部分に時々誤りがある。
Level 4 スコア 80～100	意見を述べる、または複雑な要求に応えようとするが、うまくいかない。1つの文のみ、または文の一部分のみで応答することがある。このほかに、以下のような問題がみられる。 • 回答がとても短い、または長くてもほとんどの部分が理解しにくい • 聞き手の立場や状況をほとんど、またはまったく意識していない • 発音、イントネーション、強調すべき部分に常に問題がある • 間が長く、躊躇することが多い • 語彙・語句が非常に限られている また、ほとんどの場合、質問に答えることも、基本的な情報を提供することもできない。 書かれたものを読み上げる際の英語はわかりやすい場合もあるが、わかりにくい場合もある。自らが考えて話をするときは、発音、イントネーション、強調すべき部分に問題が多い。 ※ p.14「発音」、「イントネーションとアクセント」の評価内容も参照。
Level 3 スコア 60～70	若干の支障はあるものの簡単なことは言える。ただし、その意見の裏付けを述べることはできない。複雑な要求に対する応答は、非常に限られている。 また、ほとんどの場合、質問に答えることも、基本的な情報を提供することもできない。 語彙・語句または文法が不十分なため、簡単な描写をすることもできない。 書かれたものを読み上げる際の英語は理解しにくいことがある。 ※ p.14「発音」、「イントネーションとアクセント」の評価内容も参照。

Level 2 スコア 40～50	意見を述べることも、意見の裏付けを述べることもできない。複雑な要求に応えることもできない、また、まったく的外れな応答をする。 質問に答える、基本的な情報を提供するなど、社会生活や職業上の日常的な会話も理解しにくい。 書かれたものを読み上げる際の英語は理解しにくいことがある。 ※下記「発音」、「イントネーションとアクセント」の評価内容も参照。
Level 1 スコア 0～30	スピーキングのかなりの部分に回答していない。テストのディレクションや設問の内容を理解するのに必要な英語のリスニング、またはリーディング能力に欠ける。

Pronunciation Level	発音（Pronunciation）
HIGH	英文を音読する際、発音はとてもわかりやすい。
MEDIUM	英文を音読する際、発音は全体的にわかりやすいが、些細なミスがある。
LOW	英文を音読する際、発音は全体的にわかりにくい。

Intonation and Stress Level	イントネーションとアクセント（Intonation and Stress）
HIGH	英文を音読する際、イントネーションとアクセントが、とても効果的である。
MEDIUM	英文を音読する際、イントネーションとアクセントが、ほとんどの場合効果的である。
LOW	英文を音読する際、イントネーションとアクセントが、ほとんどの場合効果的ではない。

スコアと採点スケールの相関関係（目安）

スコアと各問題の採点スケールの関係を一覧にしました。自分が目指すスコアを実現するためのスケールの目安を確認しましょう。採点スケールについては、ゼミの中でも詳しく説明します。

スコアと採点スケールの相関関係

スコア	能力レベル	Q1-2 ｜ Q3-4	Q5-7 ｜ Q8-10	Q11
190-200	8	3点	3点	5点
160-180	7	3点	2問で3点、1問で2点	5点 ｜ 4点 4点 ｜ 4点
130-150	6	ほとんど3点	すべて2点以上	4点 ｜ 3点 3点 ｜ 3点
110-120	5	2点	2問で2点、1問で1点、以上	3点 ｜ 3点 2点 ｜ 3点
80-100	4	一部1点 ｜ いくつか2点	一部1点 ｜ いくつか2点	2点 ｜ 3点 2点 ｜ 2点
60-70	3	一部1点 ｜ いくつか2点	ほとんど1点	2点 ｜ 2点 1点 ｜ 2点
40-50	2	1点	1点または無回答	1点 ｜ 2点 1点 ｜ 1点
0-30	1	無回答かトピックから逸脱	無回答かトピックから逸脱	無回答かトピックから逸脱

テストの申込方法

テストの申込方法、受験料、スケジュール、当日必要な物、当日の流れ、テスト結果の通知方法などの詳細は以下のサイトを御覧ください。

● 一般財団法人 国際ビジネスコミュニケーション協会
https://www.iibc-global.org/toeic/test/speaking.html

【無料】学習音声・宿題（音声と解答PDF）の入手方法

本書の学習音声などは、スマートフォンやパソコンに無料でダウンロードできます。

スマートフォンの場合

英語学習アプリbooco【無料】

リピート再生や再生速度調整、数秒の巻き戻し・早送り再生に加え、クイズ、学習記録、目標設定などが可能になります。

【 手順 】

①英語学習アプリboocoのダウンロード

スマートフォンに、アルクが無料提供している「英語学習アプリbooco」をダウンロード。

※App Store、Google Playから「booco」で検索

boocoの説明サイトへのQRコード

②本書を探す

ホーム画面下の「探す」ページ、書籍名、商品コード**7023041**、著者名で検索。

③本書の音声をダウンロード

パソコンの場合

bit.ly/3RvNolKから直接ダウンロードページへアクセスするか、以下のサイトで本書の商品コード**7023041**で検索してください。

アルクのダウンロードセンター

https://portal-dlc.alc.co.jp/

オンライン模試について

本書の「模試1・2・3」は、本番さながらにオンラインでも解くことができます。パソコンから以下のダウンロードセンター内のページへアクセスしてください。本試験を模して周りのノイズも収録した効果音版もあるので、ぜひ試してみてください。

オンライン模試→bit.ly/3RvNolK

※サービス内容は予告なく変更する場合がございます。あらかじめご了承ください。

TOEIC® スピーキングテスト 究極のゼミ

マークの意味

ディレクション 001 …… ディレクションの音声
問題 002 …… 問題や例文の音声
サンプル 003 …… サンプルアンサーの音声
別冊 p. 4 …… 別冊の英文や解説のページ数
● REC …… 自分の発話を録音してください。
sheet …… 答えを赤シートで隠すことができます。

第1回ゼミ スピーキングテストへの取り組み方

今回の学習テーマ

TOEICスピーキングテストを知る ～「話せる」とは？～

では、第1回ゼミを始めましょう。本書には全11回のゼミを収録していて、それぞれ次のようにテーマを設定しています。

ゼミ	テーマ	
第2、3回	Q1-2	音読問題（基礎編・発展編）
第4、5回	Q3-4	写真描写問題（基礎編・発展編）
第6、7回	Q5-7	応答問題（基礎編・発展編）
第8、9回	Q8-10	提示された情報に基づく応答問題（基礎編・発展編）
第10、11回	Q11	意見を述べる問題（基礎編・発展編）

TOEICスピーキングテストは音読、写真描写、応答、提示された情報に基づく応答、提案、意見という5つのセクションに分かれています。第2回ゼミからは、順番に全てのセクションを練習していきます。

実は僕、スピーキングテストは1回受けただけであまりよく知らないんですが、大丈夫ですか？

大丈夫。偶数回のゼミは「基礎編」で、セクションごとの傾向と重要攻略ポイントを学習します。だから、テストの中身を知らなくても問題形式に慣れることができます。奇数回のゼミは「発展編」で、実践演習にたくさん挑戦してもらいます。セクションごとに毎回宿題も出るけど、しっかりついてきてね。

TOEICスピーキングテストって？

TOEIC Listening & Reading Testは時々受けます。すごく長いですよね。

スピーキングテストはそれよりずっと短くて、全部で約20分です。

私は何度か受けたけど、いつも、あっという間に終わります。

パソコンで受験するのが初めてだったので、戸惑った記憶が…。

そう。テストはパソコンを利用して音声を吹き込む方式です。

僕は焦って頭が真っ白になって、パソコンの前で無言になることが多いです。

まずは「焦る」という状態を回避するために、テストの傾向を知り、対策することから始めましょう。あらゆるテストには出題の特徴や傾向があり、TOEICスピーキングテストもそれは同じです。**傾向があるものには「対策」、そして「攻略法」が効きます**。ただ、対策をしてスピーキングテストで点数が取れるようになったけれど、実際に英語で話そうとすると言葉が出てこない…では、本末転倒ですよね。

確かに。

テストで目標とする点数を取るのは大切。でも、みんなの最終的な目標は何？

仕事で英語を使う部署に行きたいです。

お客さまと英語で雑談したいです。

僕も、英語がペラペラになりたいです。

このゼミはテスト対策をするものではあるけれど、テストで点数を取ることだけを目的にはしていません。**テスト対策として練習することで、結果的に「話せるようになる」こと**を主眼としています。話せるようになれば、基本的にどんな英語のテストでも結果が出せるし、仕事など実践の場でも英語を使えるようになります。

勉強すれば、いつかはペラペラに？

ところで、みんなは英語の勉強を始めてどのくらい経った？

え…。自分は中1からだから、もはやベテランの域です。

私も長年、勉強しています。でも、しゃべるとなるといまだに自信がなくて…。

僕も、話すのは苦手です。読んだり聞いたりは苦ではないんですが…。

どうしたら、話せるようになりますか？

話せるようになるには、話す練習をすることが一番大事。

話してさえいれば、そのうちペラペラになれるんですか？

いや、それはない。

えっ！　ないのか…。

私たち日本人にとって、英語は第二言語。母語である日本語は、気づいたらいつの間にか話せるようになっていたと思うけど、第二言語である英語の場合、そうはいきません。第二言語の習得は、母語の習得とは異なるプロセスを通ります。「なんとなくやっていれば、いつかはペラペラになる」ということは、残念ながら起こりません。話す力を身につけたいのなら、**第二言語習得のプロセスに沿った練習をする**ことが必要です。そして、多くの人が英語を長いこと勉強しているのに話せない理由には、大きく分けて以下の3つがあります。

話せない理由 トップ3
第1位　「正確さ」にフォーカスしすぎている
第2位　話すための基底となる「概念」を伴っていない
第3位　知識が「自動化」されていない

どういうことなのか、それぞれ詳しく見ていきましょう。

話せない理由 第1位　「正確さ」にフォーカスしすぎている

まず、第1位の「正確さ」にフォーカスしすぎている、という理由。話すときに「これはどの文型か」「ここは過去形を使うべきか」などと文法事項ばかりを気にしていると、流暢に発話する力がなかなか身につきません。

身に覚えがあります。文法を間違えていないかどうかが気になって、何度も言い直したり、無言になったりしてしまうんです。

文法の精度にばかりとらわれていると、頭の中に浮かんだ概念が言語として発話されるまでの時間が長くなります。**スピーキングは瞬発力が命**だから、話す上での障壁になるということね。

じゃあ、文法はあまり気にしない方がいいんですか？

そうね、気にしすぎはよくない。でも、だからといって文法を無視していいということにはなりません。話す力を上げるためには、バランスが大事。間違いが気になってなかなか話せないという人は、「精度第一主義」を少し緩めて、複雑さ、正確さ、流暢さのバランスを意識することが重要です。

話せない理由 第2位　話すための基底となる「概念」を伴っていない

話せない理由の第2位は、思考に関する部分です。話すためには、話す中身がないといけない。でも、そもそも中身が薄すぎるというパターンね。

これ、私です。話したくてもアイデアがない。それで、黙ってしまうことがあります。

英語文化では「沈黙は金」というよりも、むしろ「雄弁は金」。アイデアが浮かばないという状態から脱するために、中身を持つことが大事です。母語と第二言語には、共通の基底があるといわれています（下図）。人が何かを話すときは「概念」が底にあり、それらを「言語コード」に乗せて発話しているのです。日本語も英語も、根っこは一緒。この「根っこ」の部分が脆弱だと、当たり前ですが「話したいのに、話せない」となります。

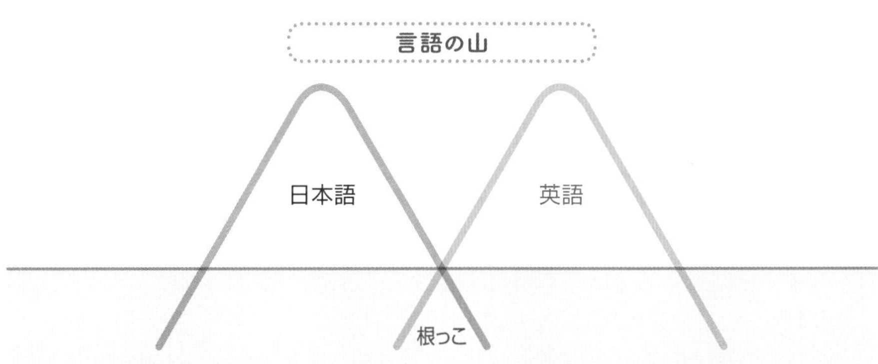

でも、どうすればいいですか？

思考力を鍛える。

どうやって？

いろいろな練習を通じて「考える体験」を積みます。そして、**英語を「自分事」にする。**

自分事にする、ってどういうことですか？

自分と目の前の英語をつなげるということです。例えば、この本ではサンプルアンサーを多数収録しています。これらを音読したり暗記したりするのはとてもよい練習ですが、サンプルをただオウム返しするだけではダメ。口を動かすだけでなく、心と頭も同時に動かし、**常に自分を主人公にすること**が大事です。目の前の英文が「サンプル」ではなく、「自分のアンサー」であると思い込む。要はただ「しゃべる」のではなくて、「**心を動かし、考えながら話す**」ということです。

なるほど。自分に足りていないものが分かった気がします。心を無にして練習していてはダメなんですね。

そうね。どれだけ言語コードの習得に力を注いでも、それが、その根底にある概念を構築する思考を刺激するような練習でなければ、話せるようにはなりません。日本語でも英語でもいいので、常に「思考力を鍛える」ことを意識してください。

話せない理由 第3位　知識が「自動化」されていない

「知識の自動化」って何ですか？　初めて聞きました。

言語習得において、知識は以下の2種類に分けられるといわれています。

- 宣言的知識……意識的に得る知識。単語を暗記したり、文法を勉強したり、発音の仕組みを理解したりという学習段階、「AはBである」と理解するスキル
- 手続き的知識……意識しなくても使える知識。考えなくてもすぐに単語が出る、正しい文法でスラスラ話すことができるというスキル

知識の自動化というのは、**「宣言的知識」から「手続き的知識」に移行すること**を指します。

宣言的知識（意識的に得る知識） → 自動化 → **手続き的知識（意識しなくても使える知識）**

なるほど。目指すのは、手続き的知識の獲得ですね。

そうです。母語は自然と「手続き的知識」を手に入れることができるので、「宣言的知識」の段階が存在しません。そのため、「自動化」のプロセスがありません。でも、第二言語である英語を学ぶときは違います。母語とは違って、**意識的に「手続き的知識」を手に入れなければいけない**。つまり、「自動化させる」努力が必要になります。

文法も知っている、単語もたくさん覚えた。でも話せない…というのは、知識が自動化

されていないことが原因なんですね。

そう。「知っている知識」を「使える知識」へ格上げする作業が「自動化」ということ。このゼミでは、知識の自動化を目指すためにさまざまな練習をしていきます。深い練習を重ねる中で知識が自動化されれば、スピーキングは必ずできるようになります。根気よく練習していきましょうね。

ゼミでの具体的な練習方法

具体的には、どんな練習をするんですか？

ナイスクエスチョンですね。キーワードは、**インプット**、**インテイク**、**アウトプット**です。

ステップ1：インプット

ディクテーション、音読、リピートなどを通じて、**良質なインプットを大量に**していきます。英語には、発音やリズム、表現や型など、独特のルールがあります。これらを、脳内にたくさん取り込んでいきます。

ステップ2：インテイク

ステップ1でインプットした情報を、**脳内にさらに深く取り込んでいく**プロセスがインテイク。得たばかりの新しい情報を、いかに脳内の深くまで染み込ませ、内在化させることができるかがカギです。

ステップ3：アウトプット

インテイクされた情報が自動化されて**「意識しなくても使えるもの」**になるまで、声に出して集中的にアウトプット練習を行います。知識を固定化させるステップです。

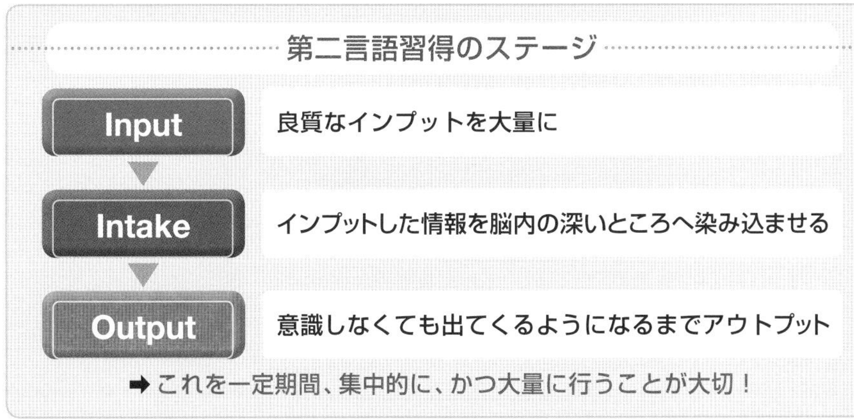

第二言語習得のステージ

Input	良質なインプットを大量に
▼ Intake	インプットした情報を脳内の深いところへ染み込ませる
▼ Output	意識しなくても出てくるようになるまでアウトプット

➡ これを一定期間、集中的に、かつ大量に行うことが大切！

大量に、集中的に、ですか…（汗）。

そうです。楽して点数が上がることはありません。英語がペラペラになる魔法もありません。スピーキングができるようになるためには、**一定期間、集中的かつ大量に上記ステップを繰り返す**ことが唯一の、そして最善の方法です。

バランスのよいCAFを目指して

スピーキングの練習をする上で、忘れてはいけないことがあります。それは、CAF（キャフ）のバランスです。

CAFって何ですか?

CAFとは言語の能力を測る指標で、「複雑さ／Complexity」「正確さ／Accuracy」「流暢さ／Fluency」の頭文字を取ったものです。ざっくり言うと、スピーキング力の高さを表す指標のことね。

複雑さ（C）……構造的に複雑な文が作れるかどうかや、語彙の豊富さ
正確さ（A）……発音や文法、語彙選択の間違いの有無
流暢さ（F）……単位時間あたりの語数や言いよどみの有無などで見る、発話のスムーズさ

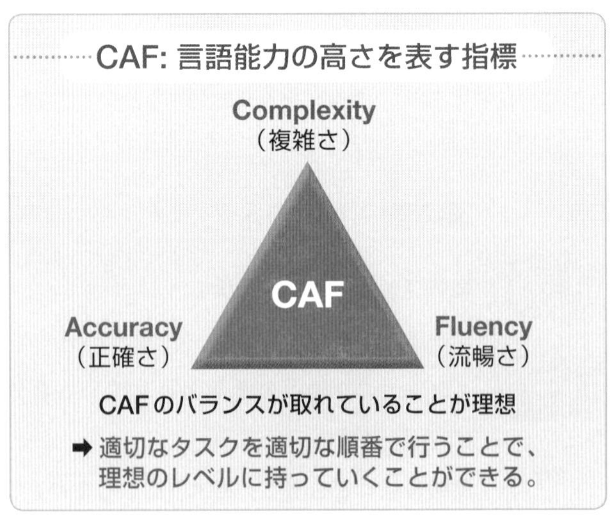

CAFが高いと、話す力が高いということですか?

そう。言語能力はこのCAFがバランスよく取れて完成するもので、実際に多くの外国語能力テストではCAFを指標としてレベル判定をしています。でも、気を付けたいのはCAFの成長過程。**CAFは、成長するときに「お互いに足を引っ張り合ってしまう」**という特徴があるの。また、CAFはさまざまな要素が複雑に絡み合いながら発達するので、バランスよく成長させることが困難といわれています。

うーん、なんだか難しいな。どういうことですか？

例えば、「正確さばかりにフォーカスしていると流暢さが伸びない」とか、「ペラペラとしゃべることだけに注力すると、簡単な文ばかりになって複雑さや正確さが伸びない」などという現象です。

それは心当たりがあります。

CAFは同時には伸びないといわれていますが、実は、**適切な練習を、適切な順番で、適切な量で**行えば、3要素をバランスよく伸ばすことができるんです。

トレーニングの先にあるもの

ゼミでは、さまざまなトレーニングを行います。中にはキツいと感じるものもあるかもしれません。でも、それらは全てバランスのよいCAFの発達を目的としています。

き、キツいんですか？

キツいです（笑）。でも、しっかりとこなしていけばCAFが同時に発達して、最後にはバランスのよいCAFの三角形ができあがり、理想的なスピーキング力がつきます。TOEIC® スピーキングテストで見られているのは、**CAFの高さとバランスのよさ**。ゼミの練習を全てこなしていけば、必ずそれが点数に反映されます。

本当ですか！　ワクワクしてきました。頑張ります。

言語の習得は脳内で行われます。**脳にガツンと効く練習**をたくさんしていきましょう。

大量に、集中的に…ですね。頑張ります！

僕も！

「学問に王道なし」と言いますが、スピーキング力アップにも王道はありません。地道にコツコツと練習を続けた人が、最後には勝利を手にします。大切なことは、正しい練習方法と強い意志。「雨垂れ石を穿つ」ごとく、**たゆまぬ努力の先には、必ずや道が開ける**でしょう。一緒に頑張りましょうね！

「アウトプットファースト」って？

知識を自動化するステップに「インプット→インテイク→アウトプット」の3ステップがあるということは、先に述べたとおりです。**「アウトプットファースト」は「インプット」より前に入る練習段階**で、自動化をさらに促進することを目的としています。

例えば、スポンジを想像してください。最初から湿っているスポンジよりも、カラカラに乾いたスポンジの方が、水をよく吸い取りますね。スピーキングの練習においても、まずはスポンジを乾かすステップを踏むことで、その後のインプットがぐんと効率的に吸収されるようになるのです。

スピーキング練習の基本的な手順

1. まずはアウトプット（発話）をしてみる。発話内容は必ず録音。
2. アウトプットした内容を振り返る（録音を聞き直して、書き出す）。
3. 「言えないこと」「言いたかったこと」が何かを把握する（＝ホール／hole［穴］を見つける）。
4. 見本となる音声を聞く。スクリプトは見ずに、音声で吸収するとよい。
5. 自分のアウトプットと見本の音声を聞き比べ、違い（＝ギャップ／gap）を見つける。
6. ホールとギャップを埋めていく。

1～3のステップで最初にアウトプットをすること（アウトプットファースト）により、「自分の言いたいこと・言えないこと」が浮き出てきます。すると、4のステップで入ってきた新しい情報が「自分事」となり、インプットの吸収率が高まります。脳がスポンジのように、ぐんぐんと情報を吸い取るイメージです。アウトプットファーストの段階を踏むことで、いきなり4のステップから練習を始めた場合と比較して、より速く、より確実にインプットからインテイクへと進みます。

上達の秘訣は「最適レベル i+1」

練習をするからには、効率よく力を伸ばしたい。英語学習者が抱く最もポピュラーな願いだと思います。そのためには、どうすればいいのでしょうか。

実は、大事なのが練習素材の選び方です。人には「最もよく伸びるレベル」というものがあります。それが、「**i +1**」。iは、今の自分のレベルを指します。つまり、最もよく伸びる方法は**「今の自分のレベルよりプラス1」くらいの練習素材を使う**ことなのです。

上達するためにはインプットからインテイクに持っていくことが必要となりますが、インプットする情報（表現や語彙など）が全て知っているものであれば、当然ながらインテイクするものがありません。つまり、**練習素材がiまたはそれ以下では伸びないと**

いうことです。

かといって、練習素材が難しすぎては処理するのに負担がかかりすぎてしまい、吸収が悪くなります。一番いいのは「適度に知らないもの、または適度にチャレンジングな内容を含んだ練習素材である」ことです。

本書では、目標とするレベル別(Levels 5-6 / 7-8)に2種類のサンプルアンサーを用意しています。まずは、アウトプットファーストで自分のレベルを把握します。そして、それより**少しチャレンジングな素材を選んで練習**してください。多くの方にとって、最初はLevels 5-6のサンプルアンサーを使った練習で十分かもしれません。すでにスピーキングテストで150～160点が出せている場合は、Levels 7-8の素材にもぜひ挑戦してみましょう。

音練習の仕方

本書では、多くの音練習を行います。それぞれの音練習の具体的なやり方を説明します。

ディクテーション

音声を聞き、文字に書き起こします。最初のうちは、単語のスペルや意味の理解を完璧にしようとする必要はありません。とにかく素早く書き出すことに集中しましょう。また、音声は短く区切るのではなく、なるべく1文を最後まで聞き、頭に留めてから書き出すようにしましょう（1文が長い場合は途中で音声を止めても構いません）。英文を最後まで聞き、頭の中に留め、復唱してから書き出すことは、短期記憶を鍛える練習にもなります。

リピーティング

音声を再生し、1文ごと（またはフレーズごと）に止めます。発音やイントネーションをまねして、聞こえた音声をそのままリピートしましょう。ただ音を口から「出す」だけではなく、頭で意味を「理解しながら」リピートすることが大切です。リピーティングは、スクリプトを見ながら繰り返し行います。1文が長いときは、文の途中で音声を止めても構いません。ただし、適当なところで区切るのではなく、意味のかたまりで区切るようにしてください。

音読（なりきり音読）

声を出して英文を読む練習です。「なりきり音読」は、サンプルアンサーの話者に「なりきって」音読することです。必ず事前にお手本となる音声を聞き、正しい音を確認してから音読しましょう。正しい発音やイントネーションが分からないまま読んでも、効果はありません。また、分からない単語や構文があれば、辞書で意味を調べるなどして確認しておいてください。そして意味のかたまりごとに一瞬ポーズを置き、内容を頭で理解しながら読み進めると効果的です。お手本の音声をできるだけまねして読むことを意識してください。

オーバーラッピング

英文スクリプトを見ながら、音声に合わせて同時に発話します。このとき、自分の声が音声からずれないように、音声にピタッと重ねて発話するよう意識します。音声が速すぎるときは、少し速度を落としてもOKです。最初のうちはなかなか上手にできないかもしれませんが、練習を繰り返すことで、徐々にできるようになっていきます。オーバーラッピングをすることで、正しい発音やアクセント、イントネーションを覚え、自分でも同じ音を再生できるようになります。

シャドーイング

英文スクリプトを見ずに音声を聞き、シャドー（影）のように1、2語ずれて後から発話する練習です。何度も繰り返すうちにスクリプトを暗記してしまいますが、オーバーラッピングとは異なり、決して同時に発話しないようにしてください。この練習で重要なことは「聞こえてきた英語を耳でキャッチし、同時に頭の中で意味を理解し、音から少し遅れて、同じ内容を再現する」ことです。意味の理解と同時に、イントネーション、間、リズム、発音なども音声に忠実にまねていきましょう。繰り返し練習することで、リスニング力、スピーキング力ともに上がります。音声が速すぎるときは、少し速度を落としてもOKです。

第2回ゼミ

Q1-2 音読問題 基礎編

Q1-2 Read a text aloud

今回の学習テーマ

音読問題の出題傾向と採点ポイントを知る

今回のゼミから、実際の練習を始めます。問題の種類に合わせたトレーニングをしていくので、一緒に頑張りましょう。今日はQ1-2「音読問題」の基礎編です。

音読って、英文を声に出して読むやつですよね。いつも家でやってます。

あら、いい感じ。では、期待しちゃおう。

発音が苦手なんだよなぁ…。

大丈夫。上達のポイントを教えるので、一緒に練習していこうね。まずは、音読問題の問題形式を押さえるところから。

問題形式

問題数 2問

解答時間 各問45秒(準備時間各45秒)

すること アナウンスや広告などの短い英文を音読する。英語らしい発音とリズムで、聞き手に分かりやすいように読む

必要なCAF 複雑さ☆☆☆ 正確さ★★☆ 流暢さ★★☆ 正確さと流暢さが大事

メモの活用 ×(不要)

解答の流れ

TOEIC Speaking VOLUME

Questions 1-2: Read a text aloud

Directions: In this section, look at the text on the screen and read it out loud. You will be given 45 seconds of preparation time and then 45 seconds to read out the text.

①ディレクション(問題の指示文)が画面に表示され、ナレーターがそれを読み上げる。

＊本書のディレクションは、アルクオリジナルのものを使用しています。
＊本書では、原則としてアメリカ英語を採用しています。

TOEIC Speaking　Question 1 of 11　VOLUME

In just a few minutes, shoppers at Fielding Supermarket will be able to get selected items in our fresh food aisle at half price. The store manager is there now marking discounted fruits, vegetables, and dairy items with red stickers. Make your way over there now so that you don't miss this opportunity for amazing savings.

PREPARATION TIME	RESPONSE TIME
00:00:45	00:00:45

②読み上げるべき英文が画面に表示される。ナレーターがBegin preparing now.と言い、ビープ音が鳴るので、準備を開始【45秒】。画面にカウントダウンの数字(PREPARATION TIME)が表示される(※以降の問題でも同様)。

③ナレーターがBegin reading aloud now.と言い、ビープ音が鳴ったら、解答を開始【45秒】。画面にカウントダウンの数字(RESPONSE TIME)が表示される(※以降の問題でも同様)。解答時間が終わると次の画面に切り替わり、Q2が始まる。

④Q2もQ1と同様の流れで準備・解答する。解答時間が終わると次の画面に切り替わり、Q3が始まる。

サンプル問題にトライ！

では、アウトプットファースト！　あれこれ説明を聞く前に、まずはやってみましょう。録音機器を用意して、自分の音読を録音してください。

ディレクション 001　問題 002　● REC

Questions 1-2: Read a text aloud

Directions: In this section, look at the text on the screen and read it out loud. You will be given 45 seconds of preparation time and then 45 seconds to read out the text.

In just a few minutes, shoppers at Fielding Supermarket will be able to get selected items in our fresh food aisle at half price. The store manager is there now marking discounted fruits, vegetables, and dairy items with red stickers. Make your way over there now so that you don't miss this opportunity for amazing savings.

PREPARATION TIME	RESPONSE TIME
00:00:45	00:00:45

指示文の訳：このセクションでは、画面上の文書を見て読み上げてください。準備時間に45秒、文書の読み上げに45秒が与えられます。

自己採点しよう！ 120点超えはチェック6個以上を目標に

できた項目にチェックしてください。	☑
1. 英文を読んで意味を理解できた	☐
2. 準備時間を有効活用できた	☐
3. 固有名詞や数字などの言い直しがなかった	☐
4. 英語らしい発音ができた	☐
5. 単語のアクセントに間違いがなかった	☐
6. 重要な語句を強調して読めた	☐
7. イントネーションが適切だった	☐
8. 意味の区切りを意識して読めた	☐
9. 話し手になりきって読めた	☐

いくつチェックが付いた？

5個です。

3個です。

1個だけでした。発音が分からない単語があって…。

僕は固有名詞が苦手で、変な間ができてしまうことが多いです。

固有名詞は、ほぼ毎回出るよ。

マジですか…。

ただ、固有名詞の発音には絶対的な正解がないから、**多少外れていても即減点とはなりません。**たとえ読み方が分からなくても、スペルから想像して読んでみて。それより、自信がないからといってボソボソと小さい声でごまかしたりする方がダメ。

なるほど。

分からなくても、**なるべくはっきりと自信を持って発音**してね。

私は焦って噛んでしまうことがあります。やっぱり減点ですか？

1回くらい噛んだからといって、即減点というほど厳しくもないです。総合的な読み方で判断されるので。「あ、噛んじゃった」と思ったら、**落ち着いて言い直せば大丈夫**。ただし、頻発すると「流暢さ（F）」の減点につながるから、NGです。

音読問題の採点ポイント

●採点項目

発音、イントネーション・アクセント（HIGH、MEDIUM、LOWで判定）

●採点基準

解答は以下の採点ポイントに基づいて0から3で評価されます。

採点スケール	採点ポイント
3	●発音：些細なミスや、他の言語の影響がわずかにあるものの、非常にわかりやすい ●イントネーション・アクセント：強調されるべき部分、間の取り方、音の高低が適切である
2	●発音：いくつかのミスや、他の言語の影響が多少あるものの、概ねわかりやすい ●イントネーション・アクセント：いくつかのミスや、他の言語の影響が多少あるものの、強調されるべき部分、間の取り方、音の高低は全体的によい
1	●発音：わかりやすいところもあるが、他の言語の影響が大きいため、適切な話し方が妨げられている ●イントネーション・アクセント：強調されるべき部分、間の取り方、音の高低が適切でなく、他の言語の影響がかなり見られる
0	●発音・イントネーション／アクセント：無解答、もしくは解答の中に英語が含まれていない、またはテストと全く関係ないことを答えている

●目標スケール　160〜200点➡3　130〜150点➡ほぼ3　110〜120点➡2

この問題は、採点スケール0～3で評価されるのよ。

採点スケール3を取らないと160点レベルじゃないんですね。ハードル高い！

練習すれば3は取れるから大丈夫。では、みんなの解答をチェックしてみましょう。

3人の解答をチェック！

マイ（160点）の解答 003

上手ですね。でも2文目、thereとnowの間に変な間がある。3文目のthereの後にもなぜか間が…。nowはthereを修飾しているから、there nowはひと続きで読んでね。

分かりました。発音もちょっと自信ないです。

theが、カタカナ英語の「ザ」に聞こえているのが惜しい。でも、全体的にスムーズに読めているから、採点スケール3が取れる解答よ。

ヤス（120点）の解答 004

時間がかなり余ってしまいました。

時間が余っても減点はされません。ただ、棒読み感がある。これだと採点スケール2になる可能性ありね。それと、opportunityのアクセントに注意。ヤスはoppórtunityと読んでいたけど、正しくはopportúnityです。

適当に読んでいました…。

アクセントを間違えやすい単語も、まとめて練習していきましょうね。

ナオ（90点）の解答 005

ナオも全体的に棒読み感が強くて、伸びしろ満載ね。

うまく読めるようになりますか？

なります。このままだと採点スケール1、よくても2だけど、練習して3を目指そうね。

aisleは「通路」でしたっけ？　発音、ミスった…。

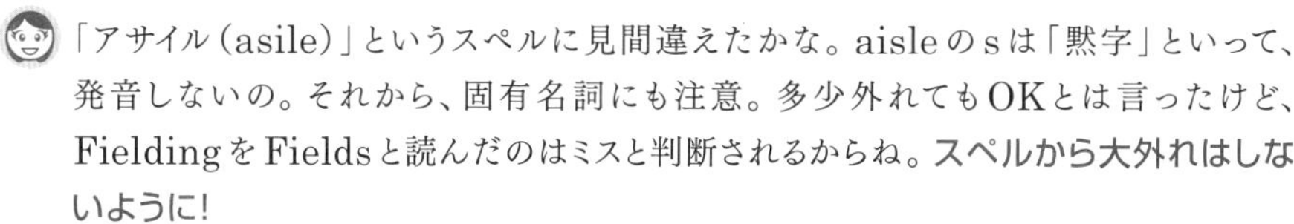

「アサイル(asile)」というスペルに見間違えたかな。aisleのsは「黙字」といって、発音しないの。それから、固有名詞にも注意。多少外れてもOKとは言ったけど、FieldingをFieldsと読んだのはミスと判断されるからね。**スペルから大外れはしないように!**

サンプルアンサーと自分の答えを比べてみよう

では、サンプルアンサーを聞いてみましょう。

サンプルアンサー 006

In just a few minutes, shoppers at Fielding Supermarket will be able to get selected items in our fresh food aisle at half price. The store manager is there now marking discounted fruits, vegetables, and dairy items with red stickers. Make your way over there now so that you don't miss this opportunity for amazing savings.

訳 間もなく、フィールディング・スーパーマーケットのお客さまは、生鮮食料品コーナーの特定商品を半額でお買い上げいただけます。ただ今、店長がその場で、お値引きの果物、野菜、乳製品に赤いシールを貼っております。驚くほど節約できるこの機会を逃さぬよう、今すぐそちらまでお越しください。

語注 □ aisle: 通路(発音は[áil]) □ dairy: 乳製品 □ make one's way: 進む

自分の音とサンプルアンサーの音とでは、どこが違う?

自分の音読は、なんだか「読まされている感じ」がします。

僕もそう。先へ先へと急いじゃって。少なくとも「話し手になりきって」はいない…。

イントネーションが全然違う。自分は、めっちゃ棒読みだったし。

サンプルの声は、スピードがゆっくりですね。

それに区切りがあって、聞きやすい。

それぞれ、なんとなく課題が見えたかな。**自分の音とサンプルの音との差を認識する**ところから、トレーニングがスタートします。まずは差の認識、そして差を埋めることを意識しながら練習よ。

練習すれば、ネイティブスピーカーみたいに読めますか?

ネイティブになる必要はないし、そもそもなれない。採点者も、そこは期待していません。それより、**聞き手にとって聞きやすい音読**かどうかが肝心です。

「聞きやすい音読」ですか？

そう。ちなみに、さっきの英文、内容は何だった？

スーパーで…野菜が…えっと…。

意味を理解せずに読んでた？

読むのに集中してしまって、内容までは頭に入りませんでした。

音読のポイントは、**気持ちを伝えようとしている**かどうか。内容を理解した上で、**語り掛けるように読む**ことが大切です。意味が分からないまま読んでいたら、内容や気持ちは決して相手に伝わりません。

音読問題の第2・3回ゼミを通して、こんなことができるようになる！

- 英語らしい、伝わりやすい発音やリズムが身につく
- プレゼンやミーティングなどで人を引き付けるトークができる
- 発音できる音が増え、リスニング力もアップする

Q1-2 音読問題の攻略法

攻略1 準備時間を有効に使う

45秒の準備時間で、声に出して予行練習。イントネーションが試される並列構造（p. 48参照）や固有名詞、数字、発音が難しい単語などは事前に読んで口を慣らす。内容理解に努め、自分の役どころを把握する。

攻略2 英語のリズム・音のルールをマスターする

英語独特のリズムや音のルールを知り、アウトプット練習を重ねる。

攻略3 適切な息継ぎで聞きやすい間を作る

焦って速く読もうとすると、聞き取りづらくなる。意味のまとまりや文の構造に合わせて、リスナーフレンドリーな間を作る。

攻略4 音の上げ・下げを意識する

イントネーション（音の上げ・下げ）は重要な採点項目の一つ。それでいて練習しやすく身につきやすいので、必ずマスターする。

攻略5 英語らしく発音する

いわゆる「カタカナ英語」は減点対象。日本語にはない子音や母音を集中的に練習して、英語らしい発音を身につける。

攻略6 話者になりきる！

最大の攻略法といえるくらい大切なポイント。ただ声を出すのではなく、内容を理解した上で、相手に伝わるよう、語り掛けるように読む。

次ページから、上記の攻略ポイントをクリアするトレーニングに取り組みましょう！

トレーニング❶ 準備時間を有効に使う

準備時間の45秒を上手に使えるかどうかで、結果にかなり違いが出ます。

準備時間は話していいんですよね？

はい、大丈夫。むしろ積極的に話しましょう。

▶ 音読問題でよく出る文書の特徴

【文書量】3～6文、合計40～60語前後

【種類】商品やサービスの宣伝、機内・構内アナウンス、交通情報、天気予報、スピーチ、ラジオ放送、社内のお知らせ、留守番電話、人物紹介など

【特徴】固有名詞、並列構造、数字、日付などを含むことが多い

▶ 準備時間でするべきこと

1. 画面に表示された文書を読む

Begin preparing now. の合図と同時に、45秒からのカウントダウンの数字が画面に表示されます。残り時間をチェックしつつ、画面に表示された英文を**声に出して**読みます。

45秒で約1.5回は読めます！

2. 読むときのポイントを確認

□文書の内容は何か

□自分は誰なのか

□並列構造がどこにあるか

□発音が難しい単語があるか

□固有名詞はあるか

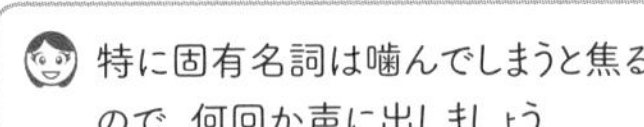

特に固有名詞は噛んでしまうと焦る
ので、何回か声に出しましょう。

3. 気持ちの準備

残り数秒になったら気持ちをリセットし、話し手になりきります。

- 宣伝系なら→明るめの声で、元気いっぱいに。笑顔を作って準備完了
- 空港・駅系なら→落ち着いたトーンで。カッコいい自分を想定して準備完了
- ニュース系なら→正確に、冷静に。口角を上げ、リスナーを意識して準備完了

文書から場面や設定を把握し、実際にその文書を読む人を演じるつもりで！

トレーニング❷ アクセントを身につける

英語のアクセントには、2種類あります。**単語の中でのアクセント（語アクセント）**と**文の中でのアクセント（文アクセント）**です。例えば、overという語のアクセントは?

óverです。

そのとおり。単語単位であればoverはoの位置にアクセントがある。つまり、overの語アクセントは最初の音節（母音を中心とする発音上の最小単位）にあります。でも、The boy jumped over the fence.のように文の中に入ると、overには通常、アクセントが置かれません。この文でアクセントを置くのはboy、jumped、fence。このように、文の中でアクセントを置く部分を文アクセントと呼びます。

文アクセントがどこかは、どうやって判断するんですか?

単語は以下のように**内容語**と**機能語**に分けられ、**文アクセントは通常、内容語に表れます**。絶対的なルールというわけではなく例外もあるけれど、基本的にはこのルールに従うと考えて。

内容語：
名詞、動詞、形容詞、副詞、指示代名詞、疑問詞など、単語自体が意味を持つ語
機能語：
冠詞、助動詞、人称代名詞、前置詞、接続詞など、主に文法的な役割を果たす語

練習1

007 別冊 p.2

1～4の音声を聞き、ノートにディクテーションをしましょう。書き出したら、文の中でアクセントが置かれている語を探し、丸で囲みましょう。

1. ______________________________

2. ______________________________

3. ______________________________

4. ______________________________

トレーニング❸ アクセント拍リズムを身につける

英語を話すときは、文アクセントによってできる波が一定間隔で上下のリズムを作ります。このリズムを**アクセント拍リズム**と言います。英語はアクセント拍リズムを持つ言語の代表格。アクセント拍リズムに乗って発話できているかどうかは、音読セクションの重要な採点項目です。

上図で波が高く上がるところは文アクセントを置く部分で、**伸ばして、ゆっくり、はっきりと**読みます。反対に波が低く下がるところはアクセントを置かない部分で、口をあまり開けずに**短く、素早く、ぼそぼそと**発音します。

▶ アクセントの等時性 007

アクセント拍リズムの特徴に、**等時性**があります。文アクセントの数が同じ場合、文が長くても短くても、原則としてほぼ同じリズムで発音するというものです。例えば、練習1 (p. 39) で聞いた1～4の英文は文アクセントの数が同じため、1を「タン・タン・タン」というリズムで読むなら、2、3、4も同じ「タン・タン・タン」のリズムで読むということになります。

1. **Do**gs | **hi**de | **bo**nes.
2. The **do**gs | will **hi**de | some **bo**nes.
3. The **do**gs | will be **hi**ding | some **bo**nes.
4. The **do**gs | would have been **hi**ding | some of the **bo**nes.

＊文アクセントのある語は大きく、文アクセントの中で特に伸ばして発音する部分は太字で示しています。

1～4の例文は下にいくほど単語数が増えるので「速く」読まなければなりません。ただ、文全体を速く読むのはただの早口で、何を言っているのか分かりづらくなります。英語らしく読むコツは、弱の部分（波が下がるところ、主に機能語）を、**あまり口を開けず、短く、素早く、ぼそぼそと**読むこと。「省エネ読み」です。その代わり、アクセントを置く語（波が上がるところ、主に内容語）は、**口を大きく開けて、伸ばして、ゆっくり、はっきりと**読みます。

ちなみに、日本語のリズムは**音節拍リズム**と呼ばれます。各音節の時間、強さ、明瞭さが一定に刻まれるリズムで、波がないのが特徴です。
例：Ki no u be n kyo u wo shi ta（昨日、勉強をした）

日本人の英語を理解しづらくさせる最大の要因は、日本語と英語のリズムの違いともいわれています。アクセント拍リズムができるだけでいきなり英語らしく聞こえるから、まずはここを特訓するのが超お勧めです！

練習2

008 別冊 p.2

以下の文を見て、アクセントが置かれると思われる語を丸で囲みましょう。その後、音声を聞き、アクセントの位置に気を付けながら、各文の後のポーズでリピート練習をしましょう。

1. Thank you for coming to the party.

2. Give me some time to chew it over.

3. Ladies and gentlemen, we'd like to welcome you to Chicago Air.

4. Flight 102 has been delayed due to mechanical issues.

5. You are not allowed to smoke in here.

6. We will return your call as soon as possible.

7. I knew it had to be something.

訳 **1.** パーティーに来てくれてありがとう。／**2.** 持ち帰って考えさせてください。／**3.** 皆さま、シカゴ航空へのご搭乗ありがとうございます。／**4.** 102便は機材トラブルのため遅れております。／**5.** ここでは喫煙が禁止されています。／**6.** できるだけ早く折り返しお電話します。／**7.** かなりのことに違いないと分かっていました。

語注 **2.** □ chew ～ over: ～をよく考える　**4.** □ delay: ～を遅らせる
□ due to ～: ～が原因で　□ mechanical: 機械の　**7.** □ something: 大したこと

トレーニング❹ 「つながる音」をマスターする

英語の音には、まだまだ重要なルールがあります。まずは「つながる音」から。とりあえず、ディクテーションをやってみよう。3文あるから、聞こえた音を書き取ってみてね。1回で全部書き取れたら、ご飯おごってあげる。

マジですか！　やります！

●音声を聞き、ノートなどに書き取りましょう。 🔊**009**（解答は下記の会話参照）

1. ________________________________

2. ________________________________

3. ________________________________

先生、無理です。

1は…「あい、ぱらぱら」？

正解は、1. I put up at an inn.（ホテルに泊まった）、2. I'm on a mountain top.（山頂にいる）、3. in an hour and a half（1時間半後に）。

えー！　そんなふうに聞こえません。

でも、単語を知らないわけではないでしょ？　むしろよく知っている単語ばかり。

確かに。でも、聞き取れません。

英語を文字で見ると、単語と単語の間にはスペースがあって1語ずつ区切られています。でも、実際に話すときは、**単語同士がつながって発音される**ことが多い。だから単語の切れ目が分かりにくくなって、聞き取りが難しくなるの。

どんなときに音がつながるんですか？

主に「単語の語末が子音」＋「単語の語頭が母音」のパターンでつながることが多いです。back up、for us、come inとか。

どうしたら聞き取れるようになりますか？

人間の脳は不思議で、**自分で発音できないものは、基本的に脳が言語として認識せずに雑音として処理する**の。つまり、発音できるようになれば、その音は言語として認識される。正しく練習すれば、発音の精度とリスニング力を同時に上げられます。

一石二鳥ですね。やる気が出てきました。

練習3 010

以下の英文またはフレーズ中、下線部が「つながる音」です。音声を聞き、下線部のつながりを意識しながら、各文やフレーズの後のポーズでリピート練習をしましょう。

1. Stand up.

2. Hold on.

3. First of all,

4. Give it a try!

5. an official event

6. Good evening, everyone.

7. This is his aunt.

8. What's on your mind?

9. the head of our department

10. If your office is in need of an upgrade, call us today and find out more.

11. One of our representatives will be with you right away.

12. If you know the extension of the party, you may dial it at any time.

訳 **1.** 立ってください。／**2.** お待ちください。／**3.** 最初に／**4.** 試してみて！／**5.** 公式行事／**6.** こんばんは、皆さん。／**7.** こちらは彼のおばさんです。／**8.** 何を考えているの？／**9.** わが部の部長／**10.** 職場をグレードアップする必要があるなら、今すぐ当店へ電話で詳細をお問い合わせください。／**11.** 担当者の一人がすぐに参ります。／**12.** もし相手の内線番号をご存じでしたら、いつでもダイヤルしていただけます。

トレーニング⑤ 「変わる音」をマスターする

会話では、単語と単語がつながって発音されるだけでなく、単語同士が互いに影響し合って異なる音に変化したり、発音しやすいように単語内の音が変わったりすることがあります。このように音が変わる現象を見ていきましょう。

miss★ you　ミス・ユー → ミシュー

let★ you　レット・ユー → レッチュー

bet★ter　ベター → ベラー

put★ it★ on　プット・イット・オン → プリロン

練習4 011

以下の英文中、★マークが「変わる音」です。音声を聞き、★マークを意識しながら、各文の後のポーズでリピート練習をしましょう。

1. Nice to meet★ you.

2. I want★ you to know that.

3. Would★ you mind signing this paper?

4. I'm sorry I kept★ you waiting.

5. There are some nice★ shoes in this★ shop.

6. I wrote★ you a let★ter last★ year.

7. Bet★ty is get★ting bet★ter.

8. I have★ to go.

have toは「ハフタ」、has toは「ハスタ」のように発音します。

9. She has★ to bring★ your pen.

10. Hang in★ there!

thが「ネ」に変わるパターン！

訳 **1.** はじめまして。／**2.** あなたに知ってほしいのです。／**3.** こちらの紙に署名していただけますか？／**4.** お待たせして申し訳ありません。／**5.** この店にはすてきな靴があります。／**6.** 昨年、あなたに手紙を書きました。／**7.** ベティーは具合がよくなってきています。／**8.** もう行かなくちゃ。／**9.** 彼女はあなたのペンを持ってこなくてはなりません。／**10.** しっかり頑張って！

トレーニング❻ 「消える音」をマスターする

最後は「消える音」です。

消える…んですか?

そう。ゆっくりと丁寧に話すときには発音される音が、速く話す際に落ちて聞こえなくなることがあります。特に、破裂音と呼ばれる [p] [b] [t] [d] [k] [g] が語末に来る場合や、後にも破裂音が続く場合、**破裂音(連続する場合は最初の破裂音)が落ちて聞こえなくなることが多い**です。例えば、must be では下線部で破裂音 [t] と [b] が続いた結果、[t] が消えて「マスビ」のように聞こえます。

練習5

012

以下の英文中、グレー字が「消える音」です。音声を聞き、「消える音」を意識しながら、各文の後のポーズでリピート練習をしましょう。

1. Please sit down.

2. Never mind.

3. Let's talk business.

4. Are you having a good time?

5. He's quiet but a good person.

6. Is that your cupboard?

7. It won't work.

8. Do you want me to pick it up?

9. She pushed him on his back.

10. The last time I ate roast beef was two months ago.

訳 **1.** お座りください。/**2.** 何でもないよ。/**3.** 仕事の話をしましょう。/**4.** 楽しんでいますか?/**5.** 彼は静かですが、いい人です。/**6.** あれはあなたの戸棚ですか?/**7.** それはうまくいかないでしょう。/**8.** 私が取ってきましょうか?/**9.** 彼女は彼の背中を押しました。/**10.** 最後にローストビーフを食べたのは2カ月前です。

トレーニング⑦ プロソディ・リーディング

アクセントや音の変化、イントネーション（抑揚）といった言語が持つ音声上の性質を「プロソディ」と呼びます。プロソディ・リーディングとは、こうした**音の特徴を意識しながら英文を読む**こと。ここからは、p. 31で音読したサンプル問題の英文を、プロソディを意識しながら読んでみましょう。

練習6

006 別冊 p.2

以下は、p. 31で音読したサンプル問題の英文です。音声を聞いて、文アクセントが置かれる語を丸で囲み、つながる音に下線、変わる音の上に★、消える音に ( ) を書き入れましょう。

In just a few minutes, shoppers at Fielding Supermarket will be able to get selected items in our fresh food aisle at half price. The store manager is there now marking discounted fruits, vegetables, and dairy items with red stickers. Make your way over there now so that you don't miss this opportunity for amazing savings.

つながってるところがたくさんありますね。1文目のshoppers atとか。

itemは、「アイレム」のように聞こえる。

Make yourは「メイキュア」。★を付けようっと。

最後の文のso thatは接続詞。機能語だから、アクセントなしだな。

そうね。じゃあ、その少し後にあるdon'tは？

否定語ですね。重要な情報だし、文アクセントを置いて感情を込めます。

その調子。慣れるまで、プロソディを意識しながら練習してね。練習を重ねるうちに、文アクセントを置いて伸ばすところ、音がつながるところが分かるようになってきます。声に出して練習あるのみ！

トレーニング⑧ 意味のカタマリをとらえる

まず、次の2つの音声を聞いてみて。どちらが聞きやすい？

●音声を聞いてみましょう。 013-014 （スクリプトはページ下部参照）

2つ目！

1つ目と2つ目の違いは？

1つ目は止まらずに続けて読んでいたけど、2つ目は途中で区切っていて聞きやすかった。

でしょ。どんなにきれいな発音でも、意味のカタマリで区切って読まないと聞き取りにくい。英語を読むときは続けて一気に読むのではなく、**意味のカタマリを意識して、ひと息入れるイメージで区切りながら読む**ことが大切です。

区切る位置はどこですか？

区切る位置の目安：
長い主語（部）、動詞、目的語、コンマ・ピリオド　の後
接続詞、関係詞、分詞、to不定詞、前置詞、疑問詞　の前

これらの位置で絶対に区切るということではなく、あくまでも目安です。文は、意味のカタマリの集合体。意味のカタマリを意識しながら読み、ここで区切ると読みやすいかな、聞き手に伝わりやすいかな、と考えながら、ベストだと思う場所で区切りましょう。

013-014のスクリプト

Anyone / who is attending the seminar / will be required / to show his or her ID / before entering. /

（セミナーに参加する人は全員、入場前に身分証を見せる必要があります）

練習7

🔊015 別冊 p.3

以下の英文を見て、意味のカタマリと思われるところでスラッシュ (/) を書き入れましょう。その後、音声を聞き、正しい区切り位置を確認しましょう。

1. The construction is over, and the beautiful garden on Fifth Avenue is ready to welcome our guests.

2. We are now making room for the new skiwear series by selling our current items at great prices.

3. Millhouse International Center is looking for volunteers who can translate the Communication Board from Japanese to English for foreign citizens.

トレーニング⑨ イントネーションを身につける

イントネーションって、音が上がったり下がったりすることですよね。

そう。英語は、基本的に棒読みをしません。間や発音も大事だけど、音の高低も重要。イントネーションは音読問題の重要な採点ポイントだから、しっかり練習しましょう。

▶ イントネーションの基本ルール

🔊016

①並列構造：上がる＋下がる

1. Please note that you may not take food, beverages or pets into the stadium.

2. We're out of Summer Glow Sky Burst and Tangerine Dream.

② If ～の文：上がる＋下がる

3. If you have any further questions, please contact us at any time.

③ WH 疑問文の文末：下がる

4. Which event would you be interested in attending?

④ Yes/No 疑問文の文末：上がる

5. Are you looking for a perfect dinner?

⑤長い主語の最後：下がる

6. Manchester McFly Office Furnishings is the best choice.

⑥平叙文、命令文の文末：下がる

7. Visit our Web site for more details.

音読問題には、①の並列構造が必ず入っています。45秒の準備時間で並列構造になっている部分を見つけ、声を出して読んで練習しておくことをお勧めします。

訳 **1.** スタジアムでは食べ物、飲み物、ペットの持ち込みが禁止されていますのでご注意ください。／**2.** サマーグロウ・スカイバーストとタンジェリン・ドリームは品切れです。／**3.** 他にもご質問があれば、いつでもご連絡ください。／**4.** どのイベントへの参加をお考えですか？／**5.** 完璧なディナーをお探しですか？／**6.** マンチェスター・マクフライ・オフィス家具店が最良の選択です。／**7.** 詳しくは当社のウェブサイトをご訪問ください。

練習8

017 別冊 p.3

音声を聞き、以下の英文にイントネーションを示す矢印を付けましょう。その後、各文の後のポーズでリピート練習をしましょう。

1. What are your plans for the weekend?

2. You can enjoy the beautiful weather, the delicious food, and some exciting shows.

3. Do you want to help your local group?

4. Are you taking a train, or should I give you a ride?

5. Why don't you come and join us at Sally's?

6. Come to Tom's Burgers this weekend!

訳 **1.** 週末はどんな予定ですか？／**2.** 過ごしやすい気候とおいしい食べ物、そして刺激的なショーをお楽しみいただけます。／**3.** 地元の団体を手伝う気持ちはありますか？／**4.** 電車を使いますか、それとも私が車で送りましょうか？／**5.** サリーズに来て私たちとご一緒しませんか？／**6.** この週末はトムズ・バーガーズにご来店ください！

語注 **4.** □ ride :（乗り物などに）乗ること、乗せること

では、仕上げをしましょう。

練習9

以下の英文を見て、意味のカタマリを示すスラッシュ記号とイントネーションを示す矢印を入れましょう。（解答は右ページ「練習10」参照）

意味のカタマリ（区切り）…… /　上昇調……↗　下降調……↘

In **just** a **few mi**nutes, **sho**ppers at **Fie**lding **Su**permarket will be able to get se**lec**ted **ite**ms in our f**re**sh **foo**d **ai**sle at **hal**f p**ri**ce. The s**to**re **ma**nager is **the**re **no**w marking **di**scounted f**rui**ts, **ve**getables, and **dai**ry **ite**ms with **re**d s**ti**ckers. **Ma**ke your way over there **no**w so that you **do**n't **mi**ss this oppor**tu**nity for a**ma**zing **sa**vings.

トレーニング⑩ 音読練習

では最後に、ここまでに学んだ知識を総動員して、プロソディマーク（プロソディを表すマーク）入りのスクリプトを使いながら音読練習をしましょう。

練習10 006

以下のスクリプトを見ながら、リピーティング(p. 28)を5回、オーバーラッピング(p. 29)を5回、なりきり音読(p. 28)を5回行いましょう。

In **just** a **few mi**nutes, / **sho**ppers at **Fie**lding **Su**permarket / will be able to get **se**le**c**ted **ite**ms / in our **fre**sh **foo**d **ai**sle / at **hal**f **pri**ce. / The **st**ore **ma**nager is **the**re **no**w / marking **di**scounted **frui**ts, / **ve**getables, / and **dai**ry **ite**ms / with **re**d **sti**ckers. / **Ma**ke your way over there **no**w / so that you **don**'t **mi**ss this oppor**tu**nity / for a**ma**zing **sa**vings. /

練習11 ● REC

p. 31のサンプル問題にもう一度トライしましょう。自分の解答は必ず録音して聞き直し、自己採点(p. 32)もしてください。

いくつチェックが付きましたか？

全部！

最初に録音した声と、今のものとを聞き比べてみて。

最初はホントに棒読みで下手だったけど、今は聞きやすいです。

こんなに短い時間でも、こんなに上達するんですね。

ひと言で音読と言っても、奥が深いでしょ。ポイントは、**いかに相手に伝わりやすい読み方ができるか**。英語はコミュニケーションのツール。双方向です。音読問題は、その基本の力があるかどうかを見ているの。

楽しくなってきました。もっと練習して、もっと上手になりたいです。

第2回ゼミ 音読問題 基礎編

第3回 ゼミ

Q1-2 音読問題 発展編

Q1-2 Read a text aloud

今回の学習テーマ

発音・イントネーション・アクセント全てでスケール3を目指す

基礎編では、音読の基本となる文アクセントや音のルール、イントネーションを主に練習しました。発展編では、注意すべき発音と語アクセントを特訓します。ちなみに、みんなはどんな発音が苦手？

日本語にない音ですね。thとか…。

そうね、多くの日本人にとって英語の発音は難しい。その理由の一つは**発音数の違い**にあります。英語には、日本語にない発音が多くあるの。例えば、母音。日本語は「アイウエオ」の5種類しかないけど、英語には二重母音（/ou/、/au/など）を含めると20～23種類の母音があるといわれています。

自信がない音は小声でごまかしたり、適当に読んだりしてしまいます。

苦手な発音は人それぞれだけど、多くの日本人が共通して苦手とする音もあります。この際、難しい発音、間違いやすい発音を一気に練習してしまいましょう。

発音は上達しますか？

します。音は、のどや舌など発声器官の動きによって作られます。そして、これらの器官は運動神経と同じように訓練で鍛えられる。**練習することで確実に上達します**よ。

自分もかっこいい英語を話したいので、頑張ります！

では、今日もトレーニング開始前に、アウトプットファースト！　前回の復習も兼ねて、まずは1問解いてみましょう。

サンプル問題にトライ！

音声の指示に従って音読しましょう。自分の音読は必ず録音してください。その後、録音した音読を聞き、p. 32の自己採点表で採点します。最後にサンプルアンサーの音声を聞き、自分の解答と聞き比べましょう。

ディレクション 018 問題 019 ● REC

Questions 1-2: Read a text aloud

Directions: In this section, look at the text on the screen and read it out loud. You will be given 45 seconds of preparation time and then 45 seconds to read out the text.

Welcome to Sky Station on 78.9 FM. It's Casey Whitely with the weather forecast for the New York region. Expect fine weather throughout the day with a little bit of cloud cover in the early evening. The maximum temperature will be 72℉. No rain's predicted, which is good news for those of you attending any of the concerts, festivals, and sporting events.

PREPARATION TIME	RESPONSE TIME
00:00:45	00:00:45

指示文の訳：このセクションでは、画面上の文書を見て読み上げてください。準備時間に45秒、文書の読み上げに45秒が与えられます。

3人の解答をチェック！

では、みんなの解答をチェックしてみましょう。

マイ（160点）の解答 020

Casey を Casely って言ってるね。

うわっ、気付きませんでした。

スペルから外れすぎると減点対象だから、気を付けてね。それから、New York は New ではなく York にアクセント。**2語の地名は通常、後ろにアクセントを置くの。** sporting events は複合語（p. 64参照）だから、最初の語にアクセント。あと、events の語アクセントは evénts だけど、マイは évents と言ってたよ。

はい！　アクセントは苦手なので、練習します。

ヤス（120点）の解答 021

72°Fのところ、FahrenheitとCelsiusが混ざって「ファルシエス」と言ってる（笑）。しかも、72をseventyと読んでるね。

はい…。[l]と[r]の区別も苦手です。

[l]と[r]、それから[f]と[h]も注意すべき発音ね。あと、weatherの[ð]は日本語の「ザ」ではありません。舌先を上の前歯に軽く当てて、歯と舌の隙間から出す音です。子音の特訓をしましょうね。

ナオ（90点）の解答 022

weather forecast（天気予報）のような複合語（p. 64参照）は前の単語、すなわちweatherにアクセントを置きます。cloud cover（曇り）も同じです。それと、読み間違いが目立つわね。weather forecastはweather forecastingと言ってるし、sporting eventsもshop eventsと言ってる。

うう…。

でも、アクセント拍リズムがうまくなってるし、間の取り方もよくなってる。attendingの前で少し間を置くと、もっといいね。

サンプルアンサーと自分の答えを比べてみよう

サンプルアンサー 023

Welcome to Sky Station / on 78.9 FM (Seventy-eight point nine ef em). / It's Casey Whitely / with the weather forecast / for the New York region. / Expect fine weather / throughout the day / with a little bit of cloud cover / in the early evening. / The maximum temperature will be 72°F (Seventy-two degrees Fahrenheit). / No rain's predicted, / which is good news for those of you / attending any of the concerts, / festivals, / and sporting events. /

訳 78.9FMの「スカイステーション」へようこそ。ニューヨーク地域の天気予報をお伝えする、ケイシー・ホイットニーです。日中はずっといいお天気が予想され、夕方に少しだけ雲が出るでしょう。最高気温はカ氏72度になるでしょう。雨は降らないと予想されていますので、コンサートやフェスティバル、スポーツイベントへお出掛けの方々には朗報です。

語注 □ region: 地域 □ Fahrenheit: カ氏（発音は［fǽrənhàit］） □ predict: ～を予測する

トレーニング❶ 子音を攻略する

英語の子音には日本語にないものも多く、また、日本語という母語の子音ルールに邪魔されてしまいがちなことから、子音を苦手と感じる人は多いようです。ここでは、子音の中でも特に注意すべきものを取り上げます。

▶ 苦手第1位 [l] / [r] 024

[l] 舌先を前歯の裏（歯茎の裏）に当て、舌の両側から息を流れるように出して発音。日本語のラ行で代用しないように注意。

[r] 舌先を上の歯茎に向かってそり返して（どこにも接触させない）、口に力を入れずに「ウー」のような音を出す。単語の語頭にrが来るときは、唇をしっかりと丸めて発音。

led / red（lead［先導する］の過去形／赤色）
lice / rice（シラミ／米）
lock / rock（鍵を掛ける／岩）
fly / fry（飛ぶ／油で揚げる）
lead / read（先導する／読む）
light / right（軽い／正しい）
collect / correct（集める／正しい）
play / pray（遊ぶ／祈る）

［r］ではない音を［r］で発音してしまう人がいますが、聞きにくくなるので注意！

▶ 苦手第2位　[ʃ] / [s]　025

[ʃ]　日本語の「シュ」を発音するときのように唇をやや丸めて突き出す。舌端を上の歯茎後方に近付け、その隙間から息を出すイメージ。日本語の「シャ・シュ・ショ」に近い。

[s]　舌先は上の歯の根元あたりに近付け、隙間から強く息を出して発音。日本語の「サ」を発音するときに最初に出る音より強い音。

shake / sake（振る／目的）
she / sea（彼女は／海）
sheet / seat（シーツ／座席）
shell / sell（貝殻／売る）
ship / sip（船／すする）

▶ 苦手第3位　[θ] / [s]　026

[θ]　舌先を上の前歯に軽く付ける、または上の前歯と下の前歯の間に軽く挟むようにして、歯と舌の隙間から声を出す。

[s]　上の解説を参照。

thank / sank（感謝する／sink［沈む］の過去形）
theme / seem（テーマ／～に見える）
thick / sick（厚い／病気の）
think / sink（思う／沈む）
math / mass（数学／塊）
mouth / mouse（口／ネズミ）
path / pass（小道／通る）

▶ 苦手第4位　[b] / [v]　027

[b]　唇を閉じた状態から一瞬息を止め、パッと唇を開き、息を強く押し出して発音。

[v]　上の前歯を下唇の内側に軽く当て、歯と唇の間から声を出して発音。口角は少し上げた状態で、強く息を出す。息が摩擦する音が聞こえる。

ban / van（禁止する／小型トラック）
bat / vat（バット／大おけ）
berry / very（［果実の］ベリー／とても）
best / vest（最もよい／［衣類の］ベスト）
boat / vote（ボート／投票する）
curb / curve（縁石／曲線）

▶ 苦手第5位　[f] / [h]　028

[f]　上の前歯を下唇の内側に軽く当て、隙間から空気を出す。[v]と同じ口の形だが、[f]は声を出さない。

[h]　のどの奥から空気を出すイメージで発声。上の歯は下唇に触れない。

fat / hat（太った／帽子）

feed / heed（餌をやる／注意を払う）

fit / hit（ぴったり合う／打つ）

fear / hear（恐れ／聞こえる）

feel / heel（感じる／かかと）

fold / hold（折りたたむ／抱く）

練習1　029

音声を聞き、各文の後のポーズでリピート練習をしましょう。

1. That right-handed racer used the blue light laser for the race.
2. I'm writing a letter to a relative right here.
3. Red lorry, yellow lorry, red lorry, yellow lorry.
4. His theme seems to be right.
5. She sells sea shells at the seashore.
6. Boardwalk Travel provides the best-ever vacation to remember.
7. She is holding a folder in the food store.

訳　**1.** あの右利きのレーサーは、レースで青い光のレーザーを使った。／**2.** 私はちょうどここで親戚に手紙を書いています。／**3.** 赤い大型トラック、黄色い大型トラック、赤い大型トラック、黄色い大型トラック。／**4.** 彼のテーマは正しいようです。／**5.** 彼女は浜辺で、海で取れた貝殻を売る。／**6.** ボードウォーク旅行社は、思い出に残る生涯最高の休暇旅行をご提供します。／**7.** 彼女は食料品店で手にフォルダーを持っています。

語注　**3.** □ lorry: ＜主にイギリス英語で＞大型トラック

難しいです。うまくできない…。

最初から上手な人はいないから、心配しないで。発音をよくするには、ネイティブのまねをするのが一番。もちろん、教材の音源でも十分よ。モノマネを繰り返すうちに、少しずつできるようになります。

トレーニング❷ 母音を攻略する

日本語と英語を比較したときに違いが顕著なのは、実は母音です。その中でも最重要なものを取り上げるので、音声を聞いて繰り返しリピート練習をしましょう。

数回リピートしたくらいでは、まったく足りません。コツは「とにかく無心に、ものすごい量を」繰り返すこと!

▶ 1. [ʌ] 030

口を半開きにして力を抜き、短く、勢いよく言う「ア」。

bus（バス） but（でも） come（来る） shut（閉める） truck（トラック）

▶ 2. [æ] 031

「エ」を発音するときよりも口を大きく開いて「ア」を発音。のどの奥を締め付けるようなイメージで言う。

bad（悪い） bass（[魚の] バス） battle（戦闘） swam（swim [泳ぐ] の過去形）
track（小道）

▶ 3. [ɑ] 032

口を縦に大きく開けて、「オ」と「ア」の中間のような音を出す。

bottle（びん） hot（暑い） not（～でない） office（オフィス） pot（鍋）

▶ 4. [ou] 033

唇を丸めて「オ」と言ってから、軽く「ウ」を添えて「オゥ」と発音。

boat（ボート） low（低い） note（メモ） own（自分自身の） slow（遅い）

▶ 5. [ɔː] 034

日本語の「オー」よりも口を縦に大きく開け、やや唇を丸めて出す「オー」。

bought（buy [買う] の過去形） cloth（布） law（法律） saw（see [見る] の過去形）
thought（think [考える] の過去形）

練習2

035

まず、音声を聞かずに下の英文を音読します。その後で音声を聞き、下線部の母音に注意しながら、各文の後のポーズでリピート練習をしましょう。

1. Let's go for a walk, then.
2. You won't have to worry about the bugs anymore.
3. Lexington Tec is an intellectual property law firm based in Oakland.
4. She thought that her brother bought the boat to fish for bass.
5. The swan swam slowly in the pond.
6. He saw his wife sew his socks.

訳 **1.** では、散歩に行きましょう。／**2.** もう虫の心配をしなくてもよくなります。／**3.** レキシントン・テックはオークランドを拠点とする知的財産専門の法律事務所です。／**4.** 彼女は自分の兄がバス釣りのためにボートを買ったのだと思いました。／**5.** 白鳥は池をゆっくりと泳いだ。／**6.** 彼は、妻が彼の靴下を縫うのを見た。

語注 **2.** □ bug: 虫　**3.** □ intellectual property: 知的財産　□ law firm: 法律事務所

ヒント 下線部の母音

1. go [ou]、walk [ɔː]
2. won't [ou]、bugs [ʌ]
3. property [ɑ]、law [ɔː]、Oakland [ou]
4. thought [ɔː]、brother [ʌ]、bought [ɔː]、boat [ou]、bass [æ]
5. swan[ɑ]、swam [æ]、slowly [ou]、pond [ɑ]
6. saw [ɔː]、sew [ou]、socks [ɑ]

トレーニング③ シュワー [ə] を攻略する

次は、シュワー [ə] をやります。

何ですか、それ。炭酸ですか?

炭酸ではありません。発音です。

聞いたことあります。発音記号でeを引っくり返したような形ですね。

あの発音記号、いまいちよく分かりません。

第3回ゼミ 音読問題 発展編

口を軽く開けてみて。力はあまり入れないで、よだれが出る一歩手前くらいに構える。そのまま、**力を抜いた「ア」のようなあいまいな音**を出してみて。それが、シュワーの音。一般的に強勢がない音節に現れる母音で、英語の全ての母音は弱まるとシュワーの音になろうとする傾向があるの。**最も頻繁に現れる、超重要な発音**といえます。

そんなに重要なんですか?

発音はどれも重要だけど、シュワーは中でも超重要。**シュワーを制するものは英語の発音を制する**ともいわれるくらい、英語を英語らしく聞こえさせる音よ。

▶ [ə]　シュワー(schwa)　036

強勢を置かない音節に現れる母音で、あいまいな音。英語の全ての母音は、弱く、速く発音されると[ə]の音になりやすいという特徴がある。

alike(似ている)　banana(バナナ)　butter(バター)　camera(カメラ)
common(共通の)　communication(コミュニケーション)　standard(基準)

※以下のような機能語(p. 39参照)の母音は、その語に文アクセントが置かれないときには[ə]の音で発音されます。
a, and, are, as, from, have, if, is, of, should, some, that, the, to, us

練習3　037

音声を聞き、下線部の[ə]の発音に注意しながら、各文の後のポーズでリピート練習をしましょう。

1. Attention, everyone. We have some very important news announcements to make.
2. You can receive a free map of Japan.
3. Our current list includes hundreds of products.
4. We'll talk about animal rights.
5. Bananas are my favorite.

訳 **1.** 皆さま、お聞きください。お伝えすべき大変重要なニュースの発表がございます。/**2.** 日本の無料地図がもらえます。/**3.** われわれの現在のリストには数百の製品が含まれています。/**4.** 動物の権利について話し合う予定です。/**5.** バナナは私の好物です。

トレーニング❹ 頻出の表現

音読問題によく出る表現や文を紹介します。コツは「読む」というより「語り掛ける」、そして「話し手になりきる」です。気持ちを込めて練習しましょう。

練習4

038

音声を聞き、各文の後のポーズでリピート練習をしましょう。話し手になりきり、気持ちを込めて読んでみてください。

1. Good morning, everyone.

2. Ladies and gentlemen, welcome aboard Flight 647 bound for Dallas.

3. Attention, everyone! We are now offering great deals on music videos.

4. Join us now as Dr. Wynne continues the series *Pacific Road*.

5. Come and visit T'z Coffee for the best coffee ever!

6. Today, we are proud to announce the launch of our new Web site.

7. Starting this Friday, HomePad, an innovative speaker from ENT, will be available for sale.

8. Please call us anytime if you have any further inquiries.

9. It's time for today's weather forecast brought to you by Tony Roland.

10. Looking for a good place to dine?

11. If you are looking for a place to relax, look no further than Thornberry Resort.

12. So, hurry to Marriott Square and don't miss this opportunity!

訳 **1.** おはようございます、皆さん。／**2.** 皆さま、ダラス行き647便にご搭乗いただきありがとうございます。／**3.** 皆さまにお知らせします！　当店ではただ今、お買い得のミュージックビデオを多数ご用意しています。／**4.**「パシフィック・ロード」シリーズの続きをドクター・ウィンがお届けしますのでご覧［お聞き］ください。／**5.** 史上最高のコーヒーを飲みに、ティーズ・コーヒー店に来てみてください！／**6.** 本日、当社の新しいウェブサイトの立ち上げを発表できてうれしく思います。／**7.** 今週金曜日から、ENT社の画期的なスピーカー HomePadが販売されます。／**8.** 他にもお問い合わせがあれば、いつでもお電話ください。／**9.** トニー・ローランドがお届けする今日の天気予報の時間です。／**10.** ディナーにぴったりの場所をお探しですか？／**11.** くつろげる場所をお探しでしたら、ソーンベリー・リゾート以外、探す必要はありません。／**12.** さあ、マリオット・スクエアにお急ぎください、このチャンスを逃さずに！

語注 **2.** □ bound for ～: ～行きの **3.** □ great deal: お買い得品
6. □ launch: 開始、立ち上げ **7.** □ available: 入手できる **8.** □ inquiry: 問い合わせ
10. □ dine: 食事をする

トレーニング⑤ その他の注意すべき読み方・アクセント

▶ 数字、単位などの読み方 039

845	eight hundred forty-five
20%	twenty percent
12℃	twelve degrees Celsius
75°F	seventy-five degrees Fahrenheit
$5.55	five dollars (and) fifty-five cents / five fifty-five
81.4 FM	eighty-one point four ef em
24/7	twenty-four seven
1980（西暦）	nineteen eighty
2015（西暦）	twenty fifteen / two thousand fifteen
January 1	January first
March 22	March twenty-second
September 18	September eighteenth
1-800-321-2456	one eight hundred, three two one, two four five six
Ext. 13（内線13番）	extension thirteen
gsmith@gemanagement.com	g smith at g e management dot com
www.greenfood.com	double u double u double u dot greenfood dot com

double uは「ダブル・ユー」ではなく「ダブユ」のような感じで読みます。

日付の数字は原則として序数(first, second, thirdなど)で読みます。24/7 (twenty-four seven) は「1日24時間、週7日(twenty-four hours a day, seven days a week)」の意味で、「24時間年中無休」ということです。

練習5 040

まず、音声を聞かずに下の英文を音読します。その後で音声を聞き、正しい発音を確認しながら、各文の後のポーズでリピート練習をしましょう。

1. Our business hours are from Monday to Friday, 10:00 A.M. to 7:00 P.M. Eastern Time.
2. It will be sunny and warm with a maximum temperature of 27℃ throughout the country.
3. This is the FEB 104.2 FM morning news with Sharon Berry and the latest breaking news.
4. There is no better place to order flowers than SmithFlower.com.
5. We are available 24/7, so give us a call at 1-800-555-1212 and book your vacation now.

訳 **1.** 当社の営業時間は、月曜から金曜、東部時間午前10時から午後7時までです。／**2.** 全国的に晴れて暖かくなり、最高気温はセ氏27度となるでしょう。／**3.** FEB 104.2FMの朝のニュースです、シャロン・ベリーが最新のニュース速報をお届けします。／**4.** 花を注文するなら、Smith-Flower.com以上の場所はありません。／**5.** 24時間年中無休で営業していますので、1-800-555-1212までお電話の上、今すぐ休暇旅行のご予約をどうぞ。

語注 **3.** □ breaking news: ニュース速報　**5.** □ book: ～を予約する

▶ 地名 041

発音だけでなくアクセントの位置にも気を付けましょう。2語以上で構成されている地名は、通常、2語目にアクセントを置きます。

África (アフリカ)	Austrália (オーストラリア)	Fránce (フランス)
Gérmany (ドイツ)	Índia (インド)	Ítaly (イタリア)
Áthens (アテネ)	Beijíng (北京)	Berlín (ベルリン)
Édinburgh (エジンバラ)	Genéva (ジュネーブ)	Illinóis (イリノイ)
New Órleans (ニューオーリンズ)		New Yórk (ニューヨーク)
Páris (パリ)	San Diégo (サンディエゴ)	St. Lóuis (セントルイス)
Vénice (ベネチア)		

第3回ゼミ 音読問題 発展編

▶ 複合語と句 042

「形容詞＋名詞」または「名詞＋名詞」の組み合わせは、**複合語である**場合と**句を構成する**場合とがあります。複合語とは、2語が組み合わさって一つの概念を表す言葉のこと。1語で表記する場合が多く、例えばgreenhouse（温室）がこれにあたります。これに対し、句はあくまで2つの言葉が別々の意味を表すもので、例えばgreen house（緑色の家）がそうです。**複合語は最初の要素にアクセント**を置き、**句は後ろの要素に第1アクセント、前の要素に第2アクセント**を置きます。意味を判断しながら、正しい位置にアクセントを置きましょう。

white + house	(the) Whíte House（ホワイトハウス）	white hóuse（白い家）
green + house	gréenhouse（温室）	green hóuse（緑色の家）
black + bird	bláckbird（クロウタドリ）	black bírd（黒い鳥）
blue + print	blúeprint（設計図、青写真）	blue prínt（青い写真）
grand + father	grándfather（祖父）	grand fáther（偉大な父）

▶ 品詞でアクセントが変わる語 043

2つ以上の品詞を持つ単語では、品詞によってアクセントの位置が変わるものがあるので注意が必要です。特に、**名詞と動詞でアクセントの位置が変わる語**が多いので、見ていきましょう。原則として、名詞は第1音節に、動詞は第2音節にアクセントを置きます。

名詞	動詞
éxport（輸出）	expórt（輸出する）
ímport（輸入）	impórt（輸入する）
íncrease（増加）	incréase（増える）
décrease（減少）	decréase（減る）
cóntract（契約）	contráct（契約する）
présent（贈り物）	presént（贈る）
próduce（農産物）	prodúce（生産する）
récord（記録）	recórd（記録する）
résearch（研究）	reséarch（研究する）

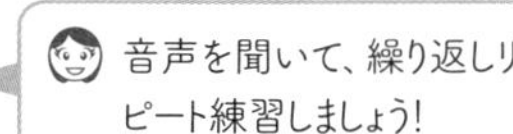

音声を聞いて、繰り返しリ
ピート練習しましょう!

練習6

044

まず、音声を聞かずに下の英文を音読します。その後で音声を聞き、正しいアクセントを確認しながら、各文の後のポーズでリピート練習をしましょう。

1. Mr. Smith will address the issue at the meeting.
2. Can I get a refund?
3. Your supervisor has information on parking permits.
4. There is a research center in San Diego.

ヒント **1.** addréss は動詞として使われているので、第2音節にアクセント。／**2.** réfund は名詞として使われているので第1音節にアクセント。／**3.** pérmit は名詞として使われているので、第1音節にアクセント。／**4.** résearch は名詞として使われているので、第1音節にアクセント。San Diego は後ろの語（Diégo）にアクセントを置く。

訳 **1.** スミス氏が会議でその問題を取り上げます。／**2.** 返金はしてもらえますか？／**3.** 駐車許可についての情報はあなたの上司が知っています。／**4.** サンディエゴに研究センターがあります。

語注 **1.** □ address: ～（問題など）に取り組む　**3.** □ supervisor: 監督者、管理者　□ permit: 許可

▶ その他、発音やアクセントに注意すべき単語

045

áisle（通路）	állergy（アレルギー）	allów（許す）
ánti（反対の）	buffét（ビュッフェ）	búreau（支局）
caréer（職業）	céreal（シリアル）	chócolate（チョコレート）
clóthes（衣類）	cócoa（ココア）	héight（高さ）
índex（指標）	itínerary（旅程表）	jéwelry（宝石）
kilómeter（キロメートル）	láw（法律）	márathon（マラソン）
mónths（month［月］の複数形）		ólive（オリーブ）
photógraphy（写真術）	région（地域）	stéw（シチュー）
théme（テーマ）	thórough（徹底的な）	thróugh（～を通って）
wídth（幅）	wómen（woman［女性］の複数形）	
vítamin（ビタミン）		

練習7

🔊 046

まず、音声を聞かずに下の英文を音読します。その後で音声を聞き、正しい発音を確認しながら、各文の後のポーズでリピート練習をしましょう。

1. You can adjust the height and width using the mouse.

2. The Harry's all-you-can-eat buffet includes Irish stew, Spanish olives, and Caribbean flavor cocoa.

3. A thorough knowledge of finance is essential for your future career.

4. Do you want to create your own itinerary for the Berlin Marathon?

訳 **1.** マウスを使って高さと幅を調整できます。／**2.** ハリーズの食べ放題ビュッフェには、アイリッシュ·シチューやスペイン産オリーブ、カリブ産の風味の良いココアが含まれます。／**3.** 財務に関する十分な知識は、あなたの今後のキャリアに必須です。／**4.** ベルリン·マラソンへ行く、自分だけの旅程を作りたいですか？

語注 **2.** □ all-you-can-eat: 食べ放題の

Let's check!

では、最後に総復習のテストをします。第2回、第3回ゼミで学んだ知識を総動員してね！

p. 31のサンプル問題にもう一度トライしましょう。解答は必ず録音して聞き直し、自己採点（p. 32参照）をしてください。 ● REC

練習前と練習後の音声を聞き比べてみましょう。代表でナオの声を聞こうかな。

ナオの解答　練習前🔊005　練習後🔊047

うまくなったね！　別人みたい！！

イントネーションとポーズができているから聞きやすいし、気持ちも込められていますね。これなら採点スケール3も狙えるよ。

やったー！　やる気が出てきました！

実践練習問題

では、本番さながらの実践問題に挑戦してみましょう。自分の解答は必ず録音して、サンプルアンサーの音声と聞き比べましょう。

【手順】

①指示文の音声に従い、以下の問題を解きましょう。自分の解答は必ず録音します。

②自分の解答を聞き返し、サンプルアンサーと聞き比べます。

このステップがとても大切！　サンプルとの差を認識して、自分の課題を確認してください。

③サンプルアンサーをお手本に、何度も音読練習をしましょう。リピーティング、オーバーラッピング、シャドーイングなど（p. 28～29参照）も取り入れましょう。

ディレクション 048

Question 1-2: Read a text aloud

Directions: In this section, look at the text on the screen and read it out loud. You will be given 45 seconds of preparation time and then 45 seconds to read out the text.

1. 問題 049 サンプル 053 別冊 p.4 ● REC

Question 1 of 11

People love Brad and Dale's Coffee because the cups are bigger, the taste is stronger, and the service is friendlier. Thanks to your support, we've just opened our 100th U.K. location. To mark the occasion, we're offering a free dessert with every coffee order this week. If you'd like to learn more about our exciting lunch and dinner options, check us out at www.bradanddales.com.

PREPARATION TIME	RESPONSE TIME
00:00:45	00:00:45

2. 問題 050 サンプル 054 別冊 p.5 ● REC

Question 1 of 11

Hi, baseball fans. Are you looking for something fun to do this summer? Why not join a baseball fantasy camp? You can meet retired greats of the baseball world, such as Val Jones, Simon Tanaka, and Pedro Sanchez! The camp will be held from June 18 to June 23 at the old Harrison Stadium. Accommodation options include some of Harrison's most luxurious hotels as well as lower-priced alternatives.

PREPARATION TIME	RESPONSE TIME
00:00:45	00:00:45

3. 問題 051 サンプル 055 別冊 p.5 ● REC

Question 1 of 11

Ladies and gentlemen, welcome aboard the Eastcoaster. This is an overnight train from Brisbane to Melbourne. It is a journey of 1,750 kilometers, arriving in Melbourne at 7:30 tomorrow morning. The dining car is Car Three. If you have a sleeper carriage, be sure not to leave it unlocked. We'll be making brief stops through the night at Newcastle, Sydney, and Canberra.

PREPARATION TIME	RESPONSE TIME
00:00:45	00:00:45

4. 問題 052 サンプル 056 別冊 p.6 ● REC

Question 1 of 11

Are you looking for somewhere new to go on your next vacation? Beechmont Resort is New Jersey's newest resort hotel, and it opens this Sunday, February 19. With easy access to the beach, amusement parks, and the shopping district, this is the perfect location for your next vacation. To learn more about our wonderful packages, call us at 1-800-345-3422.

PREPARATION TIME	RESPONSE TIME
00:00:45	00:00:45

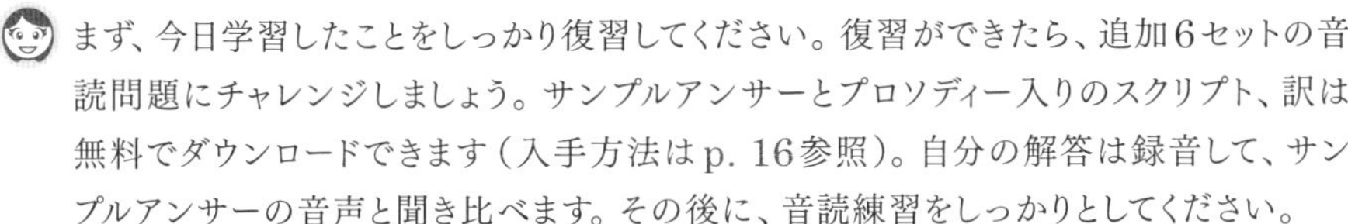

まず、今日学習したことをしっかり復習してください。復習ができたら、追加6セットの音読問題にチャレンジしましょう。サンプルアンサーとプロソディー入りのスクリプト、訳は無料でダウンロードできます（入手方法はp. 16参照）。自分の解答は録音して、サンプルアンサーの音声と聞き比べます。その後に、音読練習をしっかりとしてください。

1. 問題 521 サンプル 527 ● REC

Harper Fitness Center is excited to announce that it has acquired some new equipment for members to use. We now have rowing machines, a climbing wall, and a lap pool. These are all available to members for just $4.99 extra per week. For more information about the exercise equipment and the reservations system, contact one of our friendly fitness center staff members.

2. 問題 522 サンプル 528 ● REC

Hi, everyone. My name is Vince Pilkington. I'll be your tour guide this evening as we walk around the historical sites of Hamilton City. The main locations we'll be stopping at are Hamilton City Hall, Albert Square, and Montgomery Theater. If you would like me to slow down at any point in the tour, please don't hesitate to ask.

3. 問題 523 サンプル 529 ● REC

Good afternoon. This is Ralph Donaldson with the afternoon traffic update for June 23. There is some traffic congestion along Riverside Boulevard heading into the city. They have created a detour, which should make things better with a little luck. However, the situation is likely to worsen over the next few days, so we recommend that commuters use the city's buses, trains, and ferries.

4. 問題 524 サンプル 530 ● REC

Thank you for calling Vandelay Industries. We are the country's largest supplier of industrial air conditioners, refrigerators, and water coolers. If you'd like to talk with a sales assistant, please press 1 now. If you'd like to speak with a customer service representative, please press 2. All other calls can be directed by our operator by pressing 3.

5. 問題 525 サンプル 531 ● REC

It's an honor to introduce someone who has done so much for Camden City over the last 20 years. Margaret Holmes is not only the founder of the Committee for Urban Natural Spaces but also a spokesperson for the Camden Tourism Bureau. Tonight, we're giving her the Camden Citizens' Award for her work improving local parks, playgrounds, and nature reserves.

6. 問題 526 サンプル 532 ● REC

Thank you for purchasing a Dillan power drill. This instructional video has been produced to teach users how to use the device safely and carry out maintenance correctly. You will need an adjustable wrench, a Phillips-head screwdriver, and a clean cloth to carry out the procedures. Please refer to the owner's manual when instructed to do so.

ミホ先生のお悩み相談室

**スピーキングに関するあるあるのお悩みに、
ミホ先生がズバリ答えます。**

お悩み①

やっぱり、ネイティブスピーカーの発音を目指すべきですか？

回答

キレイな発音であることに越したことはありませんが、**ネイティブ発音でないといけないことはないですし、そもそもネイティブにはなれません**。

スピーキングを学ぶ目的は何でしょうか？　海外のクライアントと交渉できるようになりたい、海外旅行で不自由なく英語を使いたいなど、人それぞれだと思います。目的が何であろうと、最終的なゴールは「英語でコミュニケーションができるようになる」ではないでしょうか。

発音は、明瞭性の高いスピーキングをする上でとても重要な要素です。ただ、より大切なことは、全体のバランスです。コミュニケーションがしっかり成り立っているのか、相手に不要なストレスを与えていないのか、これがスピーキングの肝であるべき部分なのです。

上手に発音できるのはいいことですが、ネイティブのような発音が絶対に必要な訳ではありません。それよりも、「よい発音」を目指してはいかがでしょうか。**「よい発音」とは、誰にでも理解してもらえる発音です**。逆に「悪い発音」とは、ほとんどの人にとって理解が困難な発音です。まずは、多少の母語の訛りがあっても聞き手にストレスを与えない、「よい発音」を目指すことから始めてみましょう。本書の練習も「よい発音」を目指すためのものです。

しかし、そうは言っても、きれいな発音でスラスラとしゃべれると、ちょっと格好いいですよね。イギリス英語に憧れがある、好きな俳優みたいに話したい、ということであれば、徹底的に練習をすることに大賛成です。憧れは、言語習得の強い原動力となります。

Speaking Test

第4回ゼミ Q3-4 写真描写問題 基礎編

Q3-4 Describe a picture

今回の学習テーマ

「型」をマスターして確実にスコアを取る

今日から、写真描写問題に入ります。

写真描写問題って、TOEIC L&RのPart 1と似ていますよね。

そうね、似ているといえば似ているけど、違いもあるわよ。L&Rと違って写真がカラーだし。そして、スピーキングテストはDescribe a pictureというタスクだから、**写真を見て自分がしゃべる**のよ。

She is examining some documents.（彼女は書類に目を通している）みたいな感じですよね。

そう。L&Rに慣れていれば単語や表現が浮かびやすいから、取り組みやすいパートかもね。でも、1つの写真について**話す時間が30秒**あるから、1文言って終わりじゃないの。**目標は7文!**

問題形式

問題数　2問

解答時間　30秒（準備時間45秒）

すること　写真を見てその情景や特徴をできるだけたくさん説明する。感想や推測を述べてもよい

必要なCAF　複雑さ★★☆　正確さ★★☆　流暢さ★★☆　3つの力をバランスよく

メモの活用　×（不要）

解答の流れ

TOEIC Speaking　VOLUME

Question 3-4: Describe a picture

Directions: In this section, you will try to give as many details as possible about the picture on your screen. You will be given 45 seconds of preparation time and then 30 seconds to talk about the picture.

① ディレクション（問題の指示文）が画面に表示され、ナレーターがそれを読み上げる。

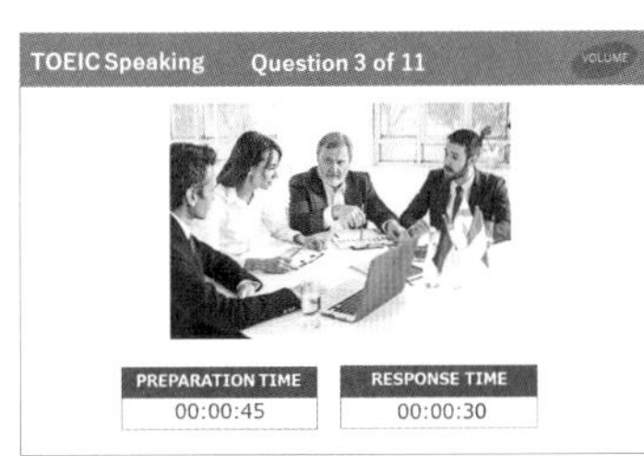

②画面に写真が表示される。ナレーターがBegin preparing now.と言い、ビープ音が鳴るので、準備を開始【45秒】。

③ナレーターがBegin speaking now.と言い、ビープ音が鳴ったら、解答を開始【30秒】。解答時間が終わると次の画面に切り替わる。Q4もQ3と同様。

サンプル問題にトライ！

では、アウトプットファースト！　まずはやってみましょう。録音機器を用意して、自分の答えを録音してください。その後、録音した答えを聞き、ノートなどに書き取りましょう。

ディレクション 057　問題 058　REC

Questions 3-4: Describe a picture

Directions: In this section, you will try to give as many details as possible about the picture on your screen. You will be given 45 seconds of preparation time and then 30 seconds to talk about the picture.

PREPARATION TIME	RESPONSE TIME
00:00:45	00:00:30

指示文の訳：このセクションでは、画面の写真についてできるだけ詳しく説明してください。準備時間として45秒、写真について話す時間として30秒が与えられます。

自分の答えを書き取ってください。別にノートなどを用意して書き取るのがお勧めです。

簡単なはずのことが、うまく言えない…。

よく出る写真のシーンは決まっているから、頻出表現を押さえておけば大丈夫。

話している途中でミスに気付いたんですけど、言い直したら減点されますか？

総合的に評価されるから、**1回くらいは問題ない**よ。多すぎるとNGだけど。

単語は思い浮かぶけど…それを文にすると途端に自信がなくなります。

自信がなくても、**なるべく大きな声ではっきり発音**してね。声が小さいと採点者も聞き取りづらいの。では、以下の項目に従って自己採点をしてみましょう。

自己採点しよう！ 120点超えはチェック6個以上を目標に

できた項目にチェックしてください。	☑
1. 無言の時間がほぼなかった	☐
2. 5文以上（60語以上）言えた	☐
3. 全体・細部が全て言えた	☐
4. 人物の服装や動作を描写した	☐
5. 自分の解答だけで写真を思い浮かべることができる	☐
6. 全てのセンテンスに主語と動詞があった	☐
7. 大きな文法ミス、語彙ミスがなかった	☐
8. 同じ単語を3回以上繰り返さなかった	☐
9. 英語らしい発音ができた	☐
10. イントネーションや間が適切だった	☐

いくつチェックが付いた？

1個だけ…。文を作るのに必死で、発音がヤバいです。

発音やイントネーションは全てのセクションで採点対象になるから、どんなに焦っていても気を付けようね。この問題は採点スケール0～3で評価されます。**練習すれば確実に3が出せるようになる**から、大丈夫。一緒に頑張りましょう。

写真描写問題の採点ポイント

採点項目

発音、イントネーション·アクセント、文法、語彙、描写の一貫性

採点基準

採点スケール	採点ポイント
3	写真の特徴が描写されている ●聞き手が理解しづらい場合もあるが、概ねわかりやすい ●適切な語彙·語句と構文を使っており、言いたいことが首尾一貫した形で表現されている
2	写真と関連はあるものの、意味があいまいな箇所がある ●聞き手が理解しづらい箇所がある ●語彙·語句や構文が限定されており、全体として意味の理解を妨げることがある
1	写真と関連はあるものの、聞き手が理解しやすいように話す能力は、非常に限定されている ●聞き手はかなり理解に苦労する ●適切な語彙·語句や構文を使用する能力が非常に限定されている、または、それにより意味の理解が著しく妨げられてしまう
0	無回答、もしくは解答の中に英語が含まれていない、またはテストと全く関係ないことを答えている

目標スケール　160～200点➡3　130～150点➡ほぼ3　110～120点➡2

3人の解答をチェック！

では、みんなの解答をチェックしてみましょうか。

マイ（160点）の解答 059

This is a picture of a street scene. In the foreground, I can see a black pole. And in the background, I can see a big buildings. And in front of the building, I can see some people standing on the street. In the left side of the picture, I can see a car. And the car is black. And it looks like a Mercedes-Benz car. In front of the car, I can see a man who is wearing red helmet and yellow jacket, and wearing backpack. And he is wearing short pants and he's looking at right side. And, he is going to across the street.（10文、107語）

※語の繰り返しや言い直し、uhなどのフィラー（つなぎ）は語数カウントなし。

【主な改善点】

a big buildings → a big building　In the left side → On the left side

red helmet → a red helmet　yellow jacket → a yellow jacket

wearing backpack → has a backpack on　at right side → to the right

across the street → cross the street

マイはandと言うのが癖かな。不要なandが多いですね。

ほんとだ。意識したことなかったです。I can seeも多いですね。

wearingも繰り返してる。それから、音読問題と比べるとリズムがよくない。弱く言うはずの機能語にも文アクセントを置いてしまっているから、気を付けてね。

はい。書き出してみると、自分の癖がよく分かりますね。

ヤス（120点）の解答 060

This is a picture of a street. Uh, in the center of the picture, I can see a ... I can see a man, uh, wearing a yellow jacket is riding a bicycle. In the left, on the left side of the picture, I can see a car. In the background, I can see some, some people in front of the building, uh ... and ... on the right side of the picture, I can see a, I can see a man wearing a red jacket.（5文、69語）

【主な改善点】

I can see a man wearing a yellow jacket is riding a bicycle.

→ I can see a man wearing a yellow jacket. He is riding a bicycle.

I can see a man wearing a yellow jacket is riding a bicycle. は、2文に分けて言うといいね。

欲張りすぎました。

でも、ナイストライ。分詞を使って表現すると1文あたりの語数が多くなるので、構文における「複雑さ(C)」が高いと判断されます。ただ、言い直しや同じ語の繰り返し、uh ... などの言いよどみは「流暢さ(F)」の減点対象になるから気を付けてね。

ナオ(90点)の解答 061

This is a picture of road. Uh, left side of the picture, there is a car, and a man who is ride on a bike. The man is waiting a crossing road. And backside of the picture, many people, there is a many people walk the street. Then, uh, right side of the picture ... (4文、50語)

【主な改善点】

road → a road　left side → on the left side　ride on → riding

a crossing road → to cross the road / at a crosswalk

backside → in the background　is a many → are many

walk the street → walking on the street　right side → on the right side

「写真と関連はあるが、文法・語彙ともに非常に限定的」ということで、採点スケール1かな。

ボロボロだ…。

でも、伸びる予感がする。ナオは、この間のTOEIC L&Rは610点だったでしょ。持っている知識を「使える知識」に移行させて、それをアウトプットすればいいだけだから。これからたくさん練習して、グンと伸ばしていこうね。

サンプルアンサーと自分の答えを比べてみよう

では、レベルごとのサンプルアンサーを聞いてディクテーションしてみましょう。別にノートなどを用意して書き取るのがお勧めです。

サンプルアンサー　Levels ⑤～⑥　062

110～150点目標!

サンプルアンサー　Levels ⑤～⑥　062

This is a street scene. There are several people in the picture. On the left-hand side, there is a man. He is riding a bicycle. He is wearing a yellow jacket and a helmet. Next to him, I see a black car. In the foreground, there is a lamppost. There is a man on the right. He is wearing a red jacket and has a brown backpack. In the background, there is a building, and I can see several people walking along a sidewalk. I think it might be fall because there are some fallen leaves on the road. (99語、11文)

訳 これは、路上の場面です。写真には何人かの人が写っています。左側に男性がいます。彼は自転車に乗っています。彼は黄色い上着とヘルメットを身に着けています。彼の横には黒い車が見えます。手前に街灯があります。右側に男性がいます。彼は赤い上着を着て茶色いリュックサックを背負っています。奥には建物があり、数人が歩道を歩いているのが見えます。道路に落ち葉があるので、秋ではないかと思います。

語注 □ fallen leaves: 落ち葉

これ、長くないですか?

サンプルは練習用に長めにしてあります。まずは30秒で60語程度言えればOKです。

英語が思ったよりシンプルなんですね。

これでも採点スケール3がもらえますか?

採点項目をクリアできているので、発音やイントネーションに大きく問題がなければ3は取れますよ。

これなら自分でもできそう。まずはここを目標に、頑張ります！

そうね。110～150点を目指すのであれば、これで十分です。すでにこのレベルで言える人は、以下のLevels 7-8（160点以上目標）のサンプルアンサーで練習してね。

サンプルアンサー　Levels ⑦～⑧　063

160点以上目標！

サンプルアンサー　Levels ⑦～⑧　063

This photograph shows various people on a street. On the left, I can see a cyclist coming out of a side street. He is waiting for the cars to pass. He's wearing a bright yellow jacket and a red helmet. On the right-hand side of the photograph, I can see a man in a red coat. He has a brown bag over his shoulder. He's approaching the curb. On the other side of the street from him, some people are walking along a sidewalk. A black car is visible on the left-hand side of the photograph. In the foreground, I can see a lot of fallen leaves. It looks like it is fall or winter. It must be an overcast day because I cannot see any shadows.（128語、12文）

訳 この写真は、路上のさまざまな人を写しています。左には脇道から出ていこうとしている自転車の人が見えます。彼は自動車が通過するのを待っています。彼は明るい黄色の上着と赤いヘルメットを着用しています。写真の右側には、赤いコートを着た男性が見えます。彼は茶色のバッグを肩に掛けています。彼は歩道のへりの方へ向かっています。彼から道を挟んで反対側では、数人の人が歩道を歩いています。写真の左側には黒い車が見えます。手前には落ち葉がたくさん見えます。秋か冬のようです。影が見えないので、きっと曇りの日でしょう。

語注 □ curb:（歩道の）へり　□ visible: 目に見える　□ overcast: 曇った

すごい！　いつかこれくらいしゃべれるようになりたいな。

160点以上目標の場合は、30秒で7～8文は言えるようにね。自分の解答と比べてみて、どう？

自分の解答は、単純な文構造が多いです。I can see a car. とか。でも、サンプルアンサーは1文が長いし、A black car is visible（黒い車が見えます）なんて、言えそうで言えないです。

いきなりお手本を聞いたり見たりするのではなくて、**まずは自分でやってみて、それから自分の答えとお手本とを比べる**ことが肝心。このような練習方法をノーティシング（noticing＝気付き）といいます。こうすると、お手本の英文を自分ごととしてとらえられるし、ホール＆ギャップ（hole and gap＝不足やミス）が見つけられるから、**英語の吸収率が高まって上達が早まる**の。

ところで、サンプルアンサーはLevels 5-6とLevels 7-8の2つあるんですね。

僕はLevel 5だけど、Levels 5-6のサンプルアンサーのようには言えません。

Levels 5-6のアンサーは、「Levels 5-6の人が言っているアンサー」ではなく、「**Levels 5-6を目指す人**が使うべき練習用のアンサー」ということ。もう一つのLevels 7-8は「**Levels 7-8を目指す人**が使うべき練習用アンサー」です。これらは練習用なので、より多くの表現を覚えるために制限時間の30秒より長めにしてあります。

なるほど。僕は140点を目指して、最終的には160点を取りたいです。まずはLevels 5-6で練習します。

僕は120点を目指しているから、Levels 5-6で練習すればいいんだ。

私はLevels 7-8で練習します！

話している途中で時間切れになると減点ですか？

減点にはなりません。途中でビープ音が鳴っても気にしないでOK。

写真描写問題の第4・5回ゼミを通して、こんなことができるようになる！

- 物事を順序立てて分かりやすく説明できる
- 記憶などの断片的な情報を整理し、順序立てて話すことができる
- 写真や図表を織り交ぜた説得力のあるプレゼンが展開できる
- 電話口などで直接顔が見えない相手に効果的な説明ができる

Q3-4 写真描写問題の攻略法

攻略1 準備時間を有効に使う

何の写真？ どこで撮られた？ 何が見える？ 人の服装や動作は？ 写真から推測できることは？ をチェックする。

攻略2 「型」を覚える

「全体→細部→感想」という流れの「型」を、繰り返し練習して体得する。

決まった型を覚えておけば、本番でも落ち着いて描写に集中できます。すると、自動的に文の複雑さが上がります。

攻略3 汎用性の高いフレーズを覚える

よく出題される問題を押さえて、頻出フレーズが口をついて出るように「自動化」する。

攻略4 文法ミスをなくし、「正確さ（A）」にこだわる

文法ミスは減点対象。誤用が脳内で固定化される「ミスの化石化」を防ぐ。

ミスは練習の段階で洗い出し、つぶしておくこと！ 自分のアンサーを「振り返る」作業が伸びのカギです。

攻略5 「複雑さ（C）」と「流暢さ（F）」をアピールする

単文だけでなく重文や複文（p. 107参照）を使い、複雑な文も作れることをアピール。また、文の数や語数を増やして、流暢に話せることもアピールする。

次ページから、上記の攻略ポイントをクリアするトレーニングに取り組みましょう！

トレーニング❶ 準備時間を有効に使う

▶ 1. 写真の内容を素早く把握

まずは、何の写真なのか、何が見えるかなど、場面を確認しましょう。

【 頻出の場面 】

屋内：オフィス、廊下、会議室、教室、講堂、カフェ、モール、食料品店、倉庫など

屋外：道路（歩道）、公園、広場、運動場、マーケット、駅、バス停、工事現場、駐車場、港、水辺、埠頭など

人物は1名の場合もありますが、多くの場合2～6名程度です。人物の服装や動作をチェックしましょう。また、写真から推測できることも確認しておきましょう。

例：「みんな半袖なので季節は夏のようだ」

▶ 2. 描写内容をリハーサル

45秒の準備時間で、描写する内容をリハーサルします。方法は以下の3通りあります。効果的な方法は人それぞれ。繰り返し練習し、マイベストを見つけてください。

1. 英語（単語やフレーズだけでもよい）を声に出して練習する
2. 日本語でひととおり描写して「言うこと」を決める
3. 頭の中で解答のリハーサル

練習1

別冊 p. 8

次の写真を見て、30秒でなるべく多く英単語を言いましょう。

1.

2.

トレーニング❷ 全体 「型」の出だしをマスターする

全体 → 細部 → 感想 の順に描写するのが、理想的な型。まずは、この型をマスターしましょう。あとは、単語やフレーズを落ち着いて型に流し込んでいくだけです。

全体 ▶	どんな場所？　何が目立って見える？
細部（位置＋目立つ人を描写）	誰が？　何をしている？　服装や持ち物は？ 何が？　どこにある？　状態は？
細部（位置+次に目立つ人［物］を描写）	
細部（位置+別の目立つ人［物］を描写）	
感想・推測 ▶	写真の印象や、季節などの推測

▶ 高得点が狙える型の特徴

- 1カ所だけに偏った描写をしていない
- 位置表現（p. 85、95参照）を使っている
- 単文だけでなく、重文や複文（p. 107参照）も使っている
- 棒読みではなく、物語を語るように話している

▶ 出だしの表現はコレ！

まずは、全体の描写から練習します。いきなり細かな点について話すのではなく、視点をグッと引いたときに判断できること、つまり**何の写真なのかという基本的な情報**から始めます。具体的には**「どこ?」**です。**汎用性の高い**以下の文を使いましょう！

場面の描写1 ………「どこ？」

※下線部にp. 84の「頻出場所表現」を入れて使いましょう。

This is a picture of [場所表現].（これは～の写真です）

This is a picture taken at/in [場所表現].
（これは～で撮られた写真です）

＊比較的狭い場所、特定の地点はat。比較的広い場所、囲まれた区域はin。

This is a picture taken outside/inside.
（これは屋外／室内で撮られた写真です）

はっきり場所が分からないときは、この万能表現で！

● 頻出場所表現

廊下	hall, hallway	広場	plaza
会議室	meeting room	モール	mall
カフェ	café	バス停	bus stop
食料品店	grocery store	港	harbor
海辺	beach	建設現場	construction site
水辺	waterfront	倉庫	storage room
埠頭	pier	工場	factory

▶ 場面の描写2 ………「誰・何が見える？」

余裕があれば、「どこ？」の後にもう1文、加えてみましょう。視点をグッと引いたときの**「誰・何が見える?」**です。以下の汎用表現の下線部を入れ替えて使ってください。

There is/are [many students] in the picture.（写真には大勢の学生がいます）
I can see [several buildings] in the picture.
（写真にはいくつかの建物が見えます）

練習2 ……………………………… サンプル 064 別冊 p. 8

以下の写真を見て、出だしの2文を簡潔に書き出しましょう。

1.

This is ______________________________.
There are ___________________________.

2.

This is ______________________________.
There are ___________________________.

トレーニング❸ 細部 目立つ人(物)を描写する

全体に言及できたら、細部の描写を続けます。人や物を順番に描写していきますが、その際に便利なのが**位置表現**です。「写真の中央には」「左側には」など、「どこ」に人・物が写っているのかをはっきりさせてから描写しましょう。

▶ 位置表現:写真を5分割する

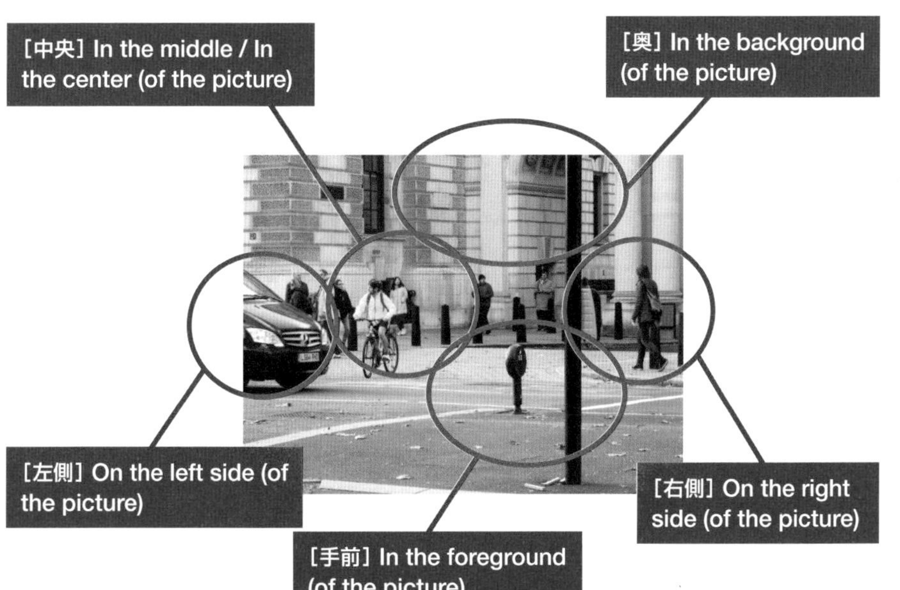

どの表現も、of the pictureは入れなくてもOK。また、On the left side(左側)とOn the right side(右側)は、それぞれsideを言わずにOn the left / On the rightだけでも構いません。right sideをright-hand side、left sideをleft-hand sideと言っても同じ意味です。

練習3

別冊 p.8

以下の写真を見て、それぞれの位置に見える人や物の英単語を言いましょう。

中央 In the middle → man、woman

手前 →

左側 →

右側 →

奥 →

▶ 目立つ人・物の特徴を描写する

位置表現で場所を特定しながら、目立つ人や物を順番に描写します。1つのターゲットにつき最低1文、できれば2文で簡潔に表します。人物なら「していること」「服装」「持ち物」、物なら「〜が見える、〜がある」「どんな状態が」などが描写ポイントです。

人の描写 ※下線部に以下の「頻出表現」を入れて使いましょう。

① 誰が何をしている？ ➡ **主語＋is/are［動詞のing形］**

- 〜を囲んで座っている sitting around 〜
- 〜を眺めている looking at 〜 / browsing 〜
- 〜を手に持っている holding 〜
- 〜に向かって手を伸ばしている reaching for 〜
- おしゃべりをしている having a chat
- くつろいでいる relaxing
- スマホで話している talking on a smartphone
- メモをとっている taking notes
- パソコンで仕事している working on a computer
- 操作している operating
- 調整している adjusting

> 「人がテーブルに着席している」なら?
> sitting on a table?
> 惜しい。 sitting at a table です。よくある間違いなので気を付けて!

② 服装 ➡ **主語＋is/are wearing［名詞］**

- ジャケット a jacket
- コート a coat
- スーツ a suit
- 半袖／長袖／袖なしシャツ a short-sleeved/long-sleeved/sleeveless shirt
- Tシャツ a T-shirt
- セーター a sweater
- パンツ／ズボン pants/trousers

- ジーンズ jeans
- スカート a skirt
- ワンピース a dress
- ネクタイ a tie
- イヤリング earrings

③ 外見 ➡ **主語＋has/have［名詞］**

- 髪が長い long hair
- 髪が短い short hair
- ポニーテール a ponytail
- 金髪 blond hair
- あごひげ beard
- 眼鏡 glasses

She has a blond hair.（×）は誤用。冠詞のaは不要です!

④ ～を持っている ➡ **主語＋has/have［名詞］**
～を背負っている ➡ **主語＋is/are carrying/holding［名詞］**

- リュックサック a backpack
- カメラ a camera
- スーツケース a suitcase

物の描写 ※下線部に以下の「頻出表現」を入れて使いましょう。

① ～が見える ➡ **I can see［名詞］**
～がある ➡ **There is/are［名詞］**

- 歩道 a footpath / sidewalk
- 縁石 the curb
- 自転車 a bicycle / bike
- 芝生 the grass / lawn
- 噴水 a fountain
- 屋台 a stall
- ゴミ箱 a trash can
- 植木鉢 a potted plant
- 書類 a document
- 絵画 a painting / some artwork

② 状態 ➡ **主語＋is/are［動詞の過去分詞形］**

- 一列に駐車されている parked in a row
- 積み重なっている stacked
- 散らばっている scattered
- ～に立てかけられている propped up against ～

練習4 サンプル 065 別冊 p.9

以下の写真を見て、それぞれに写っている人と物を文にして描写しましょう。

1.

2.

トレーニング❹ 感想や推測で締めくくる

場面や人・物の描写に加え、可能であれば感想や推測を言ってみましょう。以下の定番表現を使えるようにしておくと、落ち着いて話すことができます。ただ、「これが正解」という決まりはないので、写真を基に自由に想像してOKです！

It seems to be a popular restaurant.（人気のレストランに見えます）

It looks like they are at a party.（彼らはパーティーに参加しているようです）

I think they are carrying something.（彼らは何かを運んでいるように思います）

It appears that there's some kind of festival going on.
（何かのお祭りが行われているようです）

I wish I could be enjoying it, too.（私もそれを楽しめればいいのにと思います）

Maybe it's winter because the woman is wearing a sweater.
（女性がセーターを着ているので、たぶん冬でしょう）

He seems to be listening to the woman.（彼は女性の話を聞いているようです）

Judging by the picture, this must be near the city center.
（写真から判断すると、市の中心部のようです）

先生がよく使う表現はどれですか？

Judging by the picture,（写真から判断すると）が多いかな。

感想や推測は、最後に言う方がいいですか？

最後でなく、途中に挟んでもOKですよ。

練習5

サンプル 066 別冊 p.9

以下の写真について、感想や推測を言ってみましょう。

1.

2.

トレーニング⑤ 型にはめて練習する

今度は、実際に型にはめて30秒で話す練習をしましょう。

型はめ練習1

問題 067 サンプル 068 別冊 p.9 ● REC

問題音声を再生し、以下の写真について、示された単語から適切なものを選んで描写しましょう。(準備時間45秒、解答時間30秒)

自分の解答は必ず録音して振り返りましょう!

全体	This is a picture taken (at a park / on a busy street / in a conference room).
人の数	I can see (two people / several people / one person) in this picture.
中央	In the middle of the picture, there is a (woman / ferry / suitcase).
動作	She is (taking some notes / crossing the street / making a presentation).
外見	She has (long hair / blond hair) and is wearing a (sleeveless / short-sleeved) shirt.
手前	In the foreground, there are people (reading books / sitting down) and (listening to some music / concentrating on the speech).
奥	In the background, a large screen is (showing some information / covering the ceiling).
右側	On the right side of the picture, I see (a chair pushed against a wall / chairs stacked in a pile).
推測	It looks like (they are enjoying the meal / the woman is proposing an idea).

型はめ練習2 …… 問題 069 サンプル 070-071 別冊 p.10 ● REC

問題音声を再生し、以下の写真についてp.89の「型はめ練習1」と同じ手順で描写します。(　　　　　)に入る内容は自由に考えましょう。(準備時間45秒、解答時間30秒)

「型はめ練習2」「型はめ練習3」には、160点以上を目指す人への参考用に、Levels 7-8のサンプルアンサーもあります。ぜひ、両方チェックしてみてくださいね!

全体	This is a picture taken at a (　　　　　). I can see (　　　　　) in this picture.
中央	In the middle of the picture, (　　　　　).
動作	They are (　　　　　).
外見	The woman is wearing (　　　　　), and the man is (　　　　　).
持ち物	They have (　　　　　).
奥	In the background, there are (　　　　　). I can also see (　　　　　).
推測	There appears to be (　　　　　).

話している途中で時間切れになっても減点されないんですよね?

途中で切れても、それまでの描写が十分であれば問題なし!

逆に、時間をあまり余らせるとダメですか?

途中に長い無言があるのはNG。でも、描写が十分なら、最後は時間が多少余ってもOKよ。

型はめ練習3

問題 072　サンプル 073-074　別冊 p. 11　● REC

問題音声を再生し、以下の写真について、p.89の「型はめ練習1」と同じ手順で描写します。(　　　　　)に入る内容は自由に考えましょう。(準備時間45秒、解答時間30秒)

全体	This is a picture (　　　　　).
人の数	I can see (　　　　　) in this picture.
外見	The woman on the right (　　　　　) and the woman on the left (　　　　　).
動作	They are (　　　　　) and (　　　　　).
奥	In the background, (　　　　　). I can also see (　　　　　).
推測	I think (　　　　　).

ヤス、The woman on the right is wearing a white shirts.(×)って言ってたよ。

あっ。つい、いつもの癖で…。

日本語の「シャツ」の影響でa shirts(×)と言ってしまいがちだけど、正しくはa shirtだね。シャツが1枚だけなら、最後のsはいらないよ。

はい、気を付けます!

Speaking Test

第5回 ゼミ

Q3-4 写真描写問題 発展編

Q3-4 Describe a picture

今回の学習テーマ

「複雑さ」「正確さ」「流暢さ」をバランスよく高める

基礎編で、描写の型は押さえられましたか？

型はすっかり覚えた！　まず全体について話して、その後で細部の描写ですね。

そのとおり。では、今日は発展編です。型を覚えたら、あとはどんな場面が出題されてもスラスラ話せるように練習していきましょう。基礎編では攻略法（p. 81参照）の1、2を中心に強化したから、発展編では3、4、5に焦点を合わせます。

攻略3 汎用性の高いフレーズを覚える

攻略4 文法ミスをなくし、「正確さ（A）」にこだわる

攻略5 「複雑さ（C）」と「流暢さ（F）」をアピールする

写真描写問題でスコアを上げるためには、**「複雑さ（C）」「正確さ（A）」「流暢さ（F）」の3つをバランスよく練習する**ことが大切です。

複雑さ（C）　**文法の複雑さ**　単文だけでなく、重文や複文（p. 107）も使う

On the right, there is a man. He is standing in front of a café. （単文と単文）
→ On the right, there is a man who is standing in front of a café. （複文）

語彙の複雑さ　描写をより具体的にする

He has short hair. （髪が短い）
→ His hair is combed back. （オールバック）

正確さ（A）　文法や語彙選択の誤りがない

She has a blond hair. × → She has blond hair. ○

流暢さ（F）　複数の人（または複数の個所）を描写する

120点目標：5文以上、60語以上
160点目標：7文前後、80語前後

トレーニング❶ 全体 出だし表現の強化

基礎編では、場面全体を表現するための基本的なフレーズを紹介しました。発展編ではさらに多くの表現を身につけ、出だし表現の強化を目指します。

▶ 場面の描写1……「どこ？」の表現強化 075

This photograph is of ～.（これは～の写真です）
This picture must have been taken at/in ～.
（これはきっと～で撮られた写真でしょう）
This picture appears to be of ～.（これは～の写真のように見えます）
This is an outdoor/indoor photograph.（これは屋外／屋内の写真です）

「どこ？」の瞬間英作 sheet 076

場面を想像しながら、以下の日本語を瞬間英作しましょう。2秒以内に話し始めることができたら□にチェック！

□これは公園の写真です。	This is a picture of a park.
□これは広い運動場の写真です。	This photograph is of a large playground.
□これは何かの路上市場の写真です。	This is a picture of some kind of street market.
□これは水辺で撮られた写真です。	This is a picture taken at a waterfront.
□これは埠頭の写真です。	This is a photograph of a pier.
□これはバス停の写真です。	This is a picture of a bus stop.
□これはレストランの写真です。	This photograph is of a restaurant.
□これは食料品店の写真です。	This is a picture of a grocery store.
□これは書店で撮られた写真です。	This picture was taken in a bookstore.
□これは薬局で撮られた写真です。	This picture was taken at a pharmacy.
□これは家電量販店で撮られた写真です。	This picture was taken in an appliance store.
□これは廊下（ホール）の写真です。	This is a picture of a hall.
□これは会議室の写真のようです。	This picture appears to be of a meeting room.
□この写真はきっと工場で撮られたものでしょう。	This picture must have been taken in a factory.
□これは屋内の写真です。	This is an indoor photograph.
□これは屋外の写真です。	This is an outdoor photograph.

語注 □pier: 埠頭　□grocery: 食料品、日用雑貨　□appliance:（電化製品などの）器具

練習1

サンプル 077 別冊 p.13

以下の写真を見て、どんな場面かを1文で表しましょう。

1.

2.

▶ 場面の描写2……「誰・何が見える？」の表現強化 078

「どこ?」の次は、「誰・何が見える?」の表現を増強していきましょう。

There is/are ～.（～がいます、～があります）
I can see ～.（～が見えます）
It shows ～.（～が写っています）

「誰・何が見える？」の瞬間英作 sheet 079

場面を想像しながら、以下の日本語を瞬間英作しましょう。2秒以内に話し始めることができたら□にチェック！

□この写真には1人の男性がいます。	There is a man in this picture.
□1人の女性と1人の男性が見えます。	I can see a woman and a man.
□2人の人がテーブルで座っています。	There are two people sitting at a table.
□6人の人が会議に出席しているのが見えます。	I can see six people attending a meeting.
□そこで多くの人がくつろいでいるのが見えます。	I can see many people relaxing there.
□この写真には数台の車があります。	There are several cars in this picture. / There are some cars in this picture.
□さまざまな種類の商品が陳列されています。	There are different kinds of items on display.

練習2

サンプル 080 別冊 p. 13

以下の写真を見て、出だしの2文「どこ?」「何が見える?」を英語で言ってみましょう。

1.

2.

トレーニング❷ 細部 位置表現の強化

今度は位置表現です。左右や前後だけでなく、「右上」「左下」など、さらに細かく位置を特定する表現を増やしていきましょう。

▶ 位置表現……詳細バージョン

左上隅 In the top left-hand corner (of the picture)

右上隅 In the top right-hand corner (of the picture)

左上 On the upper left side (of the picture)

右上 On the upper right side (of the picture)

左下 On the lower left side (of the picture)

右下 On the lower right side (of the picture)

左下隅 In the bottom left-hand corner (of the picture)

右下隅 In the bottom right-hand corner (of the picture)

その他の表現 さらに高得点を目指す人は、以下の表現も使ってみましょう。

There is an entrance in the very far background of the picture.（写真のずっと奥に入り口があります）

I can see a laptop computer on the top of the counter on the very right side of the picture.（写真の一番右端のカウンター上にノートパソコンが見えます）

At the very top of the picture, I see a chandelier suspended from the glass ceiling.（写真の一番上に、ガラスの天井から下がっているシャンデリアが見えます）

語注 □ laptop (computer): ノートパソコン □ chandelier: シャンデリア □ suspend: ～をつるす

練習3

sheet サンプル 081-083 別冊 p. 13

付属の赤シートで隠しながら、写真描写の練習をします。以下の写真について、位置表現を使って4～5文で描写してみましょう。

1.

手前 **In the foreground of the picture**, there are some vegetables on display on tables.

右上 There is some kind of concrete structure **on the upper right side of the picture**.

左側 **On the left side of the picture**, I can see some people standing in front of the display.

奥 **In the background of the picture**, I can see a brick wall.

2.

右上隅 **In the top right-hand corner of the picture**, there is a large gate that appears to be the entrance to the park.

中央 **In the middle of the picture**, I can see two people sitting on a wall.

左下 **On the lower left side of the picture**, I can see a woman leaning on the wall.

右下隅 **In the bottom right-hand corner of the picture**, there is a little girl.

3.

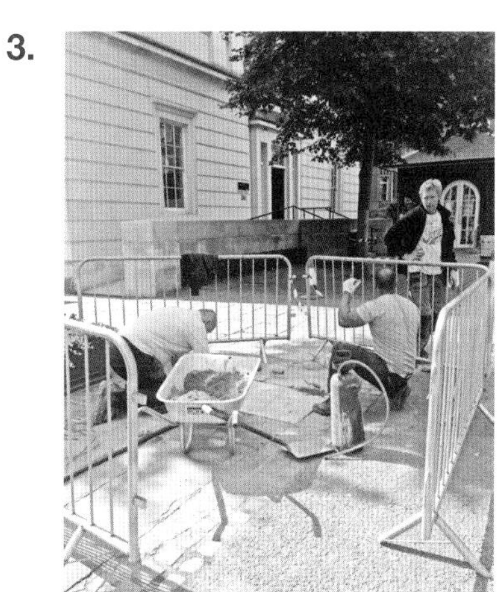

中央 **In the middle of the picture**, there are a couple of construction workers.

手前 **In the foreground of the picture**, there is a shadow of a wheelbarrow.

右側 **On the right side of the picture**, I can see a pedestrian.

出だし表現が決まると、なんだかその後がうまくいくような気がします。

話し始めは肝心だよね。落ち着いて、ゆっくりと分かりやすいシンプルな表現で。**汎用性の高いフレーズを暗記して、いつでも取り出せるようにしておく**と便利です。

思い付くまま手当たり次第に描写するより、**位置表現を使って順番に描写する**方が、ずっと上手に聞こえますね。

確かに。それって、日本語でも同じですよね。授業のプレゼンでも使えそう。

そう、どの言語でも同じ。何かを描写するときは、**聞き手にとって分かりやすいかどうかを常に意識**しながら、物語を語るように話すといいわよ。

トレーニング❸ 細部 動作・外見表現の強化

今度は、細部の描写力の中でも特に「正確さ(A)」を強化していきます。文法のミスが起きやすいのが、細部の描写時。文法や語彙選択のミスは減点ポイントになります。

自分の答えを書き出してみたら、文法があやふやなところがいくつもありました。

間違った知識をそのままにすると**「ミスの化石化」**といって、**誤用が脳内で固定化**されてしまいます。早い段階で修正しないと、いつまでたっても改善しません。

▶「正確さ(A)」を磨くための鉄則

❶ 文法や語彙のミスをそのままにしない
❷ 正しい表現を大量にインプットする
❸ 自分の表現になるまで(意識しなくてもスラスラと言えるようになるまで)、繰り返しアウトプットする

動作・外見の瞬間英作 sheet

場面を想像しながら、以下の日本語を瞬間英作しましょう。2秒以内に話し始めることができたら□にチェック!

●人の動作とその関連の描写表現	084
□通りを渡る	cross the street
□自転車に乗る	ride a bicycle
□バスに乗り込む	board a bus
□車の横を通る	pass by a car
□道案内をする	give directions
□道を舗装する	pave a road
□商品を売る	sell products
□注文を受ける	take orders
□買い物をする	make a purchase
□カートを押す	push a cart
□道具を持つ	hold a tool
□楽器を弾く	play a musical instrument
□テーブルを囲んで座る	sit around a table
□互いを見る	look at each other

□会話をする	have a conversation
□何かに手を伸ばす	reach for something
□眼鏡を掛けている	wear glasses
□メモ用紙に書く	write on a notepad
□パソコンでタイプをする	type on a computer keyboard
□プロジェクトに取り組む	work on a project

公園系：

□大勢の人々が歩き回っています。	Many people are walking around.
□ごみ箱が2つあります。	There are two trash bins.

ショッピング系：

□彼女は商品を選んでいます。	She is choosing some items.
□彼は買った物の支払いをしています。	He is paying for his purchases.
□店員が客に対応しています。	The shop clerk is helping a customer.

オフィス系：

□女性はメモ用紙に何かを書いています。	A woman is writing something on a notepad.
□彼女は画面の方を向いています。	She is facing the screen.
□彼は足を組んでデスクに座っています。	He is sitting at a desk with his legs crossed.

「with＋体の部位＋その部位の位置や状態」は、写真描写問題で便利に使える表現。他に、with her arms folded（腕を組んで）、with his hand in his pocket（片手をポケットに入れて）などのように言えます。

水辺系：

□ボートが水に浮かんでいます。	The boat is floating on the water.
□人々は（ビーチで）砂で遊んでいます。	People are playing on the sand (at the beach).

レストラン系：

□彼らはテーブルに座って食事を楽しんでいます。	They are sitting at a table enjoying food.
□ウエーターが客に飲み物を出しています。	A waiter is serving drinks.
□彼女は食べ物を皿によそっています。	She is serving food onto a plate.

公道系：

□柱のそばに自転車が停められています。	There is a bicycle parked beside a pole.
□彼らはトラックから荷を下ろしています。	They are unloading a truck.

語注 □float: 浮かぶ　□serve: ～のために働く、～（飲食物）を出す
□unload: ～の荷を降ろす

第5回ゼミ 写真描写問題 発展編

●人の外見の描写表現 🔊085

□彼女はストレートの長い髪です。	She has long, straight hair.
□彼女は肩くらいの長さの髪です。	She has shoulder-length hair.
□彼女は金髪です。	She has blond hair.
□彼の髪は白髪です。	He has gray hair.
□彼女の髪はカールしています。	She has curly hair.
□彼女は髪をアップにしています。	She has her hair tied up.
□彼女はポニーテールです。	She has a ponytail.
□彼女は三つ編みにしています。	She has a braid.
□彼は髪をオールバックにしています。	His hair is combed back.
□彼は髪をスポーツ刈りにしています。	He has a crew cut.
□男性は長いもみあげを生やしています。	The man has long sideburns.
□男性はひげを生やしています。	The man has some facial hair.
□男性はあごひげを生やしています。	The man has a beard.
□彼は口ひげを生やしています。	He has a mustache.

語注 □crew cut: 角刈りの一種　□sideburns: もみあげ

練習4

付属の赤シートで隠しながら、写真描写の練習をします。以下の写真について、ヒントの日本語を参考に人物の動作や外見を描写してみましょう。

1.

ヒント 左側の男性は、赤いチェックのシャツを着ていて短い髪です。

The man on the left **is wearing a red plaid shirt** and he **has short hair**.

ヒント 写真中央に座っている若い女性は、手をあごに当てて男性を見ています。

The girl sitting in the middle of the picture **is looking at the man with her hand on her chin**.

2.

ヒント あごひげを生やした男性が接客をしています。

A man **with a beard is serving a customer.**

ヒント 彼の向かい側には、カールヘアの女性がいます。

Across from him, there is a woman **with curly hair.**

ヒント 彼女は黒い上着を着て、ハンドバッグを肩に掛けています。

She **is wearing a black jacket**, and she **has a handbag over her shoulder.**

3.

ヒント 男性が道路脇に立っています。

A man **is standing on the side of a street.**

ヒント 彼は手に傘を持ち、道路を見ています。

He **is holding an umbrella in his hand**, and **looking down the street.**

ヒント 彼には口ひげがあります。

He **has a mustache.**

ヒント 彼は暖かい服装をして、マフラーをしています。

He **is wearing warm clothes, and he has a scarf.**

ヒント 道路の反対側の歩道には、数人の人が立っています。

Some people **are standing on the sidewalk** on the other side of the street.

4.

ヒント 果物や野菜を並べている、大きめのコートを着た女性がいます。

There is a woman **in an oversized coat arranging some fruit and vegetables.**

ヒント 彼女は肩までの真っすぐな金髪です。

She **has shoulder-length, straight blond hair.**

5.

ヒント 中央の男性は、ギターを演奏しながら歌っています。

The man in the middle **is playing a guitar and singing.**

ヒント 彼はボタンを外したシャツと、その下にTシャツを着ています。

He **is wearing an unbuttoned shirt with a T-shirt underneath.**

ヒント 彼の髪は短く切られており、また彼はひげを生やしています。

His hair **is cut short**, and he **has some facial hair**.

6.

ヒント 写真の中央には、階段に立っているカップルがいます。

In the middle of the photo, there is a couple **standing on the stairs.**

ヒント 手前のテーブルに、赤いスカートとベージュのジャケットを着た女性が座っています。

Sitting at a table in the foreground, there is a woman **in a red skirt and a beige jacket.**

ヒント 同じテーブルには、別の女性も座っています。

Another woman **is sitting at the same table.**

ヒント 彼女は半袖シャツを着ています。

She **is wearing a short-sleeved shirt.**

トレーニング❹ 細部 風景・物の描写表現の強化

基礎編でも述べたように、人物は多くの場合3～6名程度ですが、2名だけの場合もあります。また、まれに大勢や1名だけということもあります。人数が多かったり少なかったりする場合は、人物をある程度描写した後に、風景や物の描写もしていきましょう。

風景・物の瞬間英作 sheet 092

場面を想像しながら、以下の日本語を瞬間英作しましょう。2秒以内に話し始めることができたら□にチェック！

□テーブルにワイングラスがいくつか置かれています。	There are some wine glasses on the table.
□車が道に沿って停められています。	There are some cars parked along the street.
□写真立てが壁に掛かっています。	There is a photo frame hanging on the wall.
□いくつかの商品が棚に陳列されています。	Some products are displayed on the shelves.
□彼らの前には空のグラスがいくつかあります。	There are some empty glasses in front of them.
□照明と出入り口があります。	There is a light and a doorway.
□高層ビル群が見えます。	I can see skyscrapers.
□彼の後ろに街灯があります。	Behind him, there is a lamppost.
□大きな湖があるようです。	There seems to be a big lake.
□小道に沿ってベンチが置かれています。	A bench has been placed along a trail.
□奥には、複数の建物が遠くに見えます。	In the far background, some buildings are visible.
□何そうかのボートが岸につながれています。	Some boats are docked at the shore.
□地面に影があります。	Some shadows are being cast on the ground.
□それらの周りには、カップやペンなどたくさんの物が見えます。	Around them, I can see many things, such as cups, pens and more.

描写ポイントがたくさんあるときにお勧めの万能表現！

語注 □doorway: 出入り口　□skyscraper: 超高層ビル　□lamppost: 街灯の柱　□trail: 小道　□dock: ～を係船する　□cast: ～（影など）を投げかける（過去形、過去分詞形もcast）

練習5

サンプル 093-094 別冊 p. 13

付属の赤シートで隠しながら、写真描写の練習をします。以下の写真について、ヒントを参考に風景や物を描写してみましょう。

1.

ヒント 駐車、並んで
Seven cars have been parked in a row.

ヒント 駐車、(車の) 前側、木の陰
The cars have all been parked with their front ends under the shade of some trees.

ヒント 後部ドア、開いている
One of the cars has its rear door open.

ヒント ベビーカー、近くに置いてある
There is a stroller standing near the car.

「ベビーカー」はbuggy、pushchair、baby carriageとも言います。

2.

ヒント いろいろなパンや菓子パン、棚の中
There are a lot of types of bread and pastries in the cabinet.

ヒント たくさんのパン、並んでいる、棚の上
There are a lot of loaves of bread lined up along the top of the cabinet.

ヒント 大きな表示画面、壁、棚の横
There is a large display screen on the wall beside the cabinet.

トレーニング⑤ 感想・推測表現の強化

時間が余った場合は、写真についての感想や推測を述べましょう。最後に言っても、途中で言ってもOKです。また、内容に正解や不正解はないので、自分の自由な感想や推測で構いません。

感想・推測表現の瞬間英作 sheet 095

場面を想像しながら、以下の日本語を瞬間英作しましょう。2秒以内に話し始めることができたら□にチェック！

□地面に影が見えるので、晴れた日のようです。	It seems to be a sunny day, because I can see shadows on the ground.
□影がまったく見えないので、曇った日のようです。	I think it is an overcast day, because I cannot see any shadows.
□影が短いので、昼ごろのようです。	The shadows are short, so it seems to be the middle of the day.
□青空が見えるので、晴れた日のようです。	It looks like a sunny day, because I can see a blue sky.
□写真から判断すると、人々が分厚いコートを着ているので冬でしょう。	Judging by the picture, it must be winter because people are wearing heavy coats.
□彼らの表情から、楽しい時間を過ごしているようです。	From their faces, I can tell they are having a good time.
□背の高い木が何本か見えるので、きっと大きな公園でしょう。	It must be a big park, because I can see some tall trees.
□道路沿いに高いビルがたくさんあるので、市中心部の近くだと思います。	There are many high buildings on the street, so I think this must be near the city center.
□オフィスに誰もいないので、就業時間が終わった後かもしれません。	There is no one inside the office, so it might be after office hours.
□お客が少ししかいないので、人気のあるレストランとは思えません。	I don't think this is a popular restaurant, because there are only a few customers.
□彼らの後ろの部屋がかなり暗いので、今はお店が開いていないのではないかと思います。	The room behind them looks quite dark, so I don't think that the store is open at the moment.

語注 □ overcast: 曇った □ at the moment: ちょうど今

練習6

 サンプル 096-098 別冊 p. 14

付属の赤シートで隠しながら、写真描写の練習をします。以下の写真について、ヒントを参考に感想や推測を言ってみましょう。

1.

ヒント 店主、露店

She **must be the owner of the stall.**

ヒント 早朝、お客

Judging **by the picture,** it might **still be early in the morning,** because **there are no customers.**

2.

ヒント 使う、一時的に、取り組む、プレゼン

I think he is **using this space temporarily** to **work on a presentation** or something.

ヒント 使っていない椅子、会議

There are **some empty chairs** in the room so maybe **there was a meeting.**

3.

ヒント 服装、冬

From **his clothes,** I can **tell that it's winter.**

ヒント 待っている、バスかタクシー

He looks like **he is waiting for a bus or a taxi.**

ヒント 雨、傘

I think **it's going to be rainy** because he is **holding an umbrella in his hand.**

ヒント 道路、ぬれている、雨

The road appears wet, so it must **have rained earlier.**

トレーニング❻ 複雑な文を作る練習

次に、シンプルな単文だけでなく**「複雑さ（C）」をアピールする**ため、少し複雑な文も練習しましょう。重文や複文も使いこなせるといいですね。

単文 文の中に1つの主部と述部を持つ文

They are wearing jackets.（彼らはジャケットを着ています）
主部　述部

重文 文の中に2つ以上の主部と述部があり、等位接続詞（and、but、soなど）でつながれている文

I can see a train, **but** nobody is on it.（電車が見えますが、誰も乗っていません）
主　述　主　述

複文 文の中に2つ以上の主部と述部があり、従属接続詞（that、because、ifなど）や関係詞（who、whichなど）、疑問詞（what、howなど）などでつながれている文

I think **that** it's winter **because** they are wearing coats.
主　述　主　述　主　述
（彼らがコートを着ているので、冬だと思います）

分詞を含む文 現在分詞（～している）や過去分詞（～された）などを使った文

I can see people **sitting** on the grass.（芝生に座っている人々が見えます）

There are some vehicles **parked** along the street.
（通り沿いに止められている車が何台か見えます）

練習7

別冊 p.14

日本語をヒントにして、以下の２つの文を１つの文に合体させましょう。

1. In the center, there is a man. He is wearing jeans.
ヒント 中央に、ジーンズをはいた男性がいます。

2. The man is wearing a white hat. He is reading a book.
ヒント 白い帽子をかぶっている男性が本を読んでいます。

3. The man is standing next to the woman. He is holding a cup and saucer.
ヒント 女性の隣に立っている男性は、カップとソーサーを手に持っています。

4. I like shopping myself. I would like to be there.
ヒント 私自身も買い物が好きなので、そこに行きたいです。

練習8

サンプル 099-100 別冊 p. 14

以下の写真について描写した日本語を、ヒントを参考に英文にしてみましょう。

1.

・公園の入り口と思われる大きな門があります。
・塀の上に座っている人たちのうち、2人が会話をしています。
・赤レンガで建てられたらしい古い建物が見えます。

ヒント large gate, appear to be, entrance / wall, have a conversation / appear to be, out of red brick

2.

・路上に駐車されている数台の車があります。
・建物の前面に沿って生け垣があります。
・家のように見える他の建物も見えます。

ヒント park, street / hedge, run along the front of the building / other buildings, look like

語注 □ hedge: 生け垣、垣根

Let's check!

では、最後に総復習のテストをします。第4回、第5回ゼミで学んだ知識を総動員してね！

p. 73のサンプル問題にもう一度トライしましょう。解答は必ず録音して聞き直し、自己採点（p. 74参照）をしてください。 ● REC

練習前と練習後の音声を聞き比べてみましょう。代表でヤスの声を、みんなで聞いてみます。

ヤスの解答　練習前 060　練習後 101

すごい！　たくさん話せてますね。

前よりずっとなめらかになっています。1文もずっと長いですね。

複雑さも加わっていますね。話し方もスムーズで安定しています。これなら間違いなく採点スケール3が取れますよ。

ありがとうございます！　描写ポイントが分かったことで、自分でも前より話しやすくなったのが実感できました。

実践練習問題

では、本番さながらの実践問題に挑戦してみましょう。

【手順】

①指示文の音声に従い、以下の問題を解きましょう。自分の解答は必ず録音します。

②自分の解答を聞き返し、ノートにディクテーションをします。

③サンプルアンサーを聞き、ノートにディクテーションをします。サンプルアンサーは、自分の目標レベルに合ったものを使ってください。

110～150点目標： Levels ⑤～⑥ のサンプルアンサー

160点以上目標： Levels ⑦～⑧ のサンプルアンサー

④サンプルアンサーの音声を聞きながら、何度もリピート練習をしましょう。または、サンプルアンサーを参考にしながら自分の解答を修正したもので練習するのも勧めです。

全ての写真を30秒でスムーズに描写できるようになりましょう！
120点目標は5文以上、160点以上目標は7文以上を目標に！

ディレクション 102

Question 3: Describe a picture

Directions: In this section, you will try to give as many details as possible about the picture on your screen. You will be given 45 seconds of preparation time and then 30 seconds to talk about the picture.

1.
問題 103
サンプル 108-109
別冊 p. 15
REC

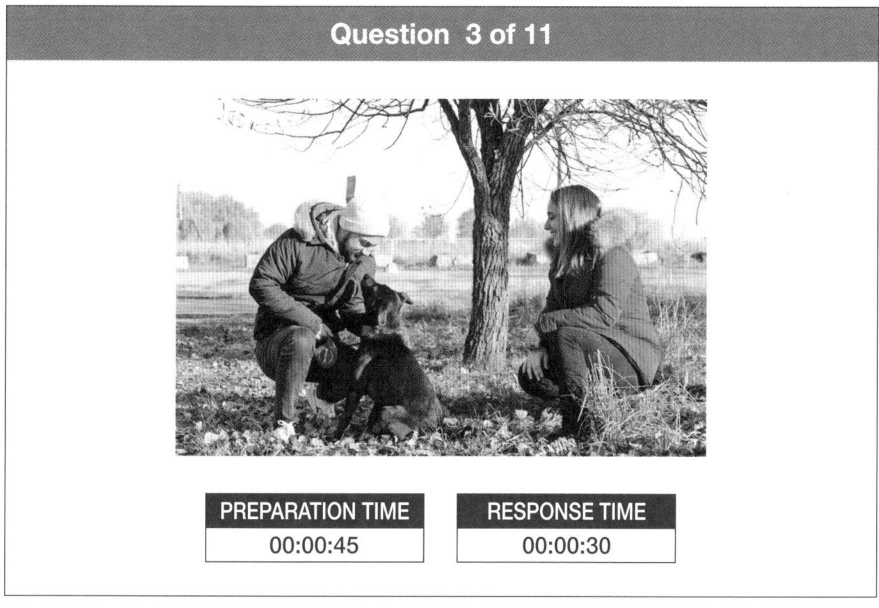
Question 3 of 11
PREPARATION TIME
00:00:45
RESPONSE TIME
00:00:30

2.
問題 104
サンプル 110-111
別冊 p. 16
REC

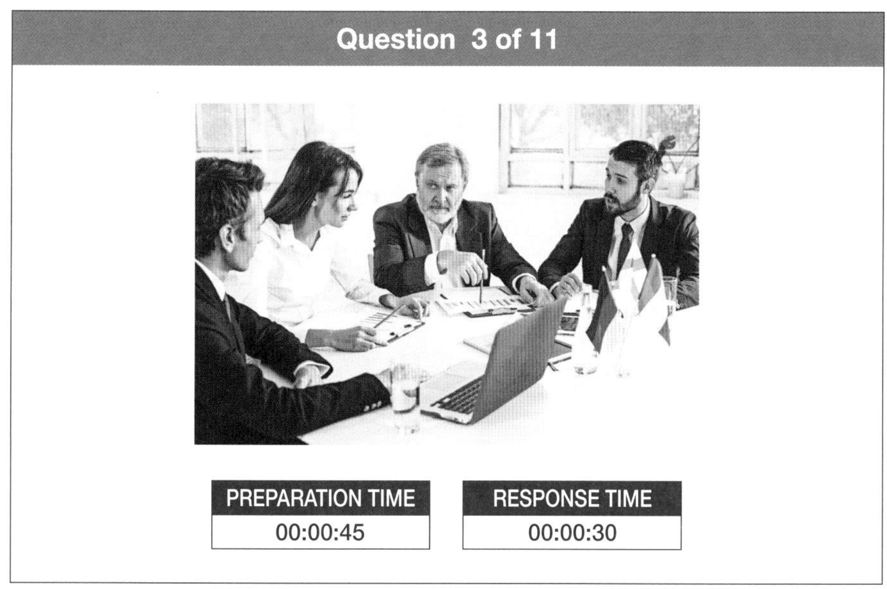
Question 3 of 11
PREPARATION TIME
00:00:45
RESPONSE TIME
00:00:30

3. 問題 105 サンプル 112-113 別冊 p. 18 ● REC

Question 3 of 11

PREPARATION TIME	RESPONSE TIME
00:00:45	00:00:30

4. 問題 106 サンプル 114-115 別冊 p. 19 ● REC

Question 3 of 11

PREPARATION TIME	RESPONSE TIME
00:00:45	00:00:30

5. 
問題
107
サンプル
116-117
別冊
p. 21
REC

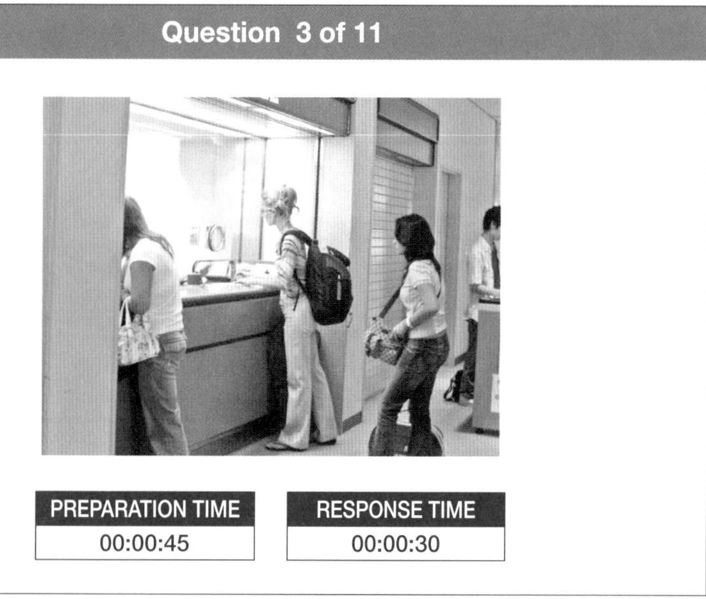
Question 3 of 11
PREPARATION TIME
00:00:45
RESPONSE TIME
00:00:30

HOME 宿題 WORK

以下の写真1~10を全て30秒で描写できるように練習しましょう。レベル別のサンプルアンサーと訳は無料でダウンロードできます（入手方法はp. 16参照）。音練習も忘れずに!

1. 問題 533 サンプル 543-544

2. 問題 534 サンプル 545-546

3. 問題 535 サンプル 547-548

4. 問題 536 サンプル 549-550

5. 問題 537 サンプル 551-552

6. 問題 538 サンプル 553-554

7. 問題 539 サンプル 555-556

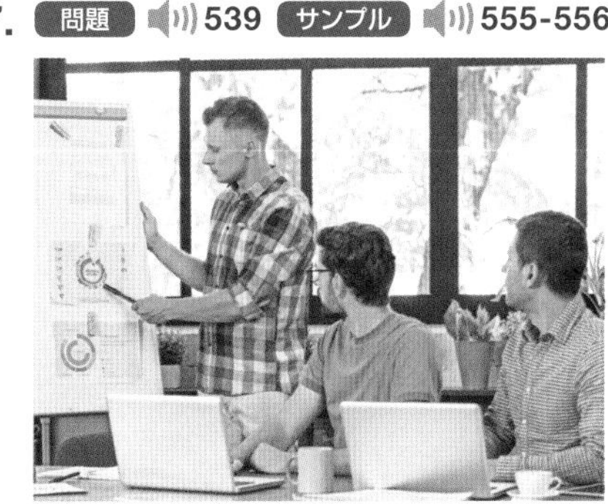

8. 問題 540 サンプル 557-558

9. 問題 541 サンプル 559-560

10. 問題 542 サンプル 561-562

第6回ゼミ Q5-7 応答問題 基礎編

Q5-7 Respond to questions

今回の学習テーマ

応答問題の前半Q5とQ6を完全攻略する

さて、今回のゼミから応答問題です。今日はまず、Q5とQ6を攻略しましょう。

「応答」問題ってことは、質問されるんですよね？

そう。電話での会話やインタビューという設定で、3つ質問されるの。今日は最初の2つを練習するよ。

TOEIC L&RのPart 2にも「応答問題」があったな。

ちょっとだけ似てるけど、スピーキングテストの方がストレートな感じ。例えば、この質問に答えてみて。Are you taking a vacation soon, Yasu?

え？　えっと… Who told you that?

それは、L&RのPart 2に出そうなひねった応答でしょ（笑）。もっと普通に答えてみて。じゃあ、マイ？

Yes, I am. I'm going to Hong Kong next week.

パーフェクト！

問題形式

問題数　3問

解答時間　Q5、Q6 → 各問15秒　Q7 → 30秒（準備時間は各3秒）

すること　電話での会話やインタビューで、身近な話題に関する3つの質問に、素早く正確に答える

必要なCAF　複雑さ★☆☆　正確さ★★★　流暢さ★★☆　正確さが最も大事！

メモの活用　△（p. 134参照）

解答の流れ

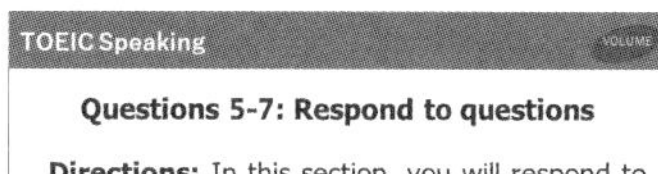

①ディレクション（問題の指示文）が画面に表示され、ナレーターがそれを読み上げる。

TOEIC Speaking

Imagine that you are talking to a friend on the telephone. You are talking about eating habits.

②Imagine that ～で始まる、質問の前提となる設定が聞こえてくるとともに、画面にも表示される。

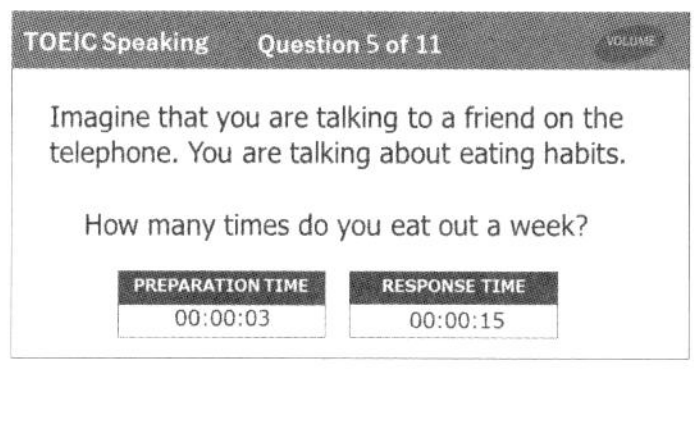

③Q5の質問文が聞こえてくるとともに、画面にも表示される。ナレーターがBegin preparing now.と言い、ビープ音が鳴るので、準備を開始【3秒】。準備時間が終わるとナレーターがBegin speaking now.と言い、ビープ音が鳴ったら、解答を開始【15秒】。Q5の解答時間が終わると、Q6の質問文が画面に表示され、読み上げられる。

TOEIC Speaking Question 6 of 11

Imagine that you are talking to a friend on the telephone. You are talking about eating habits.

Do you cook, and what do you cook the most often?

PREPARATION TIME 00:00:03 | RESPONSE TIME 00:00:15

④Q6もQ5と同様の流れで準備・解答する。解答時間が終わると次の画面に切り替わり、Q7が始まる。

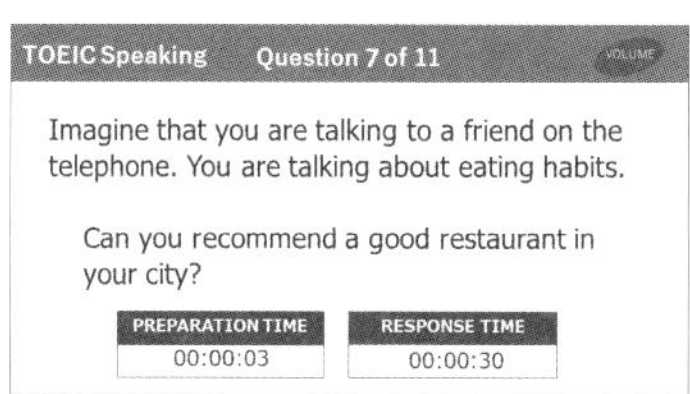

⑤Q7もQ6と同様の流れで準備・解答する（ただし解答時間は【30秒】）。解答時間が終わると次の画面に切り替わり、Q8が始まる。

サンプル問題にトライ！

 今回も、アウトプットファースト！　以下の問題に挑戦しましょう。

ディレクション 118　問題 119　REC

Questions 5-7: Respond to questions

Directions: In this section, you will respond to three questions. You will be given 3 seconds to prepare after you hear each question. You will be given 15 seconds to answer Questions 5 and 6 but 30 seconds to answer Question 7.

Imagine that you are talking to a friend on the telephone. You are talking about eating habits.

Q5. How many times do you eat out a week, and who do you usually eat out with?

PREPARATION TIME	RESPONSE TIME
00:00:03	00:00:15

Q6. Do you cook, and what do you cook most often?

PREPARATION TIME	RESPONSE TIME
00:00:03	00:00:15

Q7. Can you recommend a good restaurant in your city where I can go with my friends? Why do you recommend that place?

PREPARATION TIME	RESPONSE TIME
00:00:03	00:00:30

指示文の訳：このセクションでは、3つの質問に答えます。各質問に対し、3秒の準備時間が与えられます。質問5、6には15秒、質問7には30秒の解答時間が与えられます。 （問題文の訳はp. 124）

自分の答えを書き取ってください。別にノートなどを用意して書き取るのがお勧めです。

Q5.

Q6.

Q7.

質問文が意外と長いですね。理解するのに時間がかかりました。

質問文は10語～20語くらい。長いものは30語近いときもあります。だから、画面に表示された**質問文を見て瞬時に理解する速読力**も必要ね。そうすれば、準備時間は答えを考えるためだけに使えます。

質問の意味が分かっても、答えが浮かばないことがあります。

そうね。「答えが浮かばない」というのは、多くの学習者に見られる共通点。事実でなくてもいいので、何か答えを出す練習を積むことが大切！　答えのストックを増やしましょう。

自己採点しよう！　120点超えはチェック6個以上を目標に

できた項目にチェックしてください。 ☑

1. 質問の内容がすぐに理解できた ☐
2. 無言の時間がなかった ☐
3. ビープ音の後ですぐに話し始めた ☐
4. 発音やイントネーション、アクセントが自然だった ☐
5. Q5とQ6ではそれぞれ2文、20語前後言えた ☐
6. Q7では3～5文、30～40語前後言えた ☐
7. Q7では意見と理由（または具体例）が言えた ☐
8. 文法ミスがほぼなかった ☐
9. 適切な単語が使えた ☐

適切かどうか不安な単語は、辞書などでしっかり調べて！

応答問題の採点ポイント

採点項目

発音、イントネーション･アクセント、文法、語彙、一貫性、内容の妥当性、内容の完成度

採点基準

採点スケール	採点ポイント
3	解答は質問に対して十分で、関連性があり、社会的にも適切な応答ができている ●聞き手はすんなりと理解できる ●適切な語彙・語句を使っている ●課題に合った構文を使って答えている
2	質問に対してはある程度適切に答えているが、完全ではなく、適切でない部分もある ●聞き手が理解しづらい箇所があるが、概ね理解できる ●全体的な意味ははっきりしているものの、語彙・語句が限定されていたり、やや適切でない場合がある ●構文の使用が不適切なため、聞き手が理解するためには多少の努力を要する ●提示された情報に基づく課題に関しては、資料や文書から関連した情報を見つけることができるが、それらを関連のない情報と区別したり、聞き手が理解しやすいように言い換えることはできない
1	質問に対して十分に答えていない。関連する情報が十分に伝わっていない ●聞き手は理解するのにかなり苦労する ●語彙・語句が不正確であったり、設問と同じ内容を繰り返す ●構文の使用が不適切なため、意味の理解が妨げられてしまう
0	無解答、もしくは解答の中に英語が含まれていない、またはテストと全く関係ないことを答えている

目標スケール 190～200点 ➡ 全問で**3**　160～180点目標 ➡ 2問で**3**、1問で**2**
130～150点目標 ➡ 全問**2**以上
110～120点目標 ➡ 2問で**2**、1問で**1**

3人の解答をチェック！

では、みんなの解答をチェックしてみましょうか。

マイ（160点）の解答 120

Q5. I usually eat out once a week with my family. We wen—we go to Italian restaurant all the time.（2文、18語）

Q6. Yes, I do. I always cook Japanese-style food in the morning, and in the evening, I always cook Western-style, for example, fried chicken, or ...（2文、24語）

Q7. Yes, sure. I would like to recommend you a good Italian restaurant near my house. The name is Mama Pasta, because they always offer us very good salad with seasonal ingredients and also they use natural cheese. It is very delicious. So, we can enjoy a lot of fresh Italian pasta and ...（5文、51語）

【主な改善点】

Italian restaurant → an Italian restaurant　all the time → every time

Western-style → Western-style dishes/food

I would like to recommend you → I recommend　The name is → It's called

Mama Pasta, because → Mama Pasta. I recommend it because

Q5の2文目、「先週行った」と言おうか迷い、went toが少し出てしまいました。言い直しはマズイですか？

そのくらいの言い直しは大丈夫です。言い直しが頻発すると「流暢さ（F）」が減点されるけど、少しなら問題なし。

最後は文が途中で終わってしまいました。

時間内に、質問に対する答えがちゃんと含まれているので大丈夫。ちなみに、ミスではないけれど、「いつも」はall the timeよりevery timeの方がベターね。all the timeだと「いっつもそこで、もう飽き飽きなの」というニュアンスで伝わります。

そうなんですね！　分かりました。

ヤス（120点）の解答 121

Q5. Uh ... I eat out every day, uh, because I don't cook. I often eat out with my colleague.（2文、16語）

Q6. Uh ... yes, I do. I cook, I cook, I cook ... chahan.（2文、6語）

Q7. Uh, I have some nice, good restaurant in my city. Uh, sushi restaurant and Japanese food restaurant are very famous, uh, because I live in the seaside. Uh, fresh fishes are very delicious, so I recommend good restaurant in my city to my ... with my friends.（3文、39語）

【主な改善点】

I have → there are　restaurant → restaurants（3カ所）　famous → popular

in the seaside → by the seaside　fresh fishes are → the fresh fish is

good restaurant → a good restaurant

Q5で「料理しない」と答えたけど、Q5では「チャーハンを作ります」と言ってしまった。

Q5、Q6、Q7はそれぞれ別の採点者が採点するので、**質問ごとに答えが矛盾していても減点されません**。それより、「チャーハン」のように日本語で言った後は、採点者に分かるように英語で補足するといいですね。I cook chahan, fried rice. とか。

なるほど。

あとは、uhとか単語の繰り返しが多いから気を付けて。ちなみに、ヤスはレストランを経営してるんだっけ?

いえ、会社員です。

では、Q7の答え方はI haveではなくthere areがベターね。I haveだと、「自分が経営している」ということになっちゃう。それから、fishの複数形はfish。fishesとするのは「魚の種類が複数」と言うときです。また、すしと日本食が有名である理由が「自分はseasideに住んでいるから」という流れも不自然ね。

ナオ（90点）の解答　122

Q5. I went ... uh, I eat out almost every day a week.（1文、8語）

Q6. Uh, recently, I don't cook in my house. I almost buy ... buy the dishes.（2文、12語）

Q7. Uh, yes, near my house, Kokubunji, I often go to the yakiniku restaurant, name Sansui. It is very good for great taste and bitter, and meat some. I like Sansui's meat.（3文、30語）

【主な改善点】

a week → during the week　in my house → at home

I almost buy ... buy the dishes. → 意味不明僚

the yakiniku restaurant → a yakiniku restaurant　name → called

It is very good ... meat some. → 意味不明僚

Q5の答え、「誰と行きますか？」の質問に答えてないよ。答え漏れだね。それと、Q6の2文目はなんて言いたかったの？

「だいたいいつも出来合いの物を買っている」と言いたかったです。

それなら、I buy almost everything ready-made. がいいわね。

Q7の2文目、「お肉がとてもおいしい、いいお店です」も言えなかった…。

It is very good for great tasting meat. ね。「～をお勧めしてもらえますか？」という質問なので、この文の前にI recommend there becauseを付けると、完成された答えになります。

はい！　練習します！

サンプルアンサーと自分の答えを比べてみよう

では、レベル別のサンプルアンサーを聞いて、ディクテーションしてみましょう。

サンプルアンサー　Levels ⑤～⑥　Q5. 123　Q6. 124　Q7. 125

110～150点目標!

サンプルアンサー　Levels ⑤～⑥　Q5. 123　Q6. 124　Q7. 125

Q5. How many times do you eat out a week, and who do you usually eat out with?

A5. I eat out almost every day, and I usually eat out alone. I love my lunch break.（2文、17語）

Q6. Do you cook, and what do you cook most often?

A6. No, I don't cook much. The only thing I can make are onigiri, Japanese rice balls.（2文、16語）

Q7. Can you recommend a good restaurant in your city where I can go with my friends? Why do you recommend that place?

A7. Sure. There is a good restaurant called Green Sisters. It's an Italian restaurant. I recommend it because the prices are reasonable. Also, they serve very healthy food. I always order salad or some pizza. They are both delicious. It's about five minutes from the station on foot.（8文、47語）

訳 **Q5.** あなたは週に何回外食をしますか、また、主に誰と外食をしますか？／**A5.** 私はほぼ毎日外食します。そして、たいてい1人で外食します。昼休みを楽しみにしています。
Q6. あなたは自炊をしますか、また、一番よく作る料理は何ですか？／**A6.** いいえ、あまり料理はしません。作れるのはおにぎりくらいです。
Q7. あなたの街にある、友人と行くのにいいレストランをお勧めしてもらえますか？　その店を勧める理由は何ですか？／**A7.** はい。グリーン・シスターズという、いいレストランがあります。イタリアン・レストランです。この店を勧める理由は、値段が手ごろだからです。それに、とても健康的な食べ物が出されます。私はいつもサラダとピザを頼みますが、どちらもとてもおいしいです。駅から歩いて5分ぐらいです。

160点以上目標!

サンプルアンサー Levels ❼～❽ Q5. 126 Q6. 127 Q7. 128

Q5. How many times do you eat out a week, and who do you usually eat out with?

A5. I eat out once or twice a week, and I usually eat out with my family. We usually set aside a weekend night so that we can go out and enjoy dinner together.（2文、33語）

Q6. Do you cook, and what do you cook most often?

A6. I don't really cook much. My wife works from home, so she usually cooks for us. When I do cook, I make something simple, like some steak and a salad.（3文、30語）

Q7. Can you recommend a good restaurant in your city where I can go with my friends? Why do you recommend that place?

A7. I often go to a restaurant called Bridges. I recommend it because it's very modern and clean, and the food is excellent. Moreover, the menu has a good selection, so everyone should be happy. It's on the river, so the views are amazing, and it's quite convenient. You can walk there from Central Station. That is why I recommend Bridges.（6文、60語）

訳 ※答えのみ　**A5.** 週に1回か2回、外食します。たいていは家族と外食します。私たちはいつも、週末の夜を一晩空けておいて、一緒に外でディナーを楽しめるようにしています。
A6. あまり料理はしません。妻が在宅勤務をしているので、普段は彼女が料理してくれます。私が料理をするときは、ステーキとサラダのような簡単なものを作ります。
A7. 私はよく、ブリッジズというレストランに行きます。この店を勧める理由は、とても現代的で清潔ですし、食べ物もとてもおいしいからです。さらにメニューも豊富なので、誰でも満足するはずです。川にあるので眺めが素晴らしく、とても便利です。セントラル駅から歩いて行けます。このような理由で、私はブリッジズをお勧めします。

語注 □ set aside ～: ～を取っておく　□ selection: 選択の幅

どちらのレベルも、1文1文は意外と簡単ですね。これでいいのか～。

このセクションは、**正確に答えているかどうかが重要**。質問に答えているのであれば、簡単な文でまったく問題なし。「複雑さ（C）」はあまり必要ないの。高得点を目指す場合は、シンプルな文でいいので語数を増やすようにしてください。また、**「話し方」がいい（スピードが適切で発音が明瞭）**と、スコアが出やすくなります。

時間が余っても大丈夫ですか？

ちゃんと質問に答えているのであればOKよ。

作り話でもいいですか？

本当はリアルな話が説得力あっていいけど、もちろん作り話でも問題ありません。事前にいろいろなネタを用意して、スラスラ言えるようにしておくと便利ですよ。

応答問題の第6・7回ゼミを通して、こんなことができるようになる！

- 自分自身や身の回りのことについて話すことができる
- 知らない人と会話のきっかけ作りができる
- プレゼンなどでの質疑応答がスムーズにできる
- 友人や同僚、取引先やお客さまと雑談ができる

Q5-7 応答問題の攻略法

攻略1 トピックと質問を文字で確認

質問の設定が言われる英文中、aboutまたはonの後ろが質問のトピックなので、素早くチェック。また、画面に表示された質問文も、目で見て素早く確認。

攻略2 とにかく即答する

質問に即答するコツは、①質問を再利用する、②答えやすい方の選択肢を選ぶ。優柔不断は禁物！

不自然に止まると、自信がないと判断されてスコアが低く出てしまいます。

攻略3 難しい単語・構文は使わない

応答問題では「複雑さ(C)」「流暢さ(F)」より「正確さ(A)」が求められる。難しいことを言おうとして文法ミスをするくらいなら、シンプルな文で正確に答える方がいい。

攻略4 答え漏れをなくす（Q5、Q6）

Q5とQ6では、1つのQに2つの質問が含まれることが多い。どちらかの答えを漏らすと確実に減点される。

攻略5 型を活用する（Q7）

解答（1文） → 理由1（1文） → 理由2（1文） → 詳細（1文～） → まとめ（1文） がテッパンの答え方。

次ページから、上記の攻略ポイントをクリアするトレーニングに取り組みましょう！

トレーニング❶ 即答力を付ける

まずは、質問されたことに瞬時に答えられる力を付けましょう。そのためのポイントを見ていきます。

▶ 1. テーマチェック

何について質問されているのか、設定とテーマをチェックします。設定とテーマは、ディレクション（指示文）の後で画面に表示されるとともに読み上げられるので、ここを見ます。設定は、①**電話インタビュー**、②**誰かと電話で話している**、のいずれかです。「～について」を表す**about ～**や**on ～の後に続くテーマ**を見逃さないようにしましょう。

例1：Imagine that you are talking to a friend on the telephone.（設定）
You are talking about eating habits.（テーマ）

例2：Imagine that a marketing company is doing research in your area.（設定）
You have agreed to a telephone interview on public transportation.
（テーマ）

テーマとしてよく取り上げられるものは、以下のとおりです。

テクノロジー系　social media, e-mails, e-books, mobile devices（携帯端末）, telecommuting（遠隔勤務）, PCなど

趣味系　movies, books, cooking, music, artなど

ライフスタイル系　vacations, volunteering, recycling, parties, friends, sportなど

その他　the library, concerts, parks, museums, transportation, advertisementsなど

▶ 2. 質問チェック

質問文が画面に表示されたら、**文字を見て素早くチェック**します。内容を理解する上では、必ずしもナレーターの声だけに頼る必要はありません。質問は、以下の4タイプに分けられます。

① 5W1Hタイプ（what, when, who, why, where, how, how many, how longなど）

- 時　What time do you usually get up?（いつも何時に起きますか？）
- 場所　Where do you usually like to read?（いつもどこで読書をするのが好きですか？）

- 頻度 How often do you work out?（どのくらいの頻度で運動しますか？）
- 方法 How do you usually get to work or school?
  （会社や学校には普段どうやって行きますか？）
- 人 Who did you go to the library with?（図書館には誰と行きましたか？）

② Yes/Noタイプ（YesかNoのいずれかで答える）

Have you ever bought something over the Internet?
（インターネット上で何かを買ったことはありますか？）

Do you think it is important to use new technology such as laptops or tablet PCs at school?（学校でノートパソコンやタブレットPCなどの新技術を使うことは大切だと思いますか？）

③ 2択タイプ（2つの選択肢からいずれかを選択）

Do you prefer to buy a newspaper or to read the news online?
（新聞を買うのと、オンラインでニュースを読むのと、どちらが好きですか？）

④ Ifタイプ（もし〜なら）

If a new fitness center opened in your area, would you become a member?
（もし地域に新しいフィットネスセンターがオープンしたら、会員になりますか？）

▶ 3. 質問のコピペ（再利用）

問題によっては、質問文のコピペ（再利用）をすると答えやすくなることがあります。例えば、以下のように**質問文の一部（下線部）をコピペ**して、**主語と代名詞（枠に囲まれた部分）を変える**ようなイメージです。

下線部はコピペOK。枠囲みの代名詞は適宜変えてね!

Q. Where do [you] usually buy [your] groceries?（いつもどこで食料品を買いますか？）
A. [I] usually buy [my] groceries at a nearby supermarket.
（たいてい、近所のスーパーで食料品を買います）

Supermarket. のように単語で答えるのではなく、主語と述語を持つ「文」で答えるように意識しましょう。そして、**質問に対してストレートに答える**ことがポイントです。

▶ 4. フィラー（つなぎ）を使う

即答しようと心がけていても、すぐに答えが出てこないこともあるかもしれません。そんなときは無言になるのではなく、以下のような**フィラー（つなぎ）を挟みましょう**。その間に、次に言うことを考えます。ただし、あまりフィラーを挟み過ぎるとマイナスアピールになります。

【フィラーの例】

well, let's see, let me see, um ... （いずれも「えーと」）、actually（実は）

練習1 ······················ 問題 129 サンプル 130-134 別冊 p.23

音声を聞き、以下の質問の後に入るポーズ（10秒）で、質問文の一部（下線部）を再利用しながら即座に1文でストレートに答えましょう。

Q1. What time do you usually eat breakfast?

Q2. Where do you usually eat lunch?

Q3. Have you ever wanted to study abroad?

Q4. Are you more likely to use an umbrella when it's raining, or do you prefer to wear a raincoat?

Q5. If a new movie theater opened in your area, would you visit it often?

コピペのし過ぎに注意！

コピペは、必ずしなければいけないわけではありません。上の「練習1」のQ4やQ5のように質問そのものが長い場合、無理にコピペをしようとすると解答が時間内に収まらなくなることがあるので、注意が必要です。

トレーニング❷ 質問が1つの場合の答え方

応答問題のQ5、Q6は、1つの質問で1つのことを尋ねるシングルQuestion（シングルQ）と、1つの質問で2つのことを尋ねるダブルQuestion（ダブルQ）の2種類があります。

【シングルQの例】

Where do you usually buy your groceries?（いつもどこで食料品を買いますか？）

【ダブルQの例】

When did you buy a book last and where did you buy it from?
（最後に本を買ったのはいつですか、またそれはどこで買いましたか？）

シングルQでは、解答の1文目でストレートに答えた後、その答えをサポートするような詳細を付け加えます。ダブルQでは、2つの質問のどちらにも答える必要があります。ただし、答える順番は問いません。まずは、シングルQの答え方から見ていきましょう。

Q. Where do you usually buy your groceries?

A. I usually buy my groceries at a nearby supermarket. It's about five minutes on foot.（食料品はいつも近所のスーパーで買います。歩いて5分ほどです）

詳細を追加

繰り返しになりますが、難しい単語や構文を使う必要はありません。複雑に言おうとして間違えるくらいなら、シンプルな文でOK。**「言える表現、言える単語で、分かりやすく」**が鉄則です。まずは**2文、20語前後を目標**に答えましょう。（Levels 7-8を目指す人は**3文以上**が目標！）

【点数を取りやすい解答例（シンプルな文）】

I usually buy my books at a nearby bookstore. I bought a sports magazine last week.（私はいつも、近所の本屋で本を買います。先週はスポーツ雑誌を買いました）

→シンプルで分かりやすいのが一番！

【点数を取りにくい解答例（分かりづらい文）】

I usually buy my books at a bookstore which is in the vicinity of my nearest station. There are a wide variety of items in stock which is highly appreciated by patrons.（私はいつも、最寄り駅付近にある本屋で本を買います。在庫として幅広い商品が置かれており、顧客からも高い評価を得ています）

→難しく言おうとすると、たいてい、何を言っているのか分からなくなります。

画面のカウントダウンを見ながらシンプルに答えて、最後に2秒前後余らせるように調整しましょう。次の質問に移るまで話し続けていると、自分の声と質問の声が重なって焦ります。

練習2

問題 135 サンプル 136-140 別冊 p.24

音声を聞き、以下の質問の後に入るポーズ（15秒）で、ヒントを基に2文で答えてみましょう。質問文の下線部はコピペが可能な箇所、枠囲みは言い換えるべき代名詞です。また、ヒントのうち 解答 は1文目、 詳細 は2文目の参考にしてください。

Q1. What time do [you] usually eat breakfast?

ヒント 解答 7:00

詳細 a cup of coffee, banana bread

Q2. Where do [you] usually eat lunch?

ヒント 解答 in the office

詳細 wake up early, lunchbox, save money

Q3. Have [you] ever wanted to study abroad?

ヒント 解答 Yes

詳細 college, interested, the U.S., dream, didn't come true

Q4. Are [you] more likely to use an umbrella when it's raining, or do [you] prefer to wear a raincoat?

ヒント 解答 umbrella

詳細 not popular, my country, not useful

Q5. If a new movie theater opened in [your] area, would [you] visit it often?

ヒント 解答 Yes

詳細 watching movies, my favorite hobby

Q5とQ6は、なるべく否定（No）でなく肯定（Yes）で答えることをお勧めします。Noで答えると、次の質問でその先が展開できず、答えに窮することがあります。

トレーニング❸ 質問が2つの場合の答え方

次に、ダブルQの答え方を練習します。メインの質問の後にWhere? When? Why?などと追加で情報を尋ねられる場合（例1）と、メインの質問とは異なる長めの質問が続く場合（例2）があります。後者の場合は文字量が多いので、速読力が必要です。また、どちらの場合も聞かれたことに対して、確実に、正確に答えることが大切です。

例1：Where do you usually buy books? Why?
（いつもどこで本を買いますか？　それはなぜですか？）

例2：When was the last time you bought a book? Would you recommend that book to people?
（最後に本を買ったのはいつですか？　その本を人に勧めますか？）

両方の質問に答えた後は、無言でもOKですか？

OKです。でも、Levels 7-8を狙うなら、さらに詳細文を1つ追加してみて。

でも、追加で言って間違えたら逆効果ですよね…。

そうね、間違えるくらいなら2文で終わらせる方がいいです。ちなみに、私はいつも両方の質問に答えた後にもう1～2文追加して、それでも時間が余ったらDo you have any other questions?と言ったりします。

なるほど。メモメモ。

練習3

問題 141　サンプル 142-146　別冊 p.25　● REC

以下の手順で応答問題の練習をしましょう。

【手順】

①以下の質問に目を通し、自分の答えのキーワードをノートに書きましょう。

②問題音声を流し、質問の後に入るポーズ（15秒）で、キーワードを基に答えましょう。自分の答えは録音してください。

③自分の答えを録音したものを聞き、ノートにディクテーションします。

④サンプルアンサーの音声を聞き、ノートにディクテーションします。

⑤自分の答えを振り返り、間違いや改善点があれば修正します。スムーズに答えられるようになるまで解答を繰り返し練習しましょう。サンプルアンサーを使って練習しても構いません。

【例】

Q. When was the last time you bought a book and where did you buy it?

（最後に本を買ったのはいつですか、またそれはどこで？）

キーワード：last week, nearby bookstore（先週、近所の本屋）

答え：The last time I bought a book was last week, and I bought it at a nearby bookstore.（最後に本を買ったのは先週で、近所の本屋で買いました）

Q1. Would you prefer to work out at a gym or train at home? Why?

キーワード：____________________

答え：____________________

Q2. Where do you usually go when you want to have coffee with friends? How long does it take you to get there?

キーワード：____________________

答え：____________________

Q3. How many hours per week do you usually spend on studying, and is that more or less than you studied in the past?

キーワード：____________________

答え：____________________

Q4. If you wanted to give your best friend a birthday present, what would you give them? Why?

キーワード：____________________

答え：____________________

Q5. When was the last time you traveled, and where did you go?

キーワード：____________________

答え：____________________

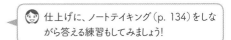

仕上げに、ノートテイキング（p. 134）をしながら答える練習もしてみましょう！

Q5-7 応答問題

ノートテイキングの仕方

うまく活用するとスコアアップに直結するノートテイキングの仕方を教えます。

注意 応答問題でのノートテイキングは、主に、**現在のスコアが160点以上の人で、かつ、事前練習でうまくできた人**にお勧めします。上級者でも、質問文の理解が完全でない場合は質問理解に集中してくださいね。無理は禁物ですよ。

応答問題では、各問題で与えられる準備時間は3秒です。ただし、「Begin preparing now.→ビープ音→3秒の準備時間→Begin speaking now.→ビープ音」を全て含めると、**ナレーターが質問を読み上げてから解答時間がスタートするまでに実質「9秒」**あります。そこで、この9秒を活用してノートテイキングをします。

【手順】

① 質問文の読み上げが終わると同時に、自分が答えようとしている内容のキーワードを、用意されているメモ用紙に書き出します。キーワードは、英語でも日本語交じりでもOK。記号などを使うと素早く書けます。

例えば、p. 118「サンプル問題」のQ5に以下のように答えたい場合

I eat out once or twice a week, and I usually eat out with my family. We usually set aside a weekend night so that we can go out and enjoy dinner together.

メモ(赤字部分)は以下のように取ります。

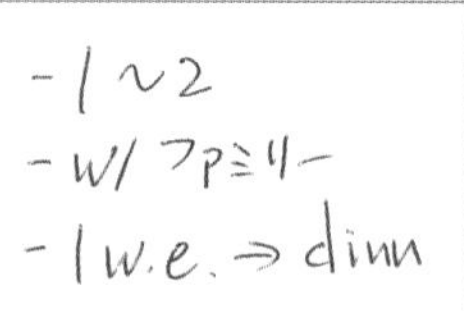

スマホでチェック！ミホ先生のノートテイキング動画をこちらで公開中！

② 解答時間になったら、画面の質問を確認しながら、キーワードを参考にして答えます。

※ノートテイキングが大活躍する「意見を述べる問題」はp. 222を参照してください。

ミホ先生のお悩み相談室

スピーキングに関するあるあるのお悩みに、
ミホ先生がズバリ答えます。

お悩み②

頑張って勉強しているのに、なかなか力が伸びている気がしません…。

回答

「頑張っているのに伸びない…」と悩むことは誰にでもあります。もちろんスピーキング力は一朝一夕には上達しないと頭で分かっていても、練習をするからにはやはり成長を実感したいですよね。努力を成果につなげるためのポイント、それは――「**メタ認知的学習**」にあります。

メタとは「高次の」という意味で、メタ認知とは「認知の認知」。つまり、メタ認知的学習とは、学習活動をより高いところから、俯瞰して認知しながら行うことです。ちょうど、自分が学習をするときに、**あなた自身が監督になって学習する自分を上から見てコントロールする**、そんなイメージです。

例えば、筋トレ。トレーナーにメニューをコントロールしてもらいながら取り組むと成果が出やすいといわれていますが、これも同じ仕組みです。全体のメニューだけでなく、個々の練習でもメタ認知力をフル稼働させて行うことが大切です。「今、上腕二頭筋に効いている」と意識しながら筋トレをした方が、ただ漠然とダンベルを上げ下げするより断然効果が高いといわれています。実際に動かしているのは筋肉ですが、使っているのは脳。**トレーニングを脳に意識させることで成果を確実にするというのが**、メタ認知的ストラテジーです。

スピーキングの学習も同じことです。練習で動かすのは口ですが、それを脳とつなげます。まずは、自分自身の学習の監督に就任しましょう。なるべく具体的な目標や到達点をイメージして、一段上に立ち学習をコントロールしてください。そして、個々の練習をするときは、音読であっても、シャドーイングであっても、**それが「どう効いている」のかを意識しながら**行ってください。力の伸び具合が断然違います。これが、成功の決め手となるストラテジーです。

第7回ゼミ Q5-7 応答問題 発展編

Q5-7 Respond to questions

今回の学習テーマ

応答問題の後半、Q7を完全攻略する

発展編では応答問題の仕上げとして、30秒で答えるQ7を扱います。

160点目標の場合は、どのくらい話せるといいですか？

採点スケール3は欲しいところね。

3って、一番上のスケールですよね。

そのとおり。

採点スケール3 （p. 120参照）

解答は質問に対して十分で、関連性があり、社会的にも適切な応答ができている

- 聞き手はすんなりと理解できる
- 適切な語彙・語句を使っている
- 課題に合った構文を使って答えている

応答問題は、質問に対する応答が適切で、正確に答えられているかが採点ポイント。つまり、複雑な構文で答えれば高得点が取れるのではなく、とにかく「**聞かれたことに対して、的確に、正確に答える**」ことが最重要ポイントです。

文法ミスはダメですよね？

そうね。単数・複数の誤りのような多少のミスならともかく、「聞き手が理解するために多少の努力が必要」というレベルのミスをすると、たとえ質問に答えられていても採点スケールは2になってしまいます。複雑な構文に挑戦してミスをするくらいなら、**簡単な構文で間違えずにシンプルに答える**方がいい点数が出ます。

なるべく多く話した方がいいですか？

分量よりも、**一定のリズムでよどみなく話し続ける**ことが重要。難しいことを言おうとすると、悩んで止まってしまったり、結果的に分量が減ったりと、いいことがありません。「**シンプルに、スムーズに**」を心掛けて。

トレーニング❶ Q7の質問のタイプと型を把握

Q7には「5つの質問タイプ」と「3つの効果的な型」があります。まずは、これらを確認してみましょう。

▶ 5つの質問タイプ

① 2択タイプ：2つの選択肢からいずれかを選択（A or B）
② 3択タイプ：3つの選択肢から1つを選ぶ
③ Yes/No タイプ：Yes か No のいずれかで答える
④ 自由解答タイプ：自由に意見を述べる
⑤ If タイプ：もし〜なら（その後に2択、3択などの質問が続く）

▶ 3つの効果的な型

おすすめ!

型1：

解答（1文） → 理由1（1文） → 理由2（1文） → 詳細（1文〜） → まとめ（1文）

最初の「解答」で、自分の意見や選択を簡潔に述べます。続けて、その裏付けとなる「理由」を2つ挙げます。「詳細」で理由2に対する具体例などを加え、最後に時間があれば「まとめ」で締めくくります。

型2：

解答（1文） → 理由1（1文） → 詳細（2文〜） → まとめ（1文）

「理由」が1つしか浮かばないときは、その理由に対する「詳細」を複数文入れましょう。

型3：

解答（1文） → 理由1（1文） → 詳細（1文） → 理由2（1文） → 詳細（1文〜）
→ まとめ（1文）

Levels 7-8を目指す上級者向けです。「理由」を2つ述べ、それぞれに対して「詳細」を1文ずつ加えます。

トレーニング❷ 1文目で「解答」を言う

ここからは、「型1」の流れに沿って答え方を見ていきましょう。まずは、1文目で「解答」を言うところからスタート。どの型でも、この部分は同じです。

解答（1文） → 理由1（1文） → 理由2（1文） → 詳細（1文〜） → まとめ（1文）

Begin speaking now. の合図とビープ音を聞いたら、間を空けずに自分の意見を話し始めます。よくあるのが、あれもこれも言おうとして「結局、何を言いたいのか分からない」というケース。そうならないためにも、自分の意見をバシッと言い切りましょう。Q5、Q6と同じく、質問文の一部を再利用してもOKです。

できればジェスチャー付きで答えると「流暢さ（F）」が上がるのでお勧め！

▶ 質問タイプ別・応答サンプル

① 2択タイプ

2択タイプは、2つの選択肢から1つを選び「どちらがいいか」「どちらが好きか」「どちらを選ぶべきか」などを言い切ります。「どちらでもいいと思います」や「時と場合によります」などのあいまいな答えは「質問に答えていない」と見なされるのでNG。選ぶときは、実際の自分の意見で選んでもいいですし、どちらを選ぶか迷う場合は、理由付けしやすい方を選ぶと、その後が続けやすくなります。

下線部はコピペOK。枠囲みの代名詞は適宜変えてね！

例：Do [you] think [I] should have a birthday party at home or at a restaurant? Why?（私の誕生日パーティーは、自宅とレストランのどちらで開くのがいいでしょうか？　それはなぜですか？）

→ [I] think [you] should have a birthday party at a restaurant.

（レストランで誕生日パーティーを開くのがいいと思います）

2択タイプのお勧め表現

- I prefer ～.（～の方が好きです）
- I think ～ is better.（～の方がいいと思います）

② 3択タイプ

3択タイプでは3つの選択肢を提示され、「そのうちのどれが一番○○か」を問われます。

2択タイプと同様、あいまいに答えたり、優柔不断に答えたりしないことが大切です。具体的な理由を思い付きやすいものを選びましょう。

例：Which of the following would you pay the most attention to if you wanted to choose a place to live?　Rent / Location / Number of rooms
（住居を選ぶとしたら、次のうちどれに最も重点を置きますか？　家賃／立地／部屋数）
→ I would pay the most attention to location.（私は、立地に最も重点を置きます）

3択タイプのお勧め表現

- My favorite ○○ is ××.（私が一番好きな○○は××です）
- ～ is most important.（～がとても重要です）
- ～ is the most important ○○ for me.（私にとって～が一番大切な○○です）
- I think the most important ○○ is ××.（一番大切な○○は××だと思います）

③ Yes/No タイプ

Yes/No タイプは、その名のとおり Yes または No で答える質問です。まずは、どちらを選ぶのかをはっきりと表明します。答え方は Yes, I do. / No, I don't. などでもいいですし、Yes. / No. だけでも OK。下の例のように英文をコピペすると、分かりやすい答えになります。答えた後は、即座に Yes（または No）の理由を言います。

例：Do you think having breakfast is important? Why or why not?
（朝食をとることは重要だと思いますか？　それはなぜですか？）
→ Yes, I think having breakfast is important.
（はい、朝食をとることは重要だと思います）

Yes/No タイプのお勧め表現

- I think so.（そうだと思います）
- I don't think so.（そうは思いません）

④ 自由解答タイプ

自由解答タイプは、「あなたの好きな○○は何ですか？」のように、Yes/No に限定しない自由な答えを求められる質問です。答え方の自由度は高いですが、基本的に問題文のコピペで対応できます。

例：Could you describe your favorite movie? Why do you like it?
（あなたの一番好きな映画について説明してもらえますか？　その映画を好きな理由は？）
→ My favorite movie is *Ocean Heaven*.
（私の一番好きな映画は『オーシャン・ヘブン』です）

また、次のように「○○の長所・短所は何ですか？」と問う問題も頻出。「○○の長所は何ですか？」という問いなら、「○○にはたくさんの長所があります。1つ目は～」のように話し始めると、聞き手にとって理解しやすい展開になるのでお勧めです。また、いきなり「1つ目の長所は～」から言い始めてもOKです。

例：What are some advantages of social media?
（ソーシャルメディアの長所は何ですか？）
→ There are many advantages of social media. First, ...
（ソーシャルメディアには、多くの長所があります。1つ目は…）

自由解答タイプのお勧め表現

- I like ～.（～が好きです）
- I want to ～.（～がしたいです）
- I think / I don't think ～.（～と思います／思いません）
- In my opinion, ～.（私の意見では、～です）
- I would have to say ～.（～と言わざるを得ません、～と言えるでしょうか）
- There are a lot of ～, but if I had to choose one, I would have to say ...
（～はたくさんありますが、1つ選ぶとしたら、…でしょうか）
- The best/most ○○ I've ever ～ is ××.（これまで～した中で最も○○なのは××です）

⑤ Ifタイプ

「もし～なら、どうしますか？」と、条件を仮定した上の質問です。答えるときは、If節もその後の部分も、基本的にコピペ対応でOK。Ifタイプは質問文が長いことが多いので、前半のIf文を省略しても構いません。例えば、下の例文なら前半を省略してI would prefer a short one.とだけ答えても大丈夫です。

例：If you were taking a vacation, would you prefer a long one or a short one?（もしあなたが休暇を取るとしたら、長い休暇と短い休暇のどちらがいいですか？）
→ If I were taking a vacation, I would prefer a short one.
（もし私が休暇を取るとしたら、短い休暇の方がいいです）

Ifタイプのお勧め表現

- If ～, I would ...（もし～なら、私は…するでしょう）
- If ～, I think ...（もし～なら、…だと思います）

ワンポイント If ～は過去形？ 現在形？

Ifタイプの質問に答えるとき、過去形と現在形のどちらにすればいいか分からないという人が少なくありません。If文には、次のように「普通のIf文（直説法）」と「仮定法」とがあります。応答問題のIfタイプは、ほとんどの場合が「仮定法」です。

普通のIf文（直説法）：「もし明日空いていたら」など、現実のことや実現可能性が五分五分のとき。if節は現在、過去（完了）、進行形など、それぞれの時制（ただし未来の場合は現在の時制）で表す。

- If I eat this now, can I go upstairs and watch TV?
  （今これを食べたら、上に行ってテレビを見てもいい？）→ 現在のこと
- If you knew the news, why didn't you tell me?
  （そのニュースを知っていたなら、何で教えてくれなかったの？）→ 過去のこと
- If I find a good book, I will let you know.
  （もしいい本を見つけたら、知らせるよ）→ 未来のこと

仮定法のIf文：「もし宝くじが当たったら」など、事実と異なるとき、または可能性がほとんどないとき。if節の時制は過去（または過去完了）。

- If I had a lot of money, I could buy a house.
  （もしお金がたくさんあったら、家を買えるのに）
- If I was (were) the president, I would introduce flextime.
  （もし私が社長だったら、フレックスタイムを導入するでしょう）

※いずれも、if節の条件は事実と異なる内容です。if節の時制が過去形でも、過去のことを話しているのではなく、現在の話をしています。

練習1

問題 147 サンプル 148-151 別冊 p.27

音声を聞き、以下の質問の後に入るポーズ（10秒）で、質問に対する答えを1文で言いましょう。

Q1. Which of the following do you consider the most important factor when choosing a hotel to stay at?　Price / Location / Service
Q2. Do you think living close to a workplace is a good thing?
Q3. Do you prefer to go shopping by yourself or with friends?
Q4. What new technology do you use when communicating with your friends?

トレーニング③ 「理由」を2つ言う

1文目で「解答」を言ったら、それに対する「理由」を続けます。これは、どの質問タイプでも同じです。「理由」は、きちんと1文目の裏付けとなっていることが大切です。

解答（1文）→ 理由1（1文）→ 理由2（1文）→ 詳細（1文～）→ まとめ（1文）

▶「理由」の応答サンプル

Q. Describe your best friend. What makes him or her your best friend?

A. 解答 My best friend is Ray. I met him at an event 10 years ago.

理由1 He's my best friend because he accepts me for who I am.

理由2 Also, he always cheers me up when I'm down.

訳 **Q.** あなたの親友について説明してください。その人を親友だと思う理由は何ですか？

A. 解答 私の親友はレイです。10年前にあるイベントで出会いました。

理由1 彼が私の親友と言える理由は、ありのままの私を受け入れてくれるからです。

理由2 また、私が落ち込んでいるときにはいつも元気付けてくれます。

語注 □ accept ～ for who ～ be: ありのままの～を受け入れる

「理由」が「解答」の裏付けになっていない例

- E-books are better than printed books. That's because e-books are good.
（電子書籍は紙の本より優れています。なぜなら、電子書籍は優れているからです）
……ただの繰り返し
- E-books are better than printed books. That's because children should read books.（電子書籍は紙の本より優れています。なぜなら、子どもたちは本を読むべきだからです）……理由になっていない

「理由」のお勧め表現

- That's / It's / This is because ～.（それは～だからです）
- The reason is that ～.（その理由は～です）
- I say so because ～.（というのも～だからです）

練習2

サンプル 156-159 別冊 p.28

「解答＋理由2つ」を言う練習をします。音声を聞き、以下の質問の後に入るポーズ(20秒)で、以下のa、b(またはa、b、c)のいずれかを選びながら答えを言いましょう。

問題 152

Q1. Which of the following do you consider the most important factor when choosing a hotel to stay at? Price / Location / Service

A1. I think the most important factor is a) price
b) location
c) service

because

a) I don't want to waste a lot of money on a room that I will only sleep in.
b) I don't like spending a long time looking for my hotel.
c) I feel happy when the staff is helpful even if the price is high.

Also,

a) if I can save money on my hotel room, I can use it on more important things.
b) I like to stay in downtown areas.
c) if the service were poor, it could ruin the trip.

問題 153

Q2. Do you think living close to a workplace is a good thing? Why or why not?

A2. From my experience,

a) I think living close to a workplace is a good thing.
b) I don't think living close to a workplace is a good thing.

The reason is that

a) people waste a lot of time driving to and from work.
b) I don't want to meet my colleagues on my days off.

Moreover,

a) long commutes have an impact on health and productivity.
b) I want to clearly separate my job and private life.

問題 154

Q3. Do you prefer to go shopping by yourself or with friends? Why?

A3. Well, I prefer a) to go shopping by myself.
b) to go shopping with my friends.

That is because
a) I like to take time to decide what to buy.
b) it is more interesting when I have someone to talk to.

Also, a) I don't think it's a good way to spend time with my friends.
b) my friends can give me their opinion.

問題 155

Q4. What new technology do you use when communicating with your friends? Why?

A4. Let me see. I use
a) text messaging when communicating with my friends.
b) social media when communicating with my friends.

That's because
a) it's more convenient and cheaper than making phone calls.
b) social media, such as Facebook, is a fun and easy way to stay in touch with friends.

Also, a) sending stickers and stamps is fun.
b) we can have group video chats using Facebook.

2択や3択の質問は、以下の応答例の 理由2 のように、なぜ他の選択肢を選ばないかを説明してもOKです。

Q. Which of the following do you consider the most important factor when choosing a hotel to stay at? Price / Location / Service

A. 解答 I think the most important factor is price

理由1 because I don't want to waste a lot of money on a room that I will only sleep in.

理由2 To me, service doesn't matter much, because I spend most of my time outside.

訳 **Q.** 泊まるホテルを選ぶ際、次のうちのどれを一番重要な要素と考えますか？　料金／立地／サービス

A. 解答 一番重要な要素は料金だと思います。
理由1 なぜなら、寝るだけの部屋に多額のお金を費やしたくないからです。
理由2 私にとってサービスはあまり重要ではありません。なぜなら、ほとんどの時間を外で過ごすからです。

トレーニング❹ 「詳細」「まとめ」への展開

最後は、「理由」から「詳細」「まとめ」へと展開していく練習です。「詳細」のコツは**具体的な例を挙げる**こと。体験談などを入れてストーリー性を持たせると話しやすくなります。ただ、解答時間は30秒と短いので、話を広げすぎるとまとまらないまま時間切れとなってしまうかもしれません。詳細は1～2文、160点以上を目指す人なら2～4文が目安です。

解答（1文）→ 理由1（1文）→ 理由2（1文）→ 詳細（1文～）→ まとめ（1文）

▶「詳細」の応答サンプル

Q. Do you have a role model? Why is he or she your role model?
A. 解答 Yes, my role model is my mother.
理由1・2 This is because she has impacted my life greatly, and I admire her a lot.
詳細1 For example, she is the busiest person in my house, but she always has a positive attitude toward everything.
詳細2 Because of every lesson she gave me, I am who I am now.

訳 **Q.** あなたがロールモデルとする人はいますか？　その人がロールモデルである理由は何ですか？
A. 解答 はい、私のロールモデルは母です。
理由1・2 なぜなら、母は私の人生に大きな影響を与えてくれましたし、私は彼女をとても尊敬しているからです。
詳細1 例えば、彼女は私の家で一番忙しいですが、何事に対しても前向きな姿勢で臨みます。
詳細2 母が私に教えてくれたことの一つ一つが、私という人間を作ってくれました。

「詳細」のお勧め表現

- For example,（例えば）
- First, / First of all, / Firstly,（最初に、第一に）

● Second, / Secondly, (次に、第二に)
● Also, / In addition, / Furthermore, / Moreover, (さらに、また)

詳細を言い終えて時間が余っていたら、最後に「まとめ」をさらっと1文言ってみましょう。ただ、これはマストではなく、言えたらで構いません。言う場合も、最初の「解答」を繰り返すだけで十分です。

A. 解答 I think the most important factor is price.
まとめ Therefore, I think the most important factor is price.

「まとめ」のお勧め表現

● Therefore, ～ (それゆえに～)
● As a result, ～ (よって～)
● That's why ～ (これが、～の理由です)

練習3 …… 問題 160 サンプル 161-170 別冊 p.30 REC

「解答→理由→詳細(→まとめ)」の型に沿ってQ7に答える練習をします。

①以下の質問に目を通し、型を意識しながら、自分の答えのキーワードをノートに書きましょう。
②問題音声を流し、質問の後のポーズ(30秒)で、キーワードを基に4～5文で答えましょう。自分の答えは録音してください。
③自分の答えを録音したものを聞き、ノートにディクテーションします。
④サンプルアンサーの音声を聞き、ノートにディクテーションします。
⑤自分の答えを振り返り、間違いや改善点があれば修正します。スムーズに答えられるようになるまで繰り返し練習しましょう。サンプルアンサーを使って練習しても構いません。

Q1. When choosing a piece of jewelry, what is the most important feature to consider? Why? Brand name / Price / Design

キーワード: ____________________

答え: ____________________

Q2. Would you consider going to a stadium to see a baseball game? Why or why not?

キーワード: ____________________

答え: ____________________

Q3. What are some advantages of online shopping?

キーワード：＿＿＿＿＿＿＿＿

答え：＿＿＿＿＿＿＿＿

Q4. What are some good reasons to own a house?

キーワード：＿＿＿＿＿＿＿＿

答え：＿＿＿＿＿＿＿＿

Q5. When deciding where to live, which of the following is the most important factor to you?　Public transportation options / Restaurants and grocery stores / Climate

キーワード：＿＿＿＿＿＿＿＿

答え：＿＿＿＿＿＿＿＿

Q6. What is the best way to stay healthy? Why?

キーワード：＿＿＿＿＿＿＿＿

答え：＿＿＿＿＿＿＿＿

Q7. Do you prefer to wear a formal suit or casual clothes at work? Why?

キーワード：＿＿＿＿＿＿＿＿

答え：＿＿＿＿＿＿＿＿

Q8. What do you like to do on the Internet? Why do you like doing that?

キーワード：＿＿＿＿＿＿＿＿

答え：＿＿＿＿＿＿＿＿

Q9. If you had to buy a laptop computer, would you read online reviews before buying it? Why or why not?

キーワード：＿＿＿＿＿＿＿＿

答え：＿＿＿＿＿＿＿＿

Q10. What are some advantages of riding a bicycle?

キーワード：＿＿＿＿＿＿＿＿

答え：＿＿＿＿＿＿＿＿

Let's check!

では、最後に総復習のテストをします。第6回、第7回ゼミで学んだ知識を総動員してね！みんなの前でやりたい人はいる？

はい、やります！

p. 118のサンプル問題にもう一度トライしましょう。解答は必ず録音して聞き直し、自己採点（p. 119参照）もしてください。 REC

ナオの解答　練習前 122　練習後 171

すごい！　ずいぶん上手になりましたね。

実は、練習前の解答は何を言っているのかよく分からなかった（笑）。でも、練習後の解答は堂々としているし、言っていることもよく分かります。

Q7は、展開が上手になったね。型にはめているから聞きやすい。理由も詳細もOKです。採点スケール2は間違いなく取れそうね。まだ少し発音やイントネーションに改善の余地があるから、それが減っていけばスケール3も取れるよ。

やった！　上達するとうれしいな。もっと頑張るぞー！

実践練習問題

では、本番さながらの実践問題に挑戦してみましょう。

【手順】

①指示文の音声に従い、以下の問題を解きましょう。自分の解答は必ず録音します。

②自分の解答を聞き返し、ノートにディクテーションをします。

③サンプルアンサーを聞き、ノートにディクテーションをします。サンプルアンサーは、自分の目標レベルに合ったものを使ってください。

④サンプルアンサー（または、サンプルアンサーを参考にしながら自分の解答を修正したもの）がスラスラ出るまで、繰り返し練習をしましょう。

ディレクション 172

Questions 5-7: Respond to questions

Directions: In this section, you will respond to three questions. You will be given 3 seconds to prepare after you hear each question. You will be given 15 seconds to answer Questions 5 and 6 but 30 seconds to answer Question 7.

1. 問題 173 別冊 p.36 ● REC

サンプル 180-181

Question 5 of 11

Imagine that a colleague from a different branch has just moved to your office. You are talking on the telephone with him about grocery shopping in your town. Groceries are the food supplies that people buy for home.

I've just moved from another city, and I'm just trying to get used to this town.

Where do you usually buy groceries, and how far is it from your home?

PREPARATION TIME	RESPONSE TIME
00:00:03	00:00:15

サンプル 183-184

Question 6 of 11

Imagine that a colleague from a different branch has just moved to your office. You are talking on the telephone with him about grocery shopping in your town. Groceries are the food supplies that people buy for home.

Do they offer any special discounts on items? How do people find information about special sales?

PREPARATION TIME	RESPONSE TIME
00:00:03	00:00:15

サンプル 186-187

Question 7 of 11

Imagine that a colleague from a different branch has just moved to your office. You are talking on the telephone with him about grocery shopping in your town. Groceries are the food supplies that people buy for home.

Are there any other good stores around here? Where do you suggest I go?

PREPARATION TIME	RESPONSE TIME
00:00:03	00:00:30

サンプル 190-191

Question 5 of 11

Imagine you are a staff member of a tourist center and are having a telephone conversation with a traveler. You are talking about tourist attractions, such as museums.

How far is the national museum, and what is the best way to get there?

サンプル 193-194

Question 6 of 11

Imagine you are a staff member of a tourist center and are having a telephone conversation with a traveler. You are talking about tourist attractions, such as museums.

Do you recommend that I look around the exhibition alone or with a guide? Why?

PREPARATION TIME	RESPONSE TIME
00:00:03	00:00:15

サンプル 196-197

Question 7 of 11

Imagine you are a staff member of a tourist center and are having a telephone conversation with a traveler. You are talking about tourist attractions, such as museums.

Are there any other popular tourist attractions other than the national museum?

3. 問題 175 別冊 p.40 REC

サンプル 200-201

Question 5 of 11

Imagine that a lifestyle magazine is doing research in your area. You have agreed to participate in a telephone interview about hobbies.

What are your hobbies, and how many hours a week do you spend on them?

PREPARATION TIME	RESPONSE TIME
00:00:03	00:00:15

サンプル 203-204

Question 6 of 11

Imagine that a lifestyle magazine is doing research in your area. You have agreed to participate in a telephone interview about hobbies.

Would you recommend your hobbies to your friends? Why or why not?

PREPARATION TIME	RESPONSE TIME
00:00:03	00:00:15

サンプル 206-207

Question 7 of 11

Imagine that a lifestyle magazine is doing research in your area. You have agreed to participate in a telephone interview about hobbies.

If you were to start a new hobby, which of the following would you like to learn?

- A new language
- Photography
- Cooking

PREPARATION TIME	RESPONSE TIME
00:00:03	00:00:30

サンプル 210-211

Question 5 of 11

Imagine that a marketing company is doing research in your area. You have agreed to a telephone interview on public transportation and services.

When was the last time you used public transportation, and where did you go?

サンプル 213-214

Question 6 of 11

Imagine that a marketing company is doing research in your area. You have agreed to a telephone interview on public transportation and services.

Have you ever gotten lost when using public transportation? What did you do then?

サンプル 216-217

Question 7 of 11

Imagine that a marketing company is doing research in your area. You have agreed to a telephone interview on public transportation and services.

Do you think the announcements inside stations and trains should be made in different languages? Why?

サンプル 220-221

Question 5 of 11

Imagine that an event service provider is conducting a survey in your country. You have agreed to participate in a telephone interview about your country's events.

In your country, are people interested in sporting events?

サンプル 223-224

Question 6 of 11

Imagine that an event service provider is conducting a survey in your country. You have agreed to participate in a telephone interview about your country's events.

During sporting events, what kind of products or services do people usually spend money on? Why?

サンプル 226-227

Question 7 of 11

Imagine that an event service provider is conducting a survey in your country. You have agreed to participate in a telephone interview about your country's events.

What are some advantages and disadvantages of holding an event in a rural area?

今日の宿題です。タスクは次の２つです。

①以下の問題6セットを、テスト本番と同じ要領で解きましょう。自分の解答は必ず録音して聞き直し、サンプルアンサーの音声と聞き比べてください。レベル別のサンプルアンサーと訳は無料でダウンロードできます（入手方法はp. 16参照）。
②無料のダウンロードコンテンツには、特典として、応答問題の練習に使える以下の「ネタカード」が含まれています。これをダウンロードして、オリジナルネタカードを作りましょう。
＊ネタカードの表面には、質問の英文が印刷されています。裏面には、**自分が解答するときのヒントとなるキーワード**を書き入れましょう。白紙のカードは、自分でオリジナルの質問を考えて書くためのものです。全ての質問にスラスラと答えられるようになるまで、声を出して練習しましょう。

ネタカードの書き方例

表

Q5. Can you recommend a good restaurant in your city where I can go with my friends?
Why do you recommend it?

裏

Green Sisters, Italian, w/ my family
healthy food, price-reasonable
salad, pizza
5 minutes

1. 問題 563 サンプル 570-578 ● REC

Imagine an online shopping company is doing research in your area. You have agreed to participate in a telephone interview about online shopping.

Q5. What online shopping site do you visit most often, and what do you usually buy?

Q6. Which device do you usually use when you shop online, and why?

Q7. What are some of the potential dangers of online shopping?

2. 問題 564 サンプル 580-588 REC

Imagine a professor of sociology is conducting a survey in your area. You have agreed to participate in a telephone interview about buying clothes.

Q5. Where is your favorite place to buy clothes? Why do you like that place?

Q6. Do you enjoy shopping for clothes for other people? Why or why not?

Q7. How do you feel about salespeople approaching you and helping you when you shop for clothes?

3. 問題 565 サンプル 590-598 REC

Imagine a British marketing firm is doing research in your country. You have agreed to participate in a telephone interview about tourist information centers.

Q5. Have you ever used a tourist information center, and what did you ask there?

Q6. Do you think every city should have a tourist information center? Why or why not?

Q7. Which of the following do you think a tourist information center should provide?
A map of the area / Accommodation information / Tour recommendations

4. 問題 566 サンプル 600-608 ● REC

Imagine that a lifestyle magazine is preparing an article on daily routines. You have agreed to answer some questions about your daily routine.

Q5. How much time do you usually spend eating dinner? Where do you usually eat it?

Q6. Do you think adopting good sleeping habits is important? Why or why not?

Q7. Can you tell me about your daily morning routine before going to work or school?

5. 問題 567 サンプル 610-618 ● REC

Imagine that someone wants to open a new fast food restaurant in your area. You have agreed to participate in a telephone interview about eating fast food.

Q5. How often do you eat fast food?

Q6. Has fast food in your country become more popular than in the past? Why?

Q7. If a new fast food restaurant opened in your area, which of the following would encourage you to go there? Why?
Healthy menu / Recyclable cups and straws / Cashless payment service

6 . 問題 568 サンプル 620-628 ● REC

Imagine that an English-language technology magazine is conducting a survey in your town. You have agreed to participate in a telephone interview about sending text messages, or text messaging. A text message is a short written message that people send using a smartphone.

Q5. About how many text messages do you send a day? Are they mostly for personal purposes?

Q6. Do you think text messaging is better than sending e-mails? Why?

Q7. In what situations do you think it is not appropriate to send text messages, and why?

ミホ先生のお悩み相談室

スピーキングに関するあるあるのお悩みに、ミホ先生がズバリ答えます。

お悩み③

この本の問題を解く以外には、どんな練習がお勧めですか？

回答

攻略法を身につけ、演習問題を解くのはテストに慣れるためにもよいこと。そして、バランスのよいスピーキング力を身につけるには、それに加えていろいろな練習を組み合わせることをお勧めします。

スピーキング力を伸ばすための練習には大きく分けて、Intensive speaking（精話）とExtensive speaking（多話）の2種類があります。**「精話」とは、1つの素材にしっかり向き合って、徹底的に話す体験をすること。**例えば、ニュース記事を繰り返し何度も音読したり、教材のサンプルアンサーを真似したり、暗記したりなど。教材だけでなく、映画のシーンを覚えたり、スピーキングテストを受験したりすることも精話の練習です。

精話に加えて多話も組み合わせましょう。**「多話」とは、文字通りたくさん話すこと。**自分のペースでいいので、話す機会を意識して作ります。例えば、外国人に積極的に話し掛けてみたり、オンライン英会話を活用したり。もちろん対話だけでなく、英語で独り言を言うのもよい練習です。能動的に話す機会を作ることで、話すことに抵抗がなくなります。

スピーキング力をバランスよく伸ばすためには、精話と多話のバランスが重要です。今はインターネットを活用すれば手軽に練習用の素材を見つけることができますので、ぜひいろいろな練習を組み合わせて、バランスのよいスピーキング力を身に付けてください。

第8回ゼミ

Q8-10 提示された情報に基づく応答問題 基礎編

Q8-10 Respond to questions using information provided

今回の学習テーマ

情報を先読みする力を養い、解き方の基本を身につける

今日から、資料を見て解答する問題の練習を始めます。通称、「表問題」ね。

表を読んで、しかも話すんでしたっけ？

そう。このセクションでは、「読む」「聞く」「話す」という3つの力が同時に試されます。イベントのスケジュールや旅程表などの資料が画面に表示され、まずはそれを読みます。そして、その後に流れてくる質問を聞き取り、資料と照らし合わせながら答えます。

マルチタスク、苦手です…。

一見難しそうだけど、実はとても楽しいし、何よりも英語の基本スキルを鍛えることができる重要なセクションなんですよ。

聞きながら話す
話しながら読む ➡ 日常場面のコミュニケーション
読みながら聞く

「話す力」は通常、単独ではなく、「読む」「聞く」など他の複数の力とあわせて使われます。このセクションでは、これらの力がバランスよく身についているかが見られるということ。逆に言うと、このセクションの練習をすることで、**「話す、読む、聞く」3つの力を同時に鍛えることができるのです。**

問題形式

問題数　3問
解答時間　Q8、Q9：各問15秒　Q10：30秒
（準備時間は各3秒、資料を読む時間45秒）
すること　提示された資料に基づいて、3つの質問に素早く正確に答える
必要なCAFレベル　複雑さ★☆☆　正確さ★★★　流暢さ★☆☆　正確さが最も大事！
メモの活用　×（不要）

解答の流れ

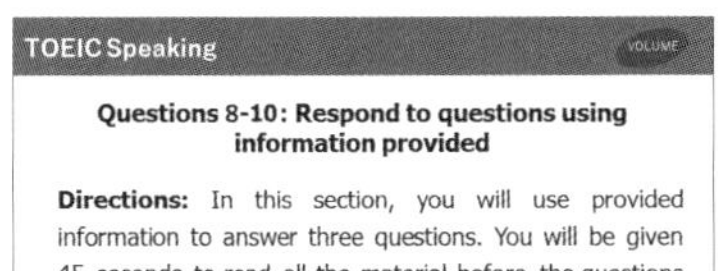

TOEIC Speaking
VOLUME
Questions 8-10: Respond to questions using information provided
Directions: In this section, you will use provided information to answer three questions. You will be given 45 seconds to read all the material before the questions begin. You will be given 3 seconds to prepare after you hear each question. You will be given 15 seconds to answer Questions 8 and 9 but 30 seconds to respond to Question 10. You will hear Question 10 twice.

①ディレクション（問題の指示文）が画面に表示され、ナレーターがそれを読み上げる。

TOEIC Speaking　Question 8-10 of 11

Time	Room	Class
9:00 P.M. – 10:00 P.M.	Classroom 301	Effective Speech - Mike Tayler, Herby Business School
10:00 A.M. – 11:00 A.M.	Classroom 101	French Language Circle - Emily Smith, Lakeside Language Institute
11:00 A.M. – Noon	Main Hall	~~Fitness and Yoga Mine Davis, KA Gymnastics~~ (Canceled) (Now) Family Aerobics - Mary Goldman, Everyday Fitness
Noon – 1:30 P.M.	Lunch	
1:30 P.M. – 2:30 P.M.	Classroom 201	German for Beginners – Edward Freedman, Professor (MK University)
3:00 P.M. – 4:30 P.M.	Seminar Room 3	Flower Arranging – Katie Chen, Landscaping Designer

PREPARATION TIME 00:00:45

②画面に資料が表示される。ナレーターがBegin preparing now.と言い、ビープ音が鳴るので、準備を開始【45秒】。

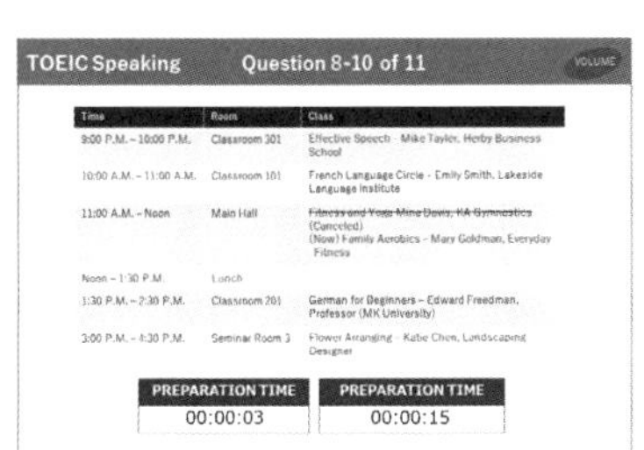

③準備時間が終わると、電話で会話している設定で質問者が話し始め、続けてQ8の質問が聞こえてくる。ナレーターがBegin preparing now.と言い、ビープ音が鳴るので、準備を開始【3秒】。準備時間が終わるとナレーターがBegin speaking now.と言い、ビープ音が鳴ったら、解答を開始【15秒】。解答時間が終わるとQ9が始まる。

④Q9の質問が聞こえてくる。Q8と同様の流れで準備・解答する。

⑤Q10の質問が2回聞こえてくる。Q8、Q9と同様の流れで準備・解答する（ただし解答時間は【30秒】）。解答時間が終わると次の画面に切り替わり、Q11が始まる。

Q8-10の解答の流れは、ちょっと複雑ですね。まとめると、以下のようになります。

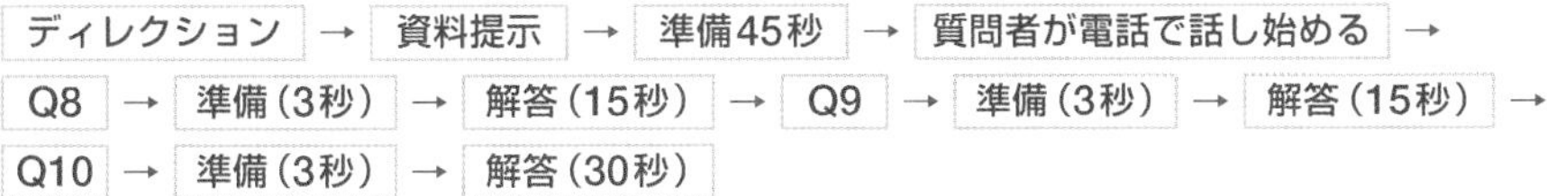

第8回ゼミ　提示された情報に基づく応答問題　基礎編

資料の内容は覚えるんですか？

資料は画面に出たままだから、覚えなくて大丈夫。でも、質問者の質問は画面に表示されません。

準備時間は、応答問題と同じ3秒なんですね。

そうです。質問の後に3秒の準備時間。指示文やビープ音も含めると、約9秒あります。

その間に何をすればいいですか？　ノートテイキング？

このセクションでは、ノートテイキングはしません。画面に答えるべき内容が書いてあるので、必要ないの。**準備時間は、解答のリハーサル**をしましょう。声に出してリハーサルでも、頭の中で静かにリハーサルでも、どちらでもOKです。

サンプル問題にトライ！

では、いつものようにアウトプットファースト！　以下の問題に挑戦しましょう。録音機器を用意して、自分の答えを録音します。その後、録音した答えを聞き、ノートなどに書き取りましょう。

Q8-10: Respond to questions using information provided

Directions: In this section, you will use the information provided to answer three questions. You will be given 45 seconds to read all the material before the questions begin. You will be given 3 seconds to prepare after you hear each question. You will be given 15 seconds to answer Questions 8 and 9 but 30 seconds to respond to Question 10. You will hear Question 10 twice.

Hobson Community College Summer Classes

Venue: Hobson Community College Student Center

Date: August 10 – August 16

Time	Room	Class
9:00 A.M. - 10:00 A.M.	Classroom 301	Effective Speeches *Mike Tayler, Herby Business School*
10:00 A.M. - 11:00 A.M.	Classroom 101	French Language Circle *Emily Smith, Lakeside Language Institute*
11:00 A.M. - Noon	Main Hall	~~Fitness and Yoga *Mina Davis, KA Gymnastics*~~ *(Canceled)* *(Now)* Family Aerobics *Mary Goldman, Everyday Fitness*
Noon - 1:30 P.M.	Lunch	
1:30 P.M. - 2:30 P.M.	Classroom 201	German for Beginners *Edward Freedman, Professor (MK University)*
3:00 P.M. - 4:30 P.M.	Seminar Room 3	Flower Arranging *Katie Chen, Landscaping Designer*

PREPARATION TIME
00:00:45

PREPARATION TIME	PREPARATION TIME	PREPARATION TIME
00:00:03	00:00:03	00:00:03

RESPONSE TIME	RESPONSE TIME	RESPONSE TIME
00:00:15	00:00:15	00:00:30

指示文の訳：このセクションでは、提示された情報を使って3つの質問に答えます。質問が始まる前に、全ての資料を読む時間として45秒が与えられます。各質問の後には、準備時間として3秒が与えられます。Q8とQ9に答える時間として15秒、Q10に答える時間として30秒が与えられます。

自分の答えを書き取ってください。別にノートなどを用意して書き取るのがお勧めです。

Q8.

Q9.

Q10.

全然ダメでした。質問が聞き取れなくて、焦りました！

聞くべきポイントをあらかじめ予測しておけば、聞けるようになるよ。

私はいつも、話しながら前置詞が合っているか不安になります。

このセクション、**前置詞が超大事**。重要な採点ポイントです！

僕は表の問題、苦手なんです。適当にごまかせないから。

この問題は答えが画面上にあるので、それを見つけて答えるだけだよ。コツさえつかめば楽勝のセクションです。一緒に練習しましょう。

自己採点しよう！　120点超えはチェック4個以上を目標に

できた項目にチェックしてください。	☑
1. 資料が45秒以内に理解できた	☐
2. 質問の内容が理解できた	☐
3. ビープ音の後ですぐに話し始めた	☐
4. 発音やイントネーション、アクセントが自然だった	☐
5. Q8、Q9ではフルセンテンス、1～2文で答えた（20語前後）	☐
6. Q10ではフルセンテンス、3～5文で答えた（40語前後）	☐
7. 文法ミスがほぼなかった	☐

表問題の採点ポイント

●採点項目

発音、イントネーション･アクセント、文法、語彙、一貫性、内容の妥当性、内容の完成度

●採点基準

採点スケール	採点ポイント
3	解答は質問に対して十分で、関連性があり、社会的にも適切な応答ができている。提示された情報に基づく課題に対しては、資料や文書の情報も正確に答えている ●聞き手はすんなりと理解できる ●適切な語彙･語句を使っている ●課題に合った構文を使って答えている
2	質問に対してはある程度適切に答えているが、完全ではなく、適切でない部分もある。また、提示された情報に基づく課題には、正確に答えていない部分がある ●聞き手が理解しづらい箇所があるが、概ね理解できる ●全体的な意味ははっきりしているものの、語彙･語句が限定されていたり、やや適切でない場合がある ●構文の使用が不適切なため、聞き手が理解するためには多少の努力を要する ●提示された情報に基づく課題に関しては、資料や資料から関連した情報を見つけることができるが、それらを関連のない情報と区別したり、聞き手が理解しやすいように言い換えることはできない
1	質問に対して十分に答えていない。関連する情報が十分に伝わっていない ●聞き手は理解するのにかなり苦労する ●語彙･語句が不正確であったり、設問と同じ内容を繰り返す ●構文の使用が不適切なため、意味の理解が妨げられてしまう
0	無解答、もしくは解答の中に英語が含まれていない、またはテストと全く関係ないことを答えている

●目標スケール　190～200点 ➡ 全問で3　160～180点目標 ➡ 2問で3、1問で2
130～150点目標 ➡ 全問2以上
110～120点目標 ➡ 2問で2、1問で1以上

3人の解答をチェック！

では、みんなの解答をチェックしてみましょう。その前に、質問された内容を振り返ってみます。

ホブソン・コミュニティー・カレッジ 夏期講座
場所：ホブソン・コミュニティー・カレッジ学生センター　　日程：8月10日-8月16日

時間	教室	講座
9:00 A.M. – 10:00 A.M.	301教室	効果的なスピーチ　マイク・テイラー、ハービー・ビジネス・スクール
10:00 A.M. – 11:00 A.M.	101教室	フランス語サークル　エミリー・スミス、レイクサイド語学学校
11:00 A.M. – 正午	メインホール	~~フィットネスとヨガ　ミナ・デイビス、KAジム~~（キャンセル） （新）ファミリー・エアロビクス　メアリー・ゴールドマン、エブリデー・フィットネス
正午-1:30 P.M.	昼食	
1:30 P.M. – 2:30 P.M.	201教室	初級者のためのドイツ語　エドワード・フリードマン、教授（MK大学）
3:00 P.M. – 4:30 P.M.	セミナールーム3	フラワー・アレンジメント　ケイティー・チェン、造園デザイナー

問題 230

Hello, this is Emily Smith from the Lakeside Language Institute. I'll be teaching a French class at Hobson Community College this summer. I'd like to confirm some of the details.

Q8. When will the summer classes be held, and where will they take place?

Q9. I understand that Mina Davis from KA Gymnastics will also be leading a class. Would it be possible for me to observe her class after my lesson?

Q10. Could you please give me the details of the afternoon classes?

訳 もしもし、レイクサイド語学学校のエミリー・スミスと申します。この夏、ホブソン・コミュニティー・カレッジで教えることになっています。細かいことをいくつか確認したいのですが。
Q8. 夏期講座はいつ開催されて、会場はどこになりますか？
Q9. KAジムのミナ・デイビスさんも講座を指導するそうですね。自分の授業の後、彼女の講座を見学することは可能でしょうか？
Q10. 午後の講座について詳しく教えていただけますか？

語注 □ institute: 教育機関、協会　□ lead: ～を指導する（過去形、過去分詞形はled）
□ landscaping: 景観設計

マイ（160点）の解答　231

A8. The summer class will be held from August 10th to August 16th. And the venue is at Hobson Community College Student Center.（2文、22語）

A9. I'm afraid not. The class will be changed to Family Aerobics, so you can't attend the yoga class by Mina Davis at the moment.（2文、24語）

A10. Sure. There are two classes in the afternoon. From 1:30 P.M., uh, it is, uh, schedule German for Beginners from Edward Freedman. And next, from 3:00 P.M. to 4:30 P.M., it is Flower Arranging by Katie Chen, landscaping designer. That's all. If you have any questions, please let us know.（6文、48語）

【主な改善点】

class → classes　at → the　The class → That class

will be changed to → has been replaced by

by → led by（2カ所）　schedule → there is　from → led by

next → then　it is → there is　landscaping designer → 前にwho is a

aerobicsのアクセントは、áerobicsじゃなくてaeróbics。マイは、日本語のカタカナになっている英語に弱いみたいなので気を付けてね。それから、Q9では「クラスを見学できますか？」と聞かれているので、you can't attend the class（クラスに参加できません）と答えているのは、ちょっとずれてますね。

あっ、質問を聞き間違えていました！

ヤス（120点）の解答　232

A8. Uh, sorry, I can't, I don't catch your, uh, your question ...（語数カウントなし）

A9. Uh, excuse me, sorry, excuse me, I can't catch your ...（語数カウントなし）

A10. Uh, we have two classes. One is Classroom 201, from 1:30 P.M., at ... That starts from at 1:30 P.M., German for Beginners. At second seminar is ... will be held at Seminar Room at 3. It begins at 3 P.M., Flower Arranging.（5文、39語）

【主な改善点】

don't → didn't　can't → couldn't　One is → One is in

from → 不要　German for Beginners → and it's called German for Beginners

At → The　at Seminar Room at 3 → in Seminar Room 3

Flower Arranging → and that's called Flower Arranging

最初の2つの質問、どうした？

ちょっと、他のことを考えてて…。

は？　まずは、集中するところからだね。

はい…。

Q10は頑張りました。ただ、前置詞の使い方や文の作り方の練習がもっと必要ですね。

ナオ（90点）の解答　233

A8. French Language Circle Emily Smith class, ... i—it will be held at ...（語数カウントなし）

A9. Uh ... Fitness and Yoga Mina David class is canceled.（1文、8語）

A10. Sure. Uh, first of all, from 1:30 P.M. to 2:30 P.M., German for Beginners class at Classroom 201. Second, at 3:00 P.M. to 4:30, we have Flower Arrangement class at Seminar Room 3.（3文、32語）

【主な改善点】

Mina David → Mina Davis

German for Beginners class → there is the German for Beginners class

at Classroom 201 → in Classroom 201　at 3:00 P.M. → from 3:00 P.M.

Flower Arrangement class → the Flower Arranging class

at Seminar Room 3 → in Seminar Room 3

Q8では、summer classesの日程と場所を聞かれていたの。質問を聞き間違えた？

はい。自分のクラスの時間と場所を知りたいのかと思ってしまいました。

Q9は最初無言だったけど、最後は滑り込みセーフ！　Q10も頑張りました。練習すれば、採点スケール3もそう遠くはなさそうだよ。

サンプルアンサーと自分の答えを比べてみよう

では、サンプルアンサーを聞いて、ディクテーションしてみましょう。

サンプルアンサー　Q7. 234　Q8. 235　Q9. 236

Q8.

Q9.

Q10.

サンプルアンサー　Q7. 234　Q8. 235　Q9. 236

Q8. When will the summer classes be held, and where will they take place?

A8. The summer classes will be held at Hobson Community College Student

Center, and they will take place from August 10th to August 16th.（1文、23語）

Q9. I understand that Mina Davis from KA Gymnastics will also be leading a class. Would it be possible for me to observe her class after my lesson?

A9. Actually, her class has been canceled. We're now planning a Family Aerobics class led by Mary Goldman from Everyday Fitness.（2文、20語）

Q10. Could you please give me the details of the afternoon classes?

A10. Let me see. There are two classes in the afternoon. First, Edward Freedman, a professor from MK University, will teach a German class for beginners from 1:30 P.M. Then, from 3 P.M., Katie Chen, who is a landscaping designer, will lead a class on flower arranging.（4文、46語）

訳 ＊質問文の訳はp. 166を参照。

A8. 夏期講座はホブソン・コミュニティー・カレッジ学生センターで開催され、8月10日から8月16日まで行われます。

A9. 実は、彼女の講座はキャンセルされました。今は、エブリデー・フィットネスのメアリー・ゴールドマンによるファミリー・エアロビクスの講座を計画しています。

A10. そうですね。午後は講座が2つあります。まず、午後1時半からMK大学教授のエドワード・フリードマンが初心者向けにドイツ語を教えます。その後、午後3時から、造園デザイナーのケイティー・チェンがフラワーアレンジメントの講座を指導します。

語注 □ take place: 行われる

ここでは、サンプルアンサーがこれまでのようにレベル別に分かれていないんですね。

この問題の一番重要な採点基準は「正確さ（A）」。語数は一定以上あればよく、構文の複雑さは求められません。「正確さ」にレベルはないので、レベル分けをしていないの。

なるほど！

表問題のゼミ第8・9回を通じて、こんなことができるようになる！

- 急な英語の問い合わせに対応できる
- 会議などで資料を基に分かりやすい発表ができる
- 相手の間違いや誤情報を丁寧に訂正できる
- プレゼンなどでの質疑応答にスムーズに答えることができる
- 読みながら聞く、話しながら読むなどのマルチタスクができる

Q8-10 表問題の攻略法

攻略1 資料の種類を知る

提示される資料の種類は、ある程度決まっている。資料を見た瞬間に、何の表なのかを見抜く。

攻略2 質問を予想する

資料を先読みする段階で、Q8、Q9、Q10の質問を事前に予想する。

Q8 → 資料内の基本情報を尋ねるピンポイント問題

Q9 → 資料内の内容を正しく理解できているか尋ねる内容確認問題

Q10 → 資料内の何らかの条件を満たす情報をまとめさせる要約問題

先読み時は声を出して読む！　答えのキーワードは念入りに読むこと！

攻略3 お役立ちフレーズを駆使する

無言の時間は作らないこと。黙りそうになったら、暗記したお役立ちフレーズを挟んで「流暢さ（F）」アピールを。

攻略4 動詞と前置詞の用法を完璧にする

動詞や前置詞の誤用に要注意。単語をきちんと文にできるかがポイント。

次ページから、上記の攻略ポイントをクリアするトレーニングに取り組みましょう！

トレーニング❶ 資料の種類を知る

このセクションで出される資料の種類は、ある程度決まっています。また、それぞれの資料はたいてい決まったフォーマットで展開されます。どんなタイプの資料なのかを瞬時に判断できると、得点につながりやすくなります。

▶ 資料の種類と出題頻度（★の数が多いほど頻出）

1. イベント案内（会議・セミナー）	★★★★	例：会議・セミナースケジュール
2. イベント案内（その他の催し）	★★★	例：ツアーやフェスティバル等の宣伝や告知
3. 旅程表	★★	例：ある人物の出張予定など
4. 履歴書	★	例：採用面接用の履歴書など

その他……招待状、フライト発着情報、商品のチラシなど

練習1

別冊 p. 46

以下は、どんなタイプの資料でしょうか。上の**1**～**4**から選びましょう。

A.

Business Leadership Seminar
Seattle Conference Center

10:00-11:00	Presentation Skills
11:00-Noon	Time Management
Noon-1:00	Lunch
1:00-2:00	Building Teamwork

B.

Travel Itinerary: Tony Peterson

April 1	
6:20	Arrive San Francisco
8:00	Marriott Inn
April 2	
1:30	Meet David for lunch
3:00	Golden Gate Bridge

トレーニング❷ 質問の予想をする：Q8

Q8は、資料内の基本情報を尋ねる**ピンポイント問題**です。what、where、whoなどの**5W1Hで聞かれることが多い**ので、準備時間が始まったら、その部分を探すように読みます。
資料を読む時間は45秒。画面に資料が表示されたら、**声に出して資料を読みましょう**。そして、読みながら質問を予想していきます。

▶ 音読しながら問題予測

①タイトル…資料の種類を把握　②場所… where　③日付… when
④時間… what time / how long　⑤人… who

Hobson Community College Summer Classes …①

Venue: Hobson Community College Student Center ……②

Date: August 10 – August 16 ……③

Time	Room	Class
9:00 A.M. - 10:00 A.M.	Classroom 301	Effective Speeches *Mike Tayler, Herby Business School*
10:00 A.M. - 11:00 A.M.	Classroom 101	French Language Circle *Emily Smith, Lakeside Language Institute*
11:00 A.M. - Noon	Main Hall	~~Fitness and Yoga~~ ~~*Mina Davis, KA Gymnastics*~~ *(Canceled)* *(Now)* Family Aerobics *Mary Goldman, Everyday Fitness*
Noon - 1:30 P.M.	Lunch	
1:30 P.M. - 2:30 P.M.	Classroom 201	German for Beginners *Edward Freedman, Professor (MK University)*
3:00 P.M. - 4:30 P.M.	Seminar Room 3	Flower Arranging *Katie Chen, Landscaping Designer*

④ ⑤

▶ ①～⑤から質問内容を予測

② Venue: Hobson Community College Student Center

→ Where do the classes take place?（講座はどこで行われますか？）を予測

③ Date: August 10 – August 16

→ When will the classes be held?（講座はいつ行われますか？）を予測

④ 9:00 A.M. – 10:00 A.M.

→ What time does the first session start?（最初のセッションは何時に始まりますか？）を予測

⑤ Emily Smith

→ Who will be teaching the French Language Circle?
（フランス語サークルを教えるのは誰ですか？）を予測

練習2

別冊 p. 46

Q8で問われる可能性がある部分を意識しながら、以下の資料を読みましょう。その後で、問いに答えましょう。

1.

	ABC Spring Training
B	Wilson Sporting Center
C	April 1 – April 5
D	Registration Fee: $10 / person
E	9:00–10:00 Opening Speech – Bart King

(**A**: ABC Spring Training)

2.

Winter Festival				
February 25-28 Gallier Hotel				**G**
Time	Performance	Artist	Venue	**H**
10 A.M.	Live Music	Henry Chen	Hall	**I**
11 A.M.	Snow Painting	Yuri Shimura	Café	**J**

(**F**: Winter Festival)

問い：以下の**a**～**e**は、上の2つの資料に関して問われる可能性のある質問です。それぞれ質問の答えとなる部分は資料内のどの行に記載があるか、空欄にA～Jを書き入れましょう。また、その質問で使われるであろう疑問詞と質問の答えを、以下の選択肢から選びましょう。（同じアルファベットや疑問詞を複数回選んで構いません）

例：登録料金は？［　D　］　疑問詞：How much
質問の答え：**6**

a. 研修場所は？　［　　　］　疑問詞［　　　　　］　質問の答え［　　　］
b. 開会の辞は誰が担当？　［　　　］　疑問詞［　　　　　］　質問の答え［　　　］
c. 生演奏の場所は？　［　　　］　疑問詞［　　　　　］　質問の答え［　　　］
d. トレーニングの開始日は？［　　　］　疑問詞［　　　　　］　質問の答え［　　　］
e. 開会の辞の長さは？　［　　　］　疑問詞［　　　　　］　質問の答え［　　　］

疑問詞：

Where / When / Who / How much / How long

質問の答え：

1. The training will begin on April 1.

2. It will take place in the hall.

3. It will last for an hour.

4. It will be held at Wilson Sporting Center.

5. It will be Bart King.

6. The fee is $10 per person.

質問の多くは、What time does it begin?（それは何時に始まりますか？）などの直接的な聞き方ではなく、Could you tell me what time it begins?（それが何時に始まるか教えていただけますか？）のように、**間接疑問文になっていることが多い**です。何を聞かれているのか、瞬時に判断できるようトレーニングしておきましょう。

練習3 問題 237 別冊 p.47

音声を聞いて以下の3つの質問に含まれる疑問詞を書き取り、質問の後のポーズ（15秒）で、何を聞かれているのか日本語で書きましょう。

例：Could you tell me what time it begins?
疑問詞：What time　質問内容：開始する時間

Q1. 疑問詞：＿＿＿＿＿＿　質問内容：＿＿＿＿＿＿＿＿＿＿
Q2. 疑問詞：＿＿＿＿＿＿　質問内容：＿＿＿＿＿＿＿＿＿＿
Q3. 疑問詞：＿＿＿＿＿＿　質問内容：＿＿＿＿＿＿＿＿＿＿

トレーニング❸ 質問の予想をする：Q9

Q9は、資料を読んだ人から、自分の理解が正しいかどうかを確認される**内容確認問題**です。多くは、資料内のある1つの情報に関する確認です。例えば、
・～ということですよね。合っていますか？
・（資料の情報によると）～することは可能ですか？
などと聞かれます。多くの場合は**相手の間違った情報を訂正する**ことになります。

情報の確認を求める「合っていますか？」

I heard that ～, am I right?（～と聞きましたが、合っていますか？）
As far as I know, ～, is that correct?（私の知る限り～ですが、合っていますか？）
Am I right in thinking that ～?（～と思っていますが、合っていますか？）　など

可能性を尋ねる「～は可能ですか？」

Will I be able to ～?（私が～することは可能ですか？）
Will it be possible to ～?（～することは可能ですか？）　など

先読みの段階で、どの部分がQ9と関係してくるのかを予想します。その際、質問されそうな部分を判断するヒントがあります。

【質問のヒントとなる要素】
打ち消し線が引かれた部分（下図参照）、イタリック体で書かれた部分、かっこに入った情報、欄外情報や備考、NOTEと書かれた部分、アスタリスク(*)　など
→これらのキーワードを見つけたら、念入りに声に出して読みましょう！

~~Fitness and Yoga~~ ~~*Mina Davis,*~~
~~*KA Gymnastics*~~ *(Canceled)*
(Now) ~~Family Aerobics~~ *Mary Goldman,*
Everyday Fitness

練習4

問題 238　別冊 p.47

以下の1～3の資料を見ながら音声を聞き、相手の質問に対して肯定で答える場合は○、相手の情報を訂正する場合は×を空欄に書き入れましょう。

Q1.

Tony's Hall　Monday, October 20 – Thursday, October 23　[　　]

Q2.

12:30　Lunch Provided (Kwan Restaurant) *Included in the fee.　[　　]

Q3.

Green's　Italian Restaurant - *temporarily closed (under renovation)*　[　　]

練習5

問題 239　サンプル 240-242　別冊 p.48

「練習4」と同じ音声を、もう一度聞きましょう。今度は、質問に対する適切な答えを以下の**a**～**c**から選び、ビープ音の後のポーズ（10秒）で声に出して答えてください。

a. I'm afraid I can't. The Italian restaurant, Green's, is temporarily closed due to renovation.

b. Actually, no. The event will be held from Monday to Thursday.

c. That is correct. Lunch will be provided at Kwan Restaurant, and it's included in the fee.

トレーニング❹ 質問の予想をする：Q10

Q10は、資料内の何らかの条件を満たす情報をまとめさせる要約問題です。例えば、

・午後の予定の詳細を教えてください。

・外国語以外のクラスにはどんなものがありますか?

などが聞かれます。質問を聞いてから情報を探すのでは間に合わないことがあるので、準備時間に先読みしておくことが大切です。

先読みの段階で、資料内の何らかの共通する情報を探してまとめる
→質問を予想！

Kids' Day

Monday, September 21

Time	Activity	Level
10:00 A.M.	Horseback Riding	Intermediate
11:00 A.M.	Rafting	Advanced
Noon	Lunch	
1:00 P.M.	Judo Training	Easy
3:00 P.M.	Balloon Football	Easy
4:00 P.M.	Bowling Drills	Intermediate

【上の表で共通している情報】

- 午前中にアクティビティーが2つ
- 午後にアクティビティーが3つ
- 初級（Easy）レベルが2つ
- 中級（Intermediate）レベルが2つ

→これらのいずれかが聞かれる可能性が高いと予想！

【予想質問】

1. 午前のアクティビティーには何がありますか？

2. ランチの後（午後）の予定を全部教えてください。

3. 初級のアクティビティーはありますか？
4. 前回は初級に出たので、今回は中級に出たいです。何がありますか？

Q. My younger son would like to do something easy. Could you give me the details about easy-level activities?（下の息子を、何か簡単なアクティビティーに参加させたいです。初級レベルのアクティビティーについて、詳細を教えていただけますか？）
→予想的中！

このように、先読みの段階で共通項目をチェックしておくことで、Q10の質問をある程度予想できます。あらかじめ予想することで、質問がずっと聞き取りやすくなりますよ。

資料内に共通項目がない場合は、「～について詳しく教えて」「～時以降の予定を教えて」など、ある項目（または複数の項目）をまとめるように聞かれることが多いです。

練習6

問題 243 別冊 p.48

以下の資料に目を通し、共通情報を書き出します。そこから、Q10で尋ねられそうな質問を予想して書き出しましょう。その後で音声を聞き、予想が的中したか外れたか、□にチェックを入れます。最後に、次ページの枠の中（またはノート）に質問文をディクテーションしましょう。

9:00-10:00 A.M.	Opening Speech	*Matt Duran*
10:00-11:00 A.M.	Presentation: Current Trends	*Tommy King*
Noon-1:00 P.M.	Lunch	
1:00-2:00 P.M.	Lecture: Innovative Thinking	*Tommy King*
2:00-3:30 P.M.	Presentation: Coaching Skills	*Rose Fred*

①共通情報

1. ______________________　**3.** ______________________

2. ______________________　**4.** ______________________

②質問予想

1. ______________________　**3.** ______________________

2. ______________________　**4.** ______________________

③問題の音声を再生　→　□ 予想的中　□ 予想外れた

質問文をディクテーションしましょう。

Tips! 会議やワークショップなどのスケジュールで、「major (main) sessions を全部教えてください」と尋ねられることがあります。その場合は、リストにある全てではなく、主なものだけを答えます。major sessionsとは呼べないものは、①opening (welcoming) speech / closing speech（開会・閉会のあいさつ）、②lunch / break（昼食・休憩）、③Q&A（質疑応答）などです。例えば、「練習6」（p. 177）の資料でmajor sessionsを尋ねられたら、a presentation about current trends, a lecture on innovative thinking, a presentation about coaching skillsの3つが答えとなります。

トレーニング❺ 「お役立ちフレーズ」を駆使する

資料と質問の内容を理解できたら、あとは答えるだけ。ただ、資料にある情報を個条書きのように読み上げるだけでは、相手に伝わりづらくなります。文と文をなめらかにつなぐよう工夫しましょう。
また、無言の時間を作らないことも大切です。答えがうまく出てこなくて黙ってしまいそうなときや、必要な情報が探せないときは、以下の「お役立ちフレーズ」を駆使しましょう。フレーズは何度も練習し、**何も考えなくても口から出てくるように「自動化」**してください。

▶ 表問題のお役立ちフレーズ

質問に答える出だしのフレーズ 244 リピートしましょう!

- Sure. / Certainly. / Of course.（もちろんです）

相手にCould you tell me ～?（～について教えてもらえますか？）などと尋ねられた場合は、このような出だしのフレーズから答え始めるのがお勧めです。

Q9で訂正するときのフレーズ 245

- Actually, no.（実は、違います）
- I'm afraid not. / I'm sorry, but that's not true. / Unfortunately, no.
（あいにくですが、違います）
- You have the wrong information. / I'm afraid your information is wrong. / I'm afraid that is wrong.（あいにく、その情報は誤りです）

相手の情報が正しいときは…

- Yes, that's correct. / Yes, you are right.（はい、そのとおりです）

Q10で順序立てて話すときのフレーズ 246

- First, / First of all,（初めに）
- And then, / Next, / Also, / Second, / After that,（それから、次に）
- Another one is / The other one is（もう一つは、もう一方は）
- Finally, / Lastly,（最後に）

聞き手を意識して！　聞いている人はこのようなディスコースマーカー（p. 215参照）があると聞きやすくなりますね。

Tips!

時間が余ったときのフレーズ 247

・Do you have any other questions?（他にご質問はありますか？）

・Is there anything else I can help you with?（他にお役に立てることはありますか？）

ピンチ！　どうしても答えられないときは… 248

解答時間が始まったのに答えが見つけられないときは、黙ってしまうのではなく、以下のフレーズを駆使して乗り切ってください。

・Just a moment, please.（少しお待ちください）

・Let me check that for you.（確認してみますね）

・Let me see. Oh, yes.（そうですね。ああ、そうだ）

・Let me take a look at the list.（リストを見てみますね）

・All right, let me just check the information I have here.
（分かりました、手元にある情報を確認してみます）

これらのフレーズも、棒読みしていては効果半減。音声をしっかり聞き、イントネーションや発音をまねして練習しましょう。

トレーニング❻ 解答リズムを覚える

仕上げに、**資料を先読みして質問を予想する** → **質問を聞いて理解する** → **資料を参考にしながら答える** というこのセクションの一連の流れを練習しましょう。

練習7 …… 問題 249 サンプル 251-253 別冊 p.49 ● REC

問題音声を再生し、ビープ音の後のポーズ（45秒）で以下の資料を先読みして、質問を予想します。その後、各質問の後のポーズで選択肢A・Bのうちどちらかを選びながら答えましょう。（準備時間各3秒。解答時間はQ8・Q9が15秒、Q10が30秒）

Waterville Employment Seminar

Venue: Waterville Employment Center
Date: February 10
Registration: $120

9:30-10:20 A.M.	Résumé and Cover Letter Writing - Mike Smith (Career Advisor)
10:20-10:30 A.M.	Break
10:30-12:00 noon	Motivational Training - Robert Jones
Noon-1:30 P.M.	Lunch Provided*
1:30-4:00 P.M.	Individual Assistance

After the final session, participants will be asked to fill out a satisfaction survey.

** Lunch - included in the registration fee. Call 555-1234 for vegetarian requests.*

Good morning. My name is Laura Campbell, and I am interested in attending your training seminar. I have a couple of questions.

Q8. When does the training session start, and where is it located?

A. It is from 10:30 to 12:00. It is Motivational Training, and Robert Jones is leading it.

B. The first training session starts at 9:30. It'll be held at the Waterville Employment Center.

Q9. Could you tell me if lunch will be served?

A. Yes. Lunch is provided for all participants. We even have vegetarian options, if you're interested.

B. Lunch is from 12:00 to 1:30. Please have lunch then. You must pay the registration fee.

Q10. Could you tell me what will be happening in the morning, before lunch?

A. Sure. Lunch is at 12:00, and after that, some individual assistance will be provided to the participants. That will last for two and a half hours. Then, you have to fill out a satisfaction survey.

B. Sure. From 9:30 until 10:20, we have a class on writing résumés and cover letters. That'll be led by Mike Smith. He's a career advisor. We'll take a 10-minute break from 10:20. After that, from 10:30, there is a session on motivational training, and it'll be led by Robert Jones.

練習8 ……… 問題 254 サンプル 256-258 別冊 p.51 ● REC

「練習７」と同様の問題に、今度は、選択肢のヒントなしで答えてみましょう。

【手順】

①音声を再生し、ビープ音の後のポーズ（45秒）で以下の資料を先読みして、質問を予想します。

②質問が聞こえてきたら、各質問の後のポーズでノートなどに質問をディクテーションしましょう。

③再び音声を再生し、今度は途中で止めずに通して答えてみましょう。（準備時間各３秒。解答時間はQ8・Q9が15秒、Q10が30秒）

※録音機器を用意して、自分の答えを録音します。その後、録音した答えを聞き、ノートなどに書き取りましょう。

Central Boston Tours

Tours Recommended by the Boston Tourism Commission

Memorial Auditorium Walking Tour	
Length	3 hours
Price per Person	$30 ($25 with student ID)
Central Boston Food Tour *Includes dinner at Harrison's Restaurant*	
Length	4 hours
Price per Person	$70
Jazz Masters Tour	
Length	2 hours
Price per Person	$25
Mystic River Walking Tour	
Length	1 hour
Price per Person	$20

質問文をディクテーションしましょう。

Q8.

Q9.

Q10.

話している途中で、情報を間違えて伝えていることに気付いたらどうすればいいですか?

普段、話をするときと同じよ。「間違えているな」と思ったら、マイはいつもどうしてる?

言い直します。

そうですね。言い直して問題ありません。言い直しが頻発しなければね。センテンスを丸ごと間違えて案内していることに気付いたら、Sorry, that was not true.(すみません、間違いでした)などと言って仕切り直してもOKです。

この間の試験で、資料を1行見間違えて案内してしまいました。

私はいつも、**PCの画面を指でなぞりながら案内**しています。目で追うだけだと、行を間違えてしまうときがあるから。

なるほど、僕もやってみます。

第9回ゼミ

Q8-10 提示された情報に基づく応答問題 発展編

Q8-10 Respond to questions using information provided

今回の学習テーマ

表現の正確性を高めて高得点を目指す

前回は、表問題攻略法の1～3(p. 170参照)を中心に、資料の種類を把握し、先読みする練習をしました。

先読みから、だいぶ質問が予想できるようになってきました。

僕も。ただ、表のどこから出題されるかが予想できても、実際に答えるとなると、ただ単語を並べて言うだけになってしまいます。

答えが合っていても、単語だけで答えていたら高い点数は出ません。このセクションでは、**単語の羅列を文に構成できるかどうか**も採点基準。そもそも資料は文になっていることがあまりなく、不完全な文や単語が並んでいることが多いよね。**見つけた情報を相手に分かりやすいように、適切な文にして伝える力**が問われます。今日は、この部分を徹底的に練習していきましょう。つまり、表問題の攻略4です。

攻略4 動詞と前置詞の用法を完璧にする

動詞と前置詞だけでいいんですか?

もちろん、マスターしてほしい文法事項は他にもたくさんありますが、このセクションでは特にこの2つが得点に直結する重要事項です。どちらも頻出のものがあるので、後ほど見ていきましょう。まずは、表問題の採点スケール3(p. 165参照)をもう一度確認します。

採点スケール3

解答は質問に対して十分で、関連性があり、社会的にも適切な応答ができている。提示された情報に基づく課題に対しては、資料や文書の情報も正確に答えている

- 聞き手はすんなりと理解できる
- 適切な語彙・語句を使っている
- 課題に合った構文を使って答えている

ここにあるとおり、「語彙・語句が適切か」「構文が課題に合っているか」という部分が採点対象です。つまり、適切な単語を選べるか、そこから文を作ることができるか、ということ。例えば、以下の情報を見てみて。

Lakeside Sales Workshop
Conference Room A, Raymond Building
Tuesday, May 5

ここから、瞬時に以下のような文を作り、なめらかに発話することができるかどうかということです。

→ The workshop will take place in Conference Room A at the Raymond Building on Tuesday, May 5.
（ワークショップは5月5日火曜日に、レイモンド・ビルディングの会議室Aで行われます）

ちなみに「行われる、開催される」はtake place。でも、be taken placeと受け身にする人がとても多いの。これは誤用なので気を付けてください。

私もよく言ってしまっている気がします。

表問題は「できているつもり」が災いして「ミスの化石化」を助長しやすいんです。よくある文法ミスはこんな感じよ。

▶ 頻出の文法ミス　トップ5

1. 前置詞が間違っている

× The session consists with three things. → ○ consists of
（このセッションは3つの事柄で構成されています）

2. 前置詞が抜けている

× The tickets are sold $10. → ○ sold at
（チケットは10ドルで販売されています）

3. 動詞が適切でない

× You can do an order online. → ○ place an order
（オンラインでご注文いただけます）

4. 自動詞と他動詞を間違えて使っている

× We will discuss about the plan. → ○ discuss　※aboutは不要。
（私たちはその計画について話し合う予定です）

5. 主語・述語が一致していない

× The presenters' names is Tim Perez and Chris Davis.

→ ○ names are　※主語が複数形なのでbe動詞はare。

（発表者の名前はティム・ペレスとクリス・デイビスです）

今日はあやふやな知識を整理して、**精度の高い答え**を作る特訓をしましょうね。練習をすることで文法ミスは防げます。それに、実はこのセクション、一番伸びやすいんです。対策がとても効くので、練習すればするだけ点数につながりますよ。

トレーニング❶ 動詞の用法を完璧にする

まずは、全ての英文の基本となる動詞の使い方をマスター。表問題でよく使われる動詞があるので、ぜひ押さえておきましょう。

頻出の「名詞＋動詞」コロケーション・トップ7 sheet 259

表問題で答えるときによく使う名詞と、それらと相性のいい動詞を紹介します。

赤シートを使って言えるかチェック!

名詞	動詞	例文
presentation	give	彼女がプレゼンテーションを行います。 **She will give a presentation.**
session	lead	彼がセッションを指導します。 **He will lead a session.**
break（休憩）	take / have	その後、休憩を取ることができます。 **After that, you can take a break.**
description（説明）	give	彼が新しいビルの説明をします。 **He will give a description of the new building.**
opening / closing remarks（開会／閉会の辞）	give	開会のあいさつはスミス氏が述べます。 **The opening remarks will be given by Ms. Smith.**
Q&A	hold	Q&Aセッションを行います。 **We will hold a Q&A session.**
tour	give	彼が工場ツアーをご案内します。 **He will give you a factory tour.**

ヤスは、動詞を全部doとかhaveで済ませようとするよね。

バレてました？　とりあえずdo、have、takeを使えば何とかなるかと思って。

使える動詞の幅が広がると、点数が上がりますよ。

頻出の「自動詞・他動詞」ミス sheet 260

自動詞と他動詞のミスも頻発！　まとめて練習しましょう。

赤シートを使って言えるかチェック!

attend	会議に出席する × attend to the meeting → O attend the meeting ＊attend to ～は「～の世話をする」の意
teach	フランス語の文法を教える × teach about French grammar → O teach French grammar
arrive	あなたはホテルに着くでしょう。 × You will arrive the hotel. → O You will arrive at the hotel.
call	彼らの番号555-1234に電話すべきです。 × You should call to them at 555-1234. → O You should call them at 555-1234.
check in	RMホテルにチェックインする予定です。 × You will check in the RM Hotel. → O You will check in to the RM Hotel.
discuss	私たちはその計画について話し合います。 × We will discuss about the plan. → O We will discuss the plan.
enter	どうぞ部屋にお入りください。 × Please enter into the room. → O Please enter the room.
graduate	彼女はレイクサイド・カレッジを卒業した。 × She graduated Lakeside College. → O She graduated from Lakeside College.
major	彼女は工学を専攻した。 × She majored engineering. → O She majored in engineering.
mention	そのトピックについて話すのを忘れないように。 × Don't forget to mention about the topic. → O Don't forget to mention the topic.

take place	それはチャルマーズ公園で行われます。 × It will be taken place at Chalmers Park. → ○ It will take place at Chalmers Park. ＊take placeは自動詞の意味で、受け身では使えない
refer	自分の番号を照会できます。 × You can refer your number. → ○ You can refer to your number.
respond	彼があなたの質問に答えます。 × He will respond your questions. → ○ He will respond to your questions.

資料から適切な文を作る sheet 261

先にも述べたように、このセクションでは、資料にある単語から適切な文を作れるかがカギになります。以下は、資料内の名詞を文で表現した例。リピートして練習しましょう。

赤シートを使って言えるかチェック!

□ 11:45 Magic Brush (Demonstration)

He will give a product demonstration of the Magic Brush.
（彼がマジックブラシの製品実演を行います）

□ 2:00 Entry Regulations (Video)

We will show you a video on entry regulations.
（私たちが新規参入規制に関する動画をお見せします）

□ 9 A.M. Panel Speaker Introductions

He will introduce the panel speakers.（彼がパネリストたちを紹介します）

□ 10 A.M. Sales Figures Discussion

We will be discussing the sales figures.（私たちが売上高について論じます）

□ 8:30 Procedure Explanation

He will explain the procedures.（彼が手順を説明します）

□ 9:00 Workshop – Meg Lee

Meg Lee will lead a workshop at 9:00.
（メグ・リーが9時からワークショップを指導します）

☐ Welcome Breakfast (Main Cafeteria)

We will have a welcome breakfast in the main cafeteria.
(メイン・カフェテリアで歓迎の朝食会を行います)

☐ Application (Available Online or at the Student Center)

You can find an application online or at the Student Center.
(申込書はオンラインまたは学生センターで入手できます)

☐ Open Discussion – Michael Lee (Moderator)

The open discussion will be moderated by Michael Lee.
(公開討論はマイケル・リーが司会を務めます)

☐ Registration: $50 (Nonmembers)

If you are not a member, the registration fee is $50.
(会員でない場合、登録料は50ドルです)

トレーニング❷ 前置詞の用法を完璧にする

Q8では、場所や日程、時間について尋ねられることがよくあります。これらについて、正しい前置詞を使って答えられるようにしておきましょう。

▶ in / at / on ＋場所

in……部屋など空間の広がりがある場所や、国・都市など広い範囲について話すときに使います。

in the conference room　in Meeting Room B　in Moore's Hall
in Kansas City　in New York

at……建物などの地点や、比較的狭い場所について話すときに使います。

at the Mounty Library　at the Raymond Theater
at the Riverside Hotel　at the MIBC Business Center
at Park Avenue　at Oakula Bay

on……建物の階数を指すときは、onを使います。

on the first floor　on the third floor

建物の階数は、first floor、second floorのように序数で表します。

例：The workshop will take place in Conference Room B at the Oakland Building in California.（そのワークショップは、カリフォルニアにあるオークランド・ビルディングの会議室Bで行われます）

▶ at ＋時間

「～時に」は、at ～で表します。

begin at 7:00　　start at 9:00　　finish at 6:00 P.M.

例：You are scheduled to visit the Civic Hall at 9 A.M.

（あなたは午前9時に市民会館を訪問する予定です）

▶ on ＋日付

「～日に」は、on ～で表します。

begin on May 5　　start on Monday　　end on September 21

May 5 は fifth、September 21 は twenty-first のように、日付の数字は序数で読みます。

例：The conference will be held at Moore's Hotel on April 2.

（会議は4月2日にムーアズ・ホテルで開催されます）

▶ on ＋曜日

「～曜日に」は、on ～で表します。

例：The workshop is scheduled to be held on Tuesday, October 3.

（ワークショップは10月3日、火曜日に行われる予定です）

「毎週月曜日」など定期的な繰り返しの場合は、曜日の後に複数形のsを付けます。

Tommy's Restaurant	Closed: Mondays

例：They are closed on Mondays. (＝They are closed every Monday.)

（その店は毎週月曜日が休みです）

▶ in ＋月

「～月に」は、in ～で表します。

例：The store will be open in May.（その店は5月にオープンする予定です）

▶ in ＋年

「～年に」は、in ～で表します。

例：They will have their next sporting event in 2020.
（2020年に次のスポーツイベントが行われる予定です）

＊年の読み方に注意！

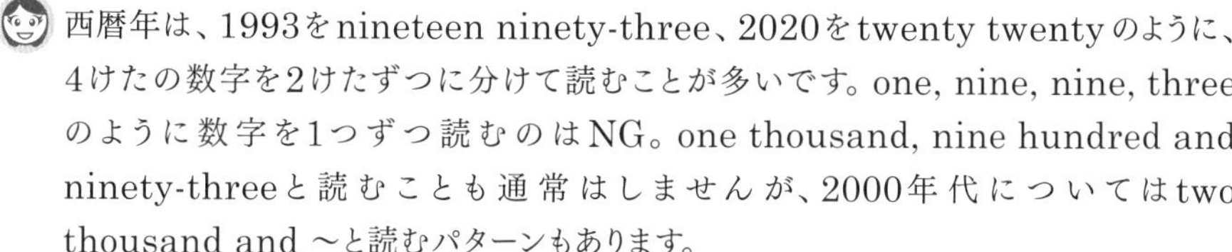
西暦年は、1993をnineteen ninety-three、2020をtwenty twentyのように、4けたの数字を2けたずつに分けて読むことが多いです。one, nine, nine, threeのように数字を1つずつ読むのはNG。one thousand, nine hundred and ninety-threeと読むことも通常はしませんが、2000年代についてはtwo thousand and ～と読むパターンもあります。

例：1993 (nineteen ninety-three)　2000 (two thousand)
2001 (two thousand [and] one)
2012 (twenty twelve / two thousand and twelve)
2020 (twenty twenty / two thousand and twenty)

▶ from ～ to ...（～から…まで）

「～から…まで」は、from ～ to ... で表します。

take place from July 28 to July 30
open from 9:00 A.M. to 6:00 P.M.
be held from Monday to Friday

例：The pool party is scheduled to take place from 10 A.M. to 3 P.M.
（プールパーティーは午前10時から午後3時まで行われる予定です）

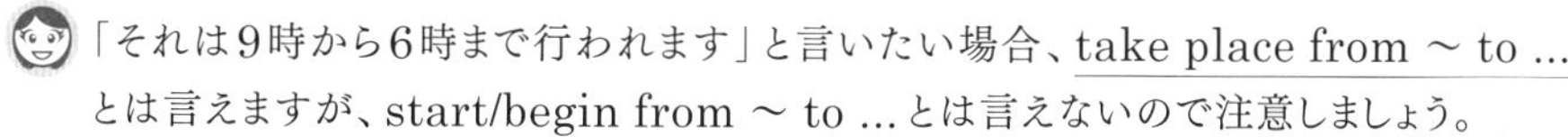
「それは9時から6時まで行われます」と言いたい場合、take place from ～ to ...とは言えますが、start/begin from ～ to ...とは言えないので注意しましょう。

× It will start from 9:00 to 6:00. → ○ It will start at 9:00 and end at 6:00.
× It will begin from March 1. → ○ It will begin on March 1.

▶ until ～（～まで）

「～まで」と期間を表すときは、until ～を使います。

例：The spring sale will be held until 5:00 P.M.（春のセールは午後5時まで開催されます）

▶ for ～（～の間）

「～の間」と期間を表すときは、for ～を使います。
例：He will speak for an hour.（彼は1時間、講演する予定です）

▶ 場所や時間を並べる順番

1つのセンテンスに場所や時間を表す言葉が複数出てくることも、よくあります。英語では、基本的に**細かい情報→大きい情報**の順番に並べます。

例：Classroom A (2F), Student Center

→ In Classroom A on the second floor of the Student Center
（学生センター2階のA教室で）

練習1

問題 262　サンプル 263-274　別冊 p. 53

以下にある資料の一部を見ながら音声を聞き、質問の後のポーズで答えましょう（準備時間各3秒、解答時間各15秒）。

1. Conference Room 2, Gibson Hotel

2. *Art Festival for Kids May 1 - May 15*

3. 9:00 A.M. Opening Speech – Sam Weston

4. **Sales Seminar, Monday, September 1 – New York Business Center**

5. *When:* April 12 (Wed) / 3 P.M. – 9 P.M.
Where: Main Dining Hall, Hillside Hotel

6. 6:00 P.M. – 9:00 P.M. Gala Concert – *Free Shuttle Bus to Ritz Hotel (Gate 2)*

7. 2:00-3:00 One-on-One Assistance
3:00-3:15 Wrap up

8. NOTE: August shooting *CANCELED*
Next scheduled shooting September 10, 3:00 P.M.

9. Sales Skill Training
May 21 (9:00 A.M. - 3:00 P.M.) Room 201

10. Basic French Fridays 7:00 P.M. - 9:00 P.M. Anna Bella

11. Wednesday, 10:00 A.M. Depart San Diego (ABC Air 650)

12. University of Yokohama, Master's Degree, 1997 (Mathematics)

練習2

別冊 p. 57 REC

Q10に答える練習をしましょう。以下の資料を読み、質問を予測します。読み終えたら音声を聞き、ビープ音の後のポーズで答えてください。（準備時間各3秒、解答時間各30秒）

※録音機器を用意して、自分の答えを録音します。その後、録音した答えを聞き、ノートなどに書き取りましょう。

1.【旅程表】 問題 275 サンプル 277

Business Trip Itinerary

Ron Mills

March 23	9:20 A.M. 3:30 P.M.	Check in at Colenso Hotel (2 nights) Meeting – Distribution Network (Hal Davies)
March 24	10:00 A.M. 12:00 P.M.	Leave for Chirnside Warehouse Lunch Meeting — Helen Day (Day Auto)

2.【ワークショップ】 問題 276 サンプル 278

Weekly Manager Training Workshops

Time: 3:30 P.M. **Location:** Conference Room 2

August 14	Improving Productivity	Jim Tanaka
August 21	Monitoring Department Budgets	Paula Roberts
August 27	Writing Monthly Reports	Will Anderson
August 28	Maintaining Employee Morale	Anna Wood
September 4	Workplace Health and Safety	Jennifer Marx
September 11	Employee Evaluations	Jim Tanaka
September 18	Hiring New Employees *(laptop required)*	Anna Wood

質問が聞き取れなかった場合は、どうすればいいですか？

聞き取れた部分を手掛かりに、想像して全力で答えてください。そのほうが、無言よりはまだマシです。話しながら「自分が間違ったことを言っているな」と気付いたら、言い直すこと。

なるほど。

そして、堂々と話すようにね。ボソボソ話すと自分の受け答えに自信がないと見なされ、いい点数が出にくくなります。**常に「目の前にお客さまがいる」と思って話す**といいわね。案内が小声だったら、お客さまは、その担当者を信用してくれないでしょ。

Let's check!

では、最後に総復習のテストをします。第8回、第9回ゼミで学んだ知識を総動員してね！

- p. 163のサンプル問題にもう一度トライしましょう。解答は必ず録音して聞き直し、自己採点（p. 164参照）をしてください。● REC

練習前と練習後の音声を聞き比べてみましょう。代表でヤスの声を、みんなで聞いてみます。

ヤスの解答　練習前 232　練習後 279

すごい！　練習前は答えられていなかったのに、練習後はちゃんと言えてます！

上達しましたね。動詞も上手に使い分けていますし、前置詞も使えるようになってきています。課題があるとしたら、なりきり具合かな。PCに向かって話すとどうしても「きっちり答える」ことを優先して棒読みっぽくなりがちですが、**「電話の向こうの人と話している」という意識を持って話す**と、さらによくなりますよ。

相手を意識したトーク、ですね。分かりました。頑張ります！

実践練習問題

では、総復習として実践問題に挑戦してみましょう。自分の解答は必ず振り返ること。文法や語彙の間違いをそのままにしないように気を付けましょう。

【手順】

①指示文の音声に従い、以下の問題を解きましょう。自分の解答は必ず録音します。

②自分の解答を聞き返し、ノートにディクテーションをします。

③サンプルアンサーを聞き、ノートにディクテーションをします。

④サンプルアンサー（または、サンプルアンサーを参考にしながら自分の解答を修正したもの）がスラスラ出るまで、繰り返し練習をしましょう。

ディレクション 280

Q8-10: Respond to questions using information provided

Directions: In this section, you will use the information provided to answer three questions. You will be given 45 seconds to read all the material before the questions begin. You will be given 3 seconds to prepare after you hear each question. You will be given 15 seconds to answer Questions 8 and 9 but 30 seconds to respond to Question 10. You will hear Question 10 twice.

1. 問題 281 サンプル 286-288 別冊 p. 58 REC

Questions 8-10 of 11

Educational Publishing Seminars

Hoff's Meeting Rooms, August 10, Room 201

Time	Session	Presenter
8:30 - 9:00 A.M.	Welcome Message	Pam Timms
9:00 - 10:00 A.M.	Lecture: Trends in Books	Steven Blake
10:00 - 11:00 A.M.	Lecture: Finding Qualified Writers	Phil Saxty
Noon	Lunch	
1:00 - 2:00 P.M.	Discussion: Publicizing New Books (Booklet provided)	Steven Blake
2:00 - 3:00 P.M.	Lecture: Faster Fact Checking	Emily Dodman
3:00 - 4:00 P.M.	~~Updating Outdated Books~~ (Canceled)	~~Lisa Wu~~
4:00 - 5:00 P.M.	Workshop: Books with Technology	Doug Goody

PREPARATION TIME
00:00:45

PREPARATION TIME	PREPARATION TIME	PREPARATION TIME
00:00:03	00:00:03	00:00:03
RESPONSE TIME	RESPONSE TIME	RESPONSE TIME
00:00:15	00:00:15	00:00:30

2. 問題 282 サンプル 290-292 別冊 p.60 ● REC

Questions 8-10 of 11

Spring Festival

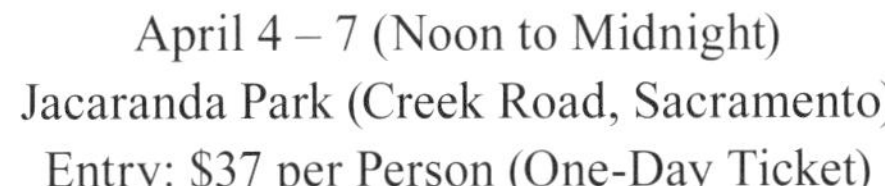

April 4 – 7 (Noon to Midnight)
Jacaranda Park (Creek Road, Sacramento)
Entry: $37 per Person (One-Day Ticket)

Schedule for April 5

From Noon to 5:00 P.M.

Time	Event	Location
12:00 P.M.	Mills and Wills Comedy Duo	Main Stage
1:45 P.M.	Cool Catz Mini Rock Concert	Main Stage

From 5:00 P.M. to 9:00 P.M.

Time	Event	Location
5:00 P.M.	*By the By* — Theatrical Production	Open-Air Theater
8:00 P.M.	Thornton Choir (Reservation required)	Open-Air Theater

From 9:00 P.M. to Midnight

Time	Event	Location
9:00 P.M.	Riverside Fireworks Display	Aster River
10:00 P.M.	Greenway Short Film Competition	Main Stage

♪ ♪

PREPARATION TIME
00:00:45

PREPARATION TIME	PREPARATION TIME	PREPARATION TIME
00:00:03	00:00:03	00:00:03

RESPONSE TIME	RESPONSE TIME	RESPONSE TIME
00:00:15	00:00:15	00:00:30

3. 問題 283 サンプル 294-296 別冊 p. 62 ● REC

Branson's Restaurant

Schedule for Wednesday, November 19

Lunch Service

11:00 A.M. – 3:00 P.M. (Last order 2:30 P.M.)

Dinner Service

6:00 P.M. – 11:00 P.M. (Last order 10:30 P.M.)

Group Bookings

Time	Booking Name	Guests	Details
11:30 A.M.	Holden	12	Private Room A (Guests will dine from the buffet)
12:30 P.M.	Chang	6	Main Dining Room — Table 6 (Guests will choose from the menu)
7:00 P.M.	Wilson	8	Private Dining Room B (Seafood Banquet Plan A)
8:00 P.M.	Singh	11	Private Room A (Guests will choose from the menu)

PREPARATION TIME
00:00:45

PREPARATION TIME	PREPARATION TIME	PREPARATION TIME
00:00:03	00:00:03	00:00:03
RESPONSE TIME	RESPONSE TIME	RESPONSE TIME
00:00:15	00:00:15	00:00:30

Questions 8-10 of 11

Calvin Stallard

732 Oxenfield Way, East Adelaide, SA
Phone: (08) 555- 8323

Education
University of Sterlington — Bachelor of Computer Science 2010

Skills & Proficiency
Formosa Software - Certified Expert
Proficient in Chinese and Japanese

Professional Experience
BM Entertainment, Oct. 2014-Present
- game developer
Nileways Online Shopping, Apr. 2011-Sep. 2014
- assistant administrator

PREPARATION TIME
00:00:45

PREPARATION TIME	PREPARATION TIME	PREPARATION TIME
00:00:03	00:00:03	00:00:03

RESPONSE TIME	RESPONSE TIME	RESPONSE TIME
00:00:15	00:00:15	00:00:30

HOME 宿題 WORK

まず、今日学習したことをしっかり復習してください。復習ができたら、追加で以下の問題2セットを、テスト本番と同じ要領で解きましょう。自分の解答は録音して、サンプルアンサーの音声と聞き比べてください。サンプルアンサーと訳は無料でダウンロードできます(p. 16参照)。

1. 問題 629 サンプル 632-634 REC

The Annual Moreno Video Production Conference

Spelling Convention Center
Saturday, September 19

Time	Event
8:30 A.M. - 9:00 A.M.	Registration*
9:00 A.M. - 10:00 A.M.	Industry Forecast (Max Cundy)
10:00 A.M. - 11:00 A.M.	Workshop: Reducing Production Costs (Dora Salinger)
11:00 A.M. - noon	Bidding for Contracts (Walter Bowden)
Noon - 1:30 P.M.	Networking Lunch
1:30 P.M. - 2:30 P.M.	New Technologies (Tim Ling)
2:30 P.M. - 3:30 P.M.	Workshop: Creating Realistic Production Schedules (Paul Peterson)
3:30 P.M. - 4:30 P.M.	Hiring Freelance Talent (Aki Odanaka)

* Required to show an ID when registering.

2. 問題 630 サンプル 636-638 REC

Tim's Toys Kids' Day

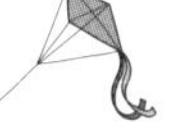

Join the party!

Where: Grand Pines Park When: July 23, 11:30 A.M. - 4:00 P.M.

Activities

11:30 A.M.-12:30 P.M.	Enjoy a Barbeque Lunch (Outdoors)
12:30 P.M.-1:30 P.M.	Make Ice Cream (Indoors)
1:30 P.M.-2:30 P.M.	Build a Castle out of Plastic Blocks (Indoors)
2:30 P.M.-4:00 P.M.	Make and Fly a Kite (Outdoors)

Admission:

7- to 12-year-olds $10

Free for children under 7 years of age

The barbeque lunch and the kite-flying will be outdoors. Please dress appropriately for the summer heat.

Speaking Test

第10回ゼミ Q11 意見を述べる問題 基礎編

Q11 Express an opinion

今回の学習テーマ

問題の概要を把握し、解答の型の基本を定着させる

さて、いよいよ最後のセクション。「意見を述べる問題」、60秒のスピーチです。

スピーチ、なかなか上達しません。

このセクションは、実は一番伸びにくいんです。しかも、いきなりスピーチの練習をしたり、やみくもに暗唱したりすると、さらに伸びにくくなります。**正しい練習を正しい順番でしなければ伸びが鈍る、注意すべきセクション**と言えます。

怖すぎます…。

大丈夫。**正しい方法で練習すれば、必ず伸びる**から。ハードだけど、やれば感動的に成長しますよ。

おー、楽しみです！

問題形式

問題数　1問
解答時間　60秒（準備時間は45秒）
すること　あるテーマについて、自分の意見とその理由を述べる
必要なCAFレベル　複雑さ★★☆　正確さ★★☆　流暢さ★★☆　バランス重視！
メモの活用　○（p. 222参照）

解答の流れ

TOEIC Speaking　VOLUME

Question 11: Express an opinion

Directions: In this section, you will express your opinion on a certain topic. You will be given 45 seconds of preparation time and then 60 seconds to speak. Try to say as much as you can in that time.

① ディレクション（問題の指示文）が画面に表示され、ナレーターがそれを読み上げる。

TOEIC Speaking　Question 11 of 11　VOLUME

When learning a new skill, some people believe that attending classes and learning with a teacher is better. Others believe that learning by themselves using books is better. Which do you think is better and why? Use specific reasons or examples to support your opinion.

PREPARATION TIME	RESPONSE TIME
00:00:30	00:01:00

②質問文が聞こえてくるとともに、画面にも表示される。ナレーターがBegin preparing now.と言い、ビープ音が鳴るので、準備を開始【45秒】。

③ナレーターがBegin speaking now.と言い、ビープ音が鳴ったら、解答を開始【60秒】。解答時間が終わると、テストが全て終了。

テスト終了後は、自分の声がきちんと録音されているか、全セクションの音声をチェックすることができます。全て聞き直し、自分の答えを振り返っておきましょう！

サンプル問題にトライ！

では、アウトプットファースト！　何はともあれ、やってみましょう。録音機器を用意して、自分の答えを録音してください。その後、録音した答えを聞き、ノートなどに書き取りましょう。p. 222を参考に、準備時間中のノートテイキング（メモ取り）にも挑戦してみましょう。

ディレクション 301　問題 302 

Question11: Express an opinion

Directions: In this section, you will express your opinion on a certain topic. You will be given 45 seconds of preparation time and then 60 seconds to speak. Try to say as much as you can in that time.

When learning a new skill, some people believe that attending classes and learning with a teacher is better. Others believe that learning by themselves using books is better. Which do you think is better and why? Use specific reasons or examples to support your opinion.

PREPARATION TIME	RESPONSE TIME
00:00:45	00:01:00

指示文の訳：このセクションでは、あるトピックについて自分の意見を表明します。準備時間として45秒、話す時間として60秒が与えられます。時間内にできるだけ多く話すようにしてください。

自分の答えを書き取ってください。別にノートなどを用意して書き取るのがお勧めです。

難しい…。質問は分かるんですけど、答えが出ないんです。日本語でも無理かも…。

日本語で出ないものは、英語でも出ませんね。**まずは母語でいいので、思考力を鍛える練習から始めましょう。**第1回ゼミでも話したとおり、英語でも日本語でも**根底にあるのは「思考力」**。思考力がなければ、何も出てきません。「思考力を鍛える→地道なインプット練習→大量のアウトプット練習」という順番ね。

た、大量…ですか。

何か問題ある？

いえ、ありません…。

では、自己採点をしましょう。

自己採点しよう！ 120点超えはチェック4個以上を目標に

できた項目にチェックしてください。	☑
1. 質問されている内容がすぐに理解できた	☐
2. 解答中に3秒以上の無言時間がなかった	☐
3. 自分の「意見」と、意見の裏付けとなる「理由」が言えた	☐
4. 「理由」の「詳細や具体例」が言えた	☐
5. 発音やイントネーション、アクセントが自然だった	☐
6. 適切な単語が使えた	☐
7. 意味が分かりにくくなるほどの文法ミスはなかった	☐

7の「意味が分かりにくくなるほどの文法ミス」ってどの程度ですか？

言っていることが意味不明、というレベル。**逆にちょっとしたミスは、このセクションでは大丈夫**ってことです。例えば、3単現のsを忘れたところで、その文の意味は分かるでしょ。でも、動詞が抜けていたり、語順が間違っていたりすると、途端に意味不明な文と化してしまいます。とは言え、このセクションは文法の精度よりも「内容」や「流暢さ」が重要。「論理的か」、「スムーズか」に意識を向けることが大切です。

意見を述べる問題の採点ポイント

●採点項目

発音、イントネーション・アクセント、文法、語彙、一貫性、内容の妥当性、内容の完成度

●採点基準

採点スケール	採点ポイント
5	解答は自分の選択や意見を明確に示しており、その理由づけは容易に理解することができ、また、継続的に話されており、一貫性がある ●理由や詳細、論拠または例を提示することで、自分のとった選択や意見に対する裏づけがなされており、考えのつながりは明確である ●全体的にほどよいペースではっきりと話されている。発音、イントネー ションに些細なミスやわずかな問題はあるが、全体の理解を妨げるものではない ●基本的な構文も複雑な構文も（必要に応じて）自由に使うことができる。些細なミスが時折見受けられるが、意味をわかりにくくするものではない ●語彙・語句の使い方は多少正確でない場合もあるが、効果的に使っている
4	解答は明確に自分の選択や意見を示しており、それらを十分に裏づけまたは展開できている ●自分のとった選択や意見の理由を説明できているが、説明は十分には展開されていない。ところどころで間違いはあるものの、考えのつながりはほぼ明確である。 ●発音、イントネーション、ペースにわずかに問題があり、聞き手が理解しづらい箇所もある。ただし、全体の理解が大きく妨げられることはない ●比較的自由かつ有効に文法を使いこなせるが、使用する構文がやや限定的である ●語彙・語句をかなり効果的に使えるが、不正確・不明確なものもある

3	自分のとった選択や好み、意見を提示できているが、それらを展開したり裏づけすることに限りがある ●自分の選択、好み、意見を支持する理由を最低1つは提示している。しかし、詳細な説明はほとんどなく、同じ内容の繰り返しにすぎない。また、あいまいではっきりしない ●話す内容は基本的にわかるが、発音が不明瞭だったり、イントネーションがぎこちない、またはリズムやペースが不規則なため、ところどころ意味がはっきりせず、聞き手は理解に苦労する ●使える文法に限りがある。うまく流暢に使っているのは基本的な構文がほとんどである ●使用できる語彙・語句は限られている
2	課題に関連する自分の選択や好み、意見を示してはいるが、その理由を提示していない、またはその理由がわかりづらく一貫性がない ●発音、アクセント、イントネーションに終始問題があり、聞き手はかなり 理解に苦労する。断片的で途切れがちな話し方、また長い間があいたり、口ごもることがたびたびある ●使用できる文法が非常に限られていて、言いたいことを表現したり、思考の流れを明確に表現することができない ●使用できる語彙・語句はかなり限られており、繰り返しが多い
1	課題や設問文をそのまま読み上げているだけである。課題が要求する自分の意見や選択、好みを示すことができない。単語のみ、またはフレーズのみ、あるいは母国語と英語を混ぜて答えている
0	無解答、もしくは解答の中に英語が含まれていない、またはテストと全く関係ないことを答えている

●目標スケール　190～200点➡**5**　160～180点➡**4**
130～150点➡**3**　110～120点➡**3**

3人の解答をチェック！

では、みんなの解答をチェックしてみましょう。まずは、問題文の意味を確認します。

問題 303

When learning a new skill, some people believe that attending classes and learning with a teacher is better. Others believe that learning by themselves using books is better. Which do you think is better and why? Use specific reasons or examples to support your opinion.

訳 新しいスキルを身につける際、授業を受けて教師から習う方がいいと思う人もいます。一方、本を利用して自分で学ぶ方がいいと思う人もいます。あなたはどちらがいいと思いますか、そしてそれはなぜですか？ 意見の根拠となる具体的な理由や実例を挙げてください。

マイ（160点）の解答 304

When learning a new skill, for me, attending classes and learning with a teacher is better than learning by myself by using books. I have two reasons for this. At first, if I have a, if I have some questions, I can ask my teacher or other students in person. So, maybe I will be able to get as a correct answer at the same time. And second, learning by myself, it is sometimes difficult for me to continue to study. Because maybe I have something, for example district–distracted by many things, for example, eating something or watching television. That's why I would like to learn a new skill to attend classes and learning with a teacher with my other attendees.（7文、117語）

【主な改善点】

by using books → using books　as a correct answer → answers

have something → will be　for example → 不要

to learn ... and learning → to attend classes to learn a skill and learn

with my other → and the other

意見も理由もしっかり言えていて、いいですね。

後半、2つ目の理由はあまりうまく言えませんでした。

そうね。特に、Because maybe ... watching television. の1文は、ちょっと意味が分かりづらいですね。最後の文も分かりづらいです。That's why I would like to attend classes to learn a new skill とするか、コピペ対応をするといい

第10回ゼミ 意見を述べる問題 基礎編

です。コピペ対応のやり方は、基本的に応答問題と同じです。第6回ゼミのp. 128を参照してね。

ヤス（120点）の解答 305

Uh, I think learning by myself using books is the best, is the best. I have some, I have some reasons for, for supporting it. First, if I read book to learn something, to learn something, I can use my spare time, I can use my spare time, uh, flexibly. And I can, I can do the commuting time is allotted to, to uh, to the reading books. Uh, so reading books is a best way to, to learning something new skill. Uh, so ... （5文、57語）

【主な改善点】

for supporting it → supporting this idea　book → books

I can ... to the → I can allot my commuting time to

a best way → the best way　to learning something → for me to learn a

ヤスも、最後の締めがグダグダになっているわね。reading books is the best way for me to learn a new skillと言いたかったのよね？

はい。今考えれば別に難しい文じゃないのに、パニクってしまいました。しかも、本当は「学校で勉強する方がいい」と言いたかったんですが、根拠をうまく説明できそうにないと思ってやめたんです。

そこはGood。本当の意見を言うのがベストだけど、その瞬時の判断は素晴らしい。

でも、結局グダグダに…。

まずは、アイデアをどんどん出す練習からしましょう。難しいことを言おうとすると表現が浮かばず、結局止まることになるので、なるべくシンプルな理由や分かりやすい具体例を出す練習から。そうすれば言いよどみが減り、自然と語数が増えるので、採点スケール4も目指せますよ。

ナオ（90点）の解答 306

I think attending classes and learning with a teacher is a best way, uh, is better way. Because if, if I, if I can't understand the problem, uh, classmate or teacher can teach me in another point of view. Then, if I study only, uh, I often think ... （3文、38語）

【主な改善点】

a best way → the best way　better way → a better way

classmate → my classmates　teach me in → show me

意見は言えていますね。でも、そう思う理由（2文目以降）が分かりづらいので、これでは採点スケール2になります。あともう少しだから、練習すればスケール3もいけそうだよ！

頑張ります！

サンプルアンサーと自分の答えを比べてみよう

では、レベル別のサンプルアンサーを聞いて、ディクテーションしてみましょう。

サンプルアンサー　Levels ⑤～⑥　307

110～150点目標！

サンプルアンサー　Levels ⑤～⑥　307

I think attending classes and learning with a teacher is better. This is because I can ask the teacher questions. I have a hard time understanding everything in a book, so I like having a teacher who can answer my questions and explain everything. Also, I enjoy talking to people. Usually, there are others in the class when we learn from a teacher. I like hearing what the other students say because they might give me good ideas. For these reasons, I think it is better to attend classes and learn with a teacher when learning a new skill.（7文、99語）

訳　授業を受けて教師に教わる方がいいと思います。それは、教師に質問できるからです。私は本から全てを理解するのは難しいので、質問に答えて全部説明してくれる教師がいるといいです。それに、私は人と話すのが楽しいのです。普通、教師から習うときにはクラスに他の人もいます。いいアイデアがもらえることもあるので、他の生徒たちの話を聞くのが好きです。こうした理由から、新しいスキルを身につけるときは、授業を受けて教師から教わる方がいいと考えます。

サンプルアンサー　Levels ⑦～⑧　308

サンプルアンサー　Levels ⑦～⑧　308

160点以上目標!

I think that the best way to get a new skill is to learn by yourself using books. Firstly, books are much cheaper than joining a class. There are books on almost every topic, and they are written by professionals with very deep knowledge. I don't think you should spend a huge amount of money when you can learn the same things from books. Secondly, by reading books I can study at my own pace. If I find a topic easy, I can soon move to the next topic. If I find a topic hard, I can read it again and again until I understand. Teachers are not always patient or easy to understand. For these reasons, I prefer using books to attending classes when learning a new skill.（9文、129語）

訳 新しいスキルを身につけるのに一番いい方法は、本を利用して自分で学ぶことだと思います。第1に、本は授業を受けるよりもずっと安く済みます。ほとんどのテーマに関する本があり、それらはとても詳しい知識を持った専門家によって書かれています。同じことを本から学べるのに、大金をかける必要はないと思います。第2に、本を読むことで、自分のペースで勉強ができます。あるテーマが簡単だと感じたら、すぐ次のテーマに進むことができます。あるテーマが難しいと感じたら、分かるまで何度も繰り返し読むことができます。教師はいつも辛抱強いわけでも分かりやすいわけでもありません。こうした理由から、新しいスキルを身につけるときは、授業を受けるよりも本を利用する方がいいと思います。

語注 □ patient: 我慢強い

Levels 5-6のI like having a teacher who can answer my questions（3行目）は、まさにこう言いたかった！　I like ～で言えるんですね。

この文のwhoのように関係詞を使って複文を作ると、採点スケール5に近づきますよ。

僕はLevels 7-8のI can study at my own pace.（5行目）が言えてたらなぁ。

これも汎用性の高い表現ね。ぜひ覚えて、自動化してください。

Levels 5-6のサンプルアンサーでも、十分に高いスケールが出そうですね。

そうね、発音やペースがよければ採点スケール4は出ます。スケール5を出すなら、語数を多くして、話すペースも上げる必要があります。

ちょっと大変そうだけど、頑張ってちゃんと答えられるようになりたいな。

一緒に頑張りましょう。「意見を述べる問題」の練習は英検やその他の英語の試験にも応用できるし、練習することで話題が豊富になります。思考を鍛え、鈍化した頭を活性化させましょう。**最後には「英語が止まらない!」という状態になる**から楽しみにね。

意見を述べる問題のゼミ第10・11回を通して、こんなことができるようになる!

- CAFが等しく上がり、バランスのとれたスピーキング力がつく
- ある程度長い時間でも、止まらず流暢な発話を続けられる
- 複雑または抽象的な話題であっても明確に意見を述べることができる
- ビジネスの場面にふさわしい話題にもついていける
- 英語という言語背景に合った論理構成で話すことができる

Q11 意見を述べる問題の攻略法

攻略1 スピーチの型にはめる

英語スピーチの効果的な型を身につける。

意見（1文）→ つなぎ（1文）→ 理由1（1文）→ 詳細1（1～2文）→ 理由2（1文）→ 詳細2（1～2文）→ まとめ（1文）

攻略2 意見や具体例のストックを増やす

思考力を鍛える！ アイデアがない、という状態を作らない。

攻略3 途中で止まらずに話し続ける

論理的な展開を作るための効果的なフレーズを挟みながら、止まらない工夫をする。語数の目標は120～150点目標なら100語（7～9文）前後、160点以上が目標なら130語（9文）前後が目安。

攻略4 同じ表現を繰り返さない

パラフレーズ（言い換え）して、語彙の複雑さをアピール。

攻略5 文法に意識を向けすぎない

CAFのバランスが大切。話すときは文法などの「正確さ（A）」に意識を向けすぎないように。

攻略6 ミスの化石化を防ぐ

ミスは練習段階でとことんつぶす。スピーチを書き出して、ミスを化石化させないように修正する。

次ページから、上記の攻略ポイントをクリアするトレーニングに取り組みましょう！ 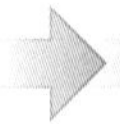

トレーニング❶ 質問タイプを知る

意見を述べる問題では、よく聞かれる定番の質問タイプがあります。以下の質問タイプをあらかじめ頭に入れておくと、何を聞かれても慌てず落ち着いて対応できます。

▶ 意見を述べる問題・質問タイプ

Agree・Disagree問題 ……… 賛成か反対か

例：Do you agree or disagree with the following statement? *A good leader is an active listener.*
（次の意見に賛成ですか、反対ですか？ 「いいリーダーは聞き上手である」）

2択問題 ……… 好きなのはどちらか

例：Which do you prefer: working in a city or in the countryside?
（次のうちどちらが好きですか？ 「都市部で働くか、田舎で働くか」）

3択問題 ……… 最も重要なものは何か

例：Which of the following is the best way to get news?
Television / Social Media / Newspaper
（次のうち、ニュースを得る最良の方法はどれですか？ テレビ／ソーシャルメディア／新聞）

Advantage・Disadvantage問題 ……… 長所と短所は何か

例：What are some advantages/disadvantages of smartphones?
（スマートフォンの長所［短所］は何ですか？）

長所と短所の両方を聞かれることもあります。

If問題 ……… もしも～ならどうするか

例：If you could change one thing in your community, what would you like to change?（もしあなたの地域で何か1つ変えられるとしたら、何を変えますか？）

その他、Do you think ～？やIs it better to ～？などのYes/No疑問文が出されるときもあります。どの質問タイプでも、果てしない選択肢の中から意見を言うのではなく、ある程度、**範囲を狭めた上でどれを選ぶか尋ねられる**形になります。

応答問題（Q5～7）と似ていますね。違いは何ですか？

応答問題は、身近な話題が中心だったでしょ。このセクションでは、**より社会性が高いトピックや抽象的なトピック**が出ます。最近話題となっているテーマも出やすいですね。例えば「勉強」について聞かれる場合、応答問題だったら「どこで勉強するのが好きですか?」。意見を述べる問題だと、「授業に最新テクノロジーを活用することで学びが効率化されると思いますか?」のように聞かれるわね。

どんなトピックが出やすい、というのはありますか?

ビジネス系とそれ以外が半々くらいかな。

ビジネス系って苦手です。あまり興味がなくて…。

普段避けているようなトピックは、逆に練習した方がいいわね。興味がないトピックについて話す可能性は十分にあるから。好きなトピックだけに絞った練習はしないように。

僕はビジネス系、得意です。でも、アイデアはいろいろ思い付くものの、うまくまとめられないことも多いです。

得意なトピックほど、あれこれ盛り込みたくなってまとまらないもの。ポイントは、真剣になりすぎないこと。気持ちをグッと押さえて、**本当に重要なことだけを言ってね**。

トレーニング❷ スピーチの型と定番フレーズをチェック

日本語と英語では、論理の組み立て方が異なる場合があります。例えば、日本語では「起承転結」にのっとって最後に結論を持ってくることがよくありますが、英語では**最初に結論を言い、その後で理由を説明する**のが基本の形です。意見を述べる問題でも、以下の「型」にのっとってスピーチを作るようにします。

▶ 英語のスピーチの型

意見	自分の意見
(つなぎ)	⬇
理由1	意見の裏付けとなる1つ目の理由
詳細1	理由1を説明する詳細や具体例
	⬇
理由2	意見の裏付けとなる2つ目の理由
詳細2	理由2を説明する詳細や具体例
	⬇
(まとめ)	最初に述べた自分の意見を繰り返す

「理由」と「詳細」を述べる上では、**ディスコースマーカー**（下記）を積極的に使うことをお勧めします。ディスコース（discourse）は「話法、談話」、マーカー（marker）は「しるし、指標」という意味。たとえば、however（でも）、in fact（実のところ）、for example（例えば）のように、**論理展開の目印となるフレーズ**のことです。以下のようなディスコースマーカーを使うと、聞き手にとって論理の展開が分かりやすくなるのはもちろん、自分の頭の中でも論理的な組み立てができるようになり、スピーチ全体の精度が上がります。

▶ ディスコースマーカー 309

理由を言う

- Because ～ / It's (That's) because ～ / This is because ～ / I say so because ～ / The reason is that ～（なぜなら～）

順序立てて説明する

- First, / First of all, / Firstly,（初めに）
- Second, / Secondly, / Next,（次に）
- Most of all,（何よりも、とりわけ）

追加する

- And / Also,（それから、また）
- In addition, / Furthermore, / On top of that,（さらに、加えて）

具体例を言う

- For example, / For instance,（例えば）
- In my case,（私の場合は）
- For me,（私にとっては）

逆説を言う

- But / However,（でも）
- On the other hand,（その反対に）
- It is true that ～, but ... / Of course ～, but ...（確かに～ではありますが…）

まとめを言う

- So, / Therefore, / Thus, / That is why ～（ですから、そのようなわけで～）
- In short, / To sum up,（要約すると、まとめると）
- In conclusion,（結論として）
- As a result,（結果として）
- Once again,（繰り返しますが）

トレーニング❸ 「意見」と「つなぎ」を言う

ここからは、意見 理由 詳細 といったスピーチの要素ごとに、効果的に使えるフレーズを見ていきます。まずは、意見 と つなぎ から。

意見（1文） → つなぎ（1文） → 理由1（1文） → 詳細1（1～2文） → 理由2（1文） → 詳細2（1～2文） → まとめ（1文）

意見 出だしのフレーズ

このセクションの重要採点ポイントは、「自分の選択や意見を明確に示しているかどうか」。自分の意見を明確にし、出だしではっきりと述べることが超重要です！

Agree・Disagree問題

- I agree/disagree that ～.（～に賛成［反対］です）
- I agree/disagree with the statement that ～.（～という主張に賛成［反対］です）

2択・3択問題

- I prefer ～.（～の方が好きです）
- I think that ～ is the most important ...（～が最も重要な…だと思います）

Advantage・Disadvantage問題

- There are many advantages/disadvantages of ～. /
  ～ has numerous advantages/disadvantages.
  （～には多くの長所［短所］があります）

If問題

- If ～, I would ...（もし～だとしたら、私は…するでしょう）

意見の文はコピペ対応（p. 128参照）がお勧めですが、質問が長くコピペしづらい場合は、無理にコピペをせず自分の意見をズバッと言いましょう。

つなぎ 理由を言う前のフレーズ

意見 を述べた後で、次のような つなぎ を挟んでもOK。ただし、つなぎ は言わなくても構いません。

- I have several reasons to support my opinion. / Here are some reasons to support my opinion.
  （私の意見の根拠となる理由がいくつかあります）
- There are two reasons.（理由は2つあります）
- I have two points.（2つの論点があります）
- In my opinion, these are some of them.
  （私の意見では、以下がそれ［理由や長所など］の一部です）

練習1 問題 310 サンプル 311-312 別冊 p.66

問題音声を聞き、下記の質問に対して、ビープ音の後のポーズ（15秒）ですぐに 意見 と つなぎ を言ってみましょう。

Q1. If your employer asked you to move to an overseas office, would you regard that as a positive or a negative?

Q2. Which of the following is more important for customer service staff: good communication skills or a high degree of knowledge about the products and services?

トレーニング❹ 「理由1」「理由2」を作る

最初にビシッと意見を言えたら、次はその理由。意見 の裏付けとなるような 理由 を2つ加えましょう。

意見（1文）→ つなぎ（1文）→ 理由1（1文）→ 詳細1（1～2文）→ 理由2（1文）→ 詳細2（1～2文）→ まとめ（1文）

理由 に入れる内容は、何でもいいですか？　変なこと言って減点されないかなぁ…。

社会的にマズいことを言うのでなければ、**内容で減点されることはありません。**論理的に破綻しているとダメだけどね。

理由 は、2つ言えないと減点ですか？

1つでも大丈夫よ。1つの方が話しやすいトピックもあるしね。ただし、理由 が1つの場合はその後に続ける 詳細 を多めにしてください。**練習のときは常に** 理由 **を2つ考えるようにしておくと**、アイデアを出す練習にもなるのでお勧めです。

練習2

別冊 p.66

以下の質問には つなぎ まで書いてあります。続けて 理由 を2つ、まずは日本語で答えを書き、その後に英語で書きましょう。書けたら問題音声を再生し、ビープ音の後のポーズ(30秒)で答えてください。

Q1. 問題 313 サンプル 317

If your employer asked you to move to an overseas office, would you regard that as a positive or a negative?

意見 If my employer asked me to move to an overseas office, I would regard that as a positive.

つなぎ Here are some reasons to support my opinion.

理由1 日本語:＿＿＿＿＿＿＿＿

英語:＿＿＿＿＿＿＿＿

理由2 日本語:＿＿＿＿＿＿＿＿

英語:＿＿＿＿＿＿＿＿

Q2. 問題 314 サンプル 318

Which of the following is more important for customer service staff: good communication skills or a high degree of knowledge about the products and services?

意見 I think a high degree of knowledge about the products and services is more important for customer service staff.

つなぎ I have two reasons to support my idea.

理由1 日本語:＿＿＿＿＿＿＿＿

英語:＿＿＿＿＿＿＿＿

理由2 日本語:＿＿＿＿＿＿＿＿

英語:＿＿＿＿＿＿＿＿

Q3. 問題 315 サンプル 319

What are some advantages and disadvantages of living in a large city?

意見 There are several advantages and disadvantages of living in a large city.

つなぎ In my opinion, these are some of them.

長所 日本語：＿＿＿＿＿＿＿＿
英語：＿＿＿＿＿＿＿＿

短所 日本語：＿＿＿＿＿＿＿＿
英語：＿＿＿＿＿＿＿＿

長所と短所が聞かれる場合は 理由1 の位置に長所、理由2 の位置に短所を入れます。

Q4. 問題 316 サンプル 320

Do you think creativity should be taught as a subject at school?

意見 I think creativity should be taught as a subject at school.

つなぎ I have two points.

理由1 日本語：＿＿＿＿＿＿＿＿
英語：＿＿＿＿＿＿＿＿

理由2 日本語：＿＿＿＿＿＿＿＿
英語：＿＿＿＿＿＿＿＿

トレーニング⑤ 「理由」に「詳細」を加える

理由 までは何とか浮かぶにしても、その後が…。

理由 をサポートする 詳細 は、採点スケール4以上を取るためのマスト条件です。

簡単な文でもいいですか？

問題ありません。理由 に対する**例や体験談をなるべく具体的に**述べてみましょう。目指す点数にもよりますが、なるべくそれぞれの 理由 に最低でも1文。Levels 7-8を目指すなら、それぞれ2文以上を目標に。

でも、アイデアが浮かびにくいです。

慣れです。思考力を鍛えましょう。

どうやって鍛えるんですか？

思考は基本的に母語で行われます。まずは日本語でいいので、**常に何かを考える癖をつけること**。テレビを見ていても、本を読んでいても、人と話していても、常に自分の意見を考えてみるといいでしょう。どんなトピックでも自分の意見が出るようにしておけば、徐々に英語でも出てくるようになります。

練習3

別冊 p. 68

以下の質問には 理由 まで書いてあります。続けて 詳細 を、まずは日本語のキーワードで書き出しましょう。その後、キーワードを基に英文を書きましょう。書けたら問題音声を再生し、ビープ音の後のポーズ(60秒)で答えてください。

Q1. 問題 321 サンプル 325

If your employer asked you to move to an overseas office, would you regard that as a positive or a negative?

意見 If my employer asked me to move to an overseas office, I would regard that as a positive.

つなぎ Here are some reasons to support my opinion.

理由1 Firstly, it would be exciting to live and work in a foreign country.

詳細1 キーワード: ____________________

英文: ____________________

理由2 Secondly, my hobby is traveling.

詳細2 キーワード: ____________________

英文: ____________________

Q2. 問題 322 サンプル 326

Which of the following is more important for customer service staff: good communication skills or a high degree of knowledge about the products and services?

意見 I think a high degree of knowledge about the products and services is more important for customer service staff.

つなぎ I have two reasons to support my idea.

理由1 Firstly, customers call customer service to resolve their problems quickly.

詳細1 キーワード: ____________________

英文: ____________________

理由2 Secondly, I don't trust people who are too friendly and too talkative.

詳細2 キーワード: ____________________

英文: ____________________

Q3. 問題 323 サンプル 327

What are some advantages and disadvantages of living in a large city?

意見 There are several advantages and disadvantages of living in a large city.

つなぎ In my opinion, these are some of them.

長所 One advantage of living in a large city is that city life is fun.

詳細1 キーワード：________________

英文：________________

短所 One disadvantage of living in a large city is the cost.

詳細2 キーワード：________________

英文：________________

Q4. 問題 324 サンプル 328

Do you think creativity should be taught as a subject at school?

意見 I think creativity should be taught as a subject at school.

つなぎ I have two points.

理由1 Creativity is a very valuable asset in many careers.

詳細1 キーワード：________________

英文：________________

理由2 Creativity changes students' behavior for the better.

詳細2 キーワード：________________

英文：________________

詳細2 の後に まとめ を入れると、リスナーフレンドリーな聞きやすい解答となります。ただし、まとめ はマストではなく余裕があればでOK。まとめ を言う場合は、p. 215のディスコースマーカーを使いつつ、意見 で言った文の繰り返しでOKです。上級者は意見文のパラフレーズ（言い換え）にも挑戦しましょう。

Q11 意見を述べる問題
ノートテイキングの仕方

うまく活用するとスコアアップに直結するノートテイキングの仕方を教えます。

意見を述べる問題は、ノートテイキングを活用することでグンと答えやすくなります。アイデアを文字として可視化することで頭の中を整理することができ、話すときに論点から外れたり、大幅に脱線したりするのを防ぐこともできます。**上手なノートテイキングができるかどうかによって、結果に大きな差が出る**でしょう。

【手順】

① 質問の読み上げが終わると同時に、用意されているメモ用紙に自分の 意見 のキーワードを書き出します。このとき、決してセンテンスで書かないように注意してください。準備時間は45秒しかないので、書くことに集中しすぎると時間切れになってしまいます。

② 次に、理由1、理由2 のキーワードを同じくメモ用紙に書き出します。理由は1つだけでもOKです。

③ 理由 に対する 詳細 のキーワードを書き出します。

＊メモは英語、日本語、記号、略語などを駆使するといいでしょう。

例えば、p. 203「サンプル問題」に以下のように答えたい場合

意見 I think attending classes and learning with a teacher is better. 理由1 This is because I can ask the teacher questions. 詳細1 I have a hard time understanding everything in a book, so I like having a teacher who can answer my questions and explain everything. 理由2 Also, I enjoy talking to people. 詳細2 Usually, there are others in the class when we learn from a teacher. I like hearing what the other students say because they might give me good ideas. まとめ For these reasons, I think it is better to attend classes and learn with a teacher when learning a new skill.

メモ（赤字部分）は以下のように取ります。

attend
- ask Q
  hard りかい 本
  ♡(センセ) - answ Q
- enjoy talk 人
  other クラス
  ♡ → ○ アイデア

スマホでチェック！
ミホ先生のノートテイキング動画をこちらで公開中！

④ Begin speaking now.の後のビープ音が聞こえたら、キーワードを参考にしながら答えます。

＊【手順】の②までしかできなければ、それでもOK。詳細は話しながらひねり出しましょう！

第11回 ゼミ Q11 意見を述べる問題 発展編

Speaking Test

Q11 Express an opinion

今回の学習テーマ

フローレスなスピーチを目指し、完成度を上げる

基礎編では英語スピーチの基本となる型を覚え、意見や具体例を出す練習をしました。今度は、実際に60秒間話し続ける練習です。発展編では、止まらずに話す練習をし、ミスをつぶしながらフローレスなスピーチを目指します。

フローレス…って何ですか?

フロー(flaw)は「欠点、弱点」。フローレスとは欠点がない、つまり「完璧な」ということよ。このセクションにおけるフローレスなスピーチとはどういうことか、具体的に見てみましょう。

▶ フローレスなスピーチとは

1. 論拠または例を提示できる

意見に対する「理由」が「理由」になっていない、ということがないように。理由の裏付けが甘いと、評価が低くなります。また、理由や裏付けは一般論のみでまとめず、**具体例や自分の経験談などを織り交ぜる**といいでしょう。

2. 論理が一貫している

話しているうちに**話が飛びすぎたり論拠がブレたりしない**ように。ありがちなのが、主語(I、you、they、weなど)のブレ。主語がブレると、自分の話をしているのか、世間一般の話なのかが分からなくなり、聞き手にとって理解が困難になります。

別冊① p. 33の「ゼミ生中継」もチェックしてね!

3. 複雑な構文が含まれている

無生物主語の文にもチャレンジしましょう。人や生物以外(物、概念、動作など)を主語にすることで、冗長ではない**コンパクトかつ明確な主張が作れる**ことがあります。ただし、無生物主語を使うと第2文型(SVC)が増え、使う動詞がbe動詞ばかりになることがあるので注意が必要。第2文型ばかりではなく、第3文型(SVO)も使っていきましょう。

【人が主語】
We can learn anything on the Internet. ……複雑さ★
（私たちは何でもインターネットで学ぶことができる）

【無生物主語＋第2文型】
The Internet is an effective tool for learning. ……複雑さ★★
（インターネットは学ぶ上で効率的なツールだ）

【無生物主語＋第3文型】
The Internet allows us to learn almost anything. ……複雑さ★★★
（インターネットは私たちにほとんど何でも学ぶことを可能にしてくれる）

4. ミスが定着していない

文法や発音、イントーネーション、語彙などのミスは「不正確・不明確」なスピーチを作ります。繰り返すとそれが定着し、「**ミスの化石化**」を招きます。一度化石化してしまうと、解消するのは至難の業。**ミスは練習段階でしっかりつぶしていく**ことが大切です。

5. 流暢さ（F）が高い

なめらかに、継続的に話して「流暢さ（F）」をアピールしましょう。120～150点を目指すなら100語（7～9文）前後、160点以上を目指す場合は130語（9文）前後が目標です。このセクションでは、**文法などの「正確さ（A）」に意識を向けすぎないこと**。ミスが多いのはNGですが、少しのミスは減点対象になりません。それよりも、ミスを恐れて伝える内容を減らしたり、不自然な間が増えてなめらかさが落ちたりすることの方が問題です。

6. 語彙が豊富である

英語は、同じ単語の繰り返しを嫌う言語です。類義語を使ったり、パラフレーズ（言い換え）をしたりすると、語彙の豊富さがアピールでき、「複雑さ（C）」の評価が上がります。**同じ単語を繰り返さない**工夫をしましょう。

例：I don't agree that smartphones should be prohibited in public places.
（公共の場所でスマートフォンが禁止されるべきだという主張には賛成しません）
→ Banning smartphones in public spaces is based on an old idea.
（公共のスペースでスマートフォンを禁じることは古い考えに基づいています）

減点ポイントチェック！ こんなこと、していませんか？

- □ 論理が破綻している
- □ 社会的に不適切な内容である（文句や批判ばかり言うなど）
- □ 自信がなくて声が小さい
- □「流暢さ（F）」は高いが、内容が薄すぎる
- □ 内容が抽象的すぎる
- □ たとえ話が冗長、または分かりづらい
- □ 具体例がなく、一般論ばかりである
- □ 接続詞の使い方が間違っている（soをフィラーとして使うなど）
- □ uh ... などの言いよどみが多い

言いよどみ、気を付けなきゃ。それに、自分はつなぎのつもりでso ...と何度も言ってしまう癖があるんですよね。

そう、そこは注意するポイントだったね。soが正しく使われているのであればもちろんOKだけど、フィラー（つなぎ）として多用するのは聞いていてとても不自然です。変なフィラーの癖がある人は気を付けましょう。

トレーニング❶ 論理的に展開する

では早速、60秒話し続ける練習に入ります。話の一貫性を保って論理的な展開ができるよう、スピーチの「型」に慣れていきましょう。

練習1

別冊 p.71

以下の手順に従って練習しましょう。

【手順】

①質問を見ながら、空欄に答えを書き込みます。赤字で書かれたヒントを参考にしましょう。

②サンプルアンサーの音声を再生し、答え合わせをします。

③全体を何度も音読しましょう。

④赤シートを使って、日本語ヒントなしでもスラスラ言えるように繰り返し練習します。

⑤仕上げとして問題音声を再生し、ビープ音の後のポーズ（60秒）で何も見ずに答える練習をしましょう。

Q1. サンプル 329 問題 333

Do you think it is better to own a house or to rent a house? Support your answer with reasons or examples.

意見 I think ________________ .
家を所有する方がいい

理由1 This is because owning a house is ________________ .
投資のような

詳細1 If you choose the right area,
________________ .
その家を売ってお金をもうけることができる

For example, my friend ________________ .
家を売ったばかり

It was in a nice area, near a lake, so he was able to make
________________ .
家を売って多額のお金

理由2 Furthermore, usually ________________ for the
月々の支払い

mortgage is ________________ .
月々の家賃より安い

詳細2 It means you would be able to live in
________________ . As for me, I enjoy
より少ないお金でよりよい場所に

________________ ,
パーティーを開いて人を招くこと

so I am definitely for ________________ .
家を所有すること

まとめ For these reasons, I think
________________ .
家を借りるよりも所有する方がいい

Q2. サンプル 330 問題 334

Do you agree or disagree with the following statement? *A good leader is an active listener.* Use specific examples or reasons to support your answer.

意見 I ______________________ "*A good leader is an active*
意見に賛成する
listener."

つなぎ I have ______________________ to support my opinion.
いくつかの理由

理由1 First, a leader can ______________________ when
よい情報やアイデアを得る
he or she is an active listener.

詳細1 Having ______________________ will help the
たくさんの情報やアイデア
leader ______________________. For example,
いい判断をする
______________________ know more about the factory than the
工場労働者
CEO. Good CEOs listen to ______________________ when they
工場労働者
want to ______________________.
生産工程を改善する

理由2 Next, being a good listener ______________________.
関係を築くのに役立つ

詳細2 When a leader is an active listener, people
______________________. Good teamwork will
そのリーダーと働くのを楽しむ
help the group ______________________.
早く目標を達成する

まとめ ______________________, I agree with the statement
こうした理由から
"*A good leader is an active listener.*"

Q3. サンプル 331 問題 335

Do you think it is beneficial for teachers to have lectures outside the classroom? Support your opinion with reasons or examples.

意見 I think that ______________________________
教師が教室の外で授業を行うことは有益だ

______________________________.

つなぎ Here are some reasons ______________________________.
私の意見の根拠となる

理由1 Firstly, I think it is difficult for students ______________ when
集中する

______________________________.
彼らが同じアクティビティーを何度も繰り返す

詳細1 When lectures are led by the same teacher

______________________________,
同じ場所で、同じ時間帯に

students may not be able to ______________________________.
きちんと注意を払う

By ______________________________ such as
異なる場所で授業を行う

outdoors, ______________________________.
生徒たちはより興味を持つようになるでしょう

理由2 Secondly, outdoor lectures can

______________________________.
本物の事例を示す

詳細2 ______________________________, for example, I took a course on
私が大学にいたとき

______________________________. The teacher took us on a
環境保護

field trip and ______________________________
彼女が話していた問題に関する実例を見せた

______________________________.

______________________________.
このことが、問題をより理解するのに役立ちました

まとめ Therefore, ______________________________ because
屋外での授業は有益だ

______________________________.
私たちに変化や本物の事例を与えてくれる

Q4. サンプル 332 問題 336

Social media is an important part of people's lives now. What are the advantages of social media? Give specific ideas and examples to support your opinion.

意見 There are ______________________________.
ソーシャルメディアのたくさんの長所

長所1 First, with social media technologies, we can

____
世界中の友人や家族と連絡を取る

______________________________.

詳細1 For example, social media like Facebook even

______________________________. I can have
ビデオチャットを提供する

______________________________,
友人と顔を見ながらの話し合い

and ______________________________.
まったくお金がかからない

長所2 Another advantage is that ______________________________
ソーシャルメディアが人との

______________________________.
コミュニケーションを気楽で手軽にする

詳細2 I can ______________________________ while I am
人にショートメッセージを送る

______________________________. Sending a message is
公共交通機関を利用している

easier than ______________________________.
人々にきちんとしたEメールを送る

長所3 Finally, you can ______________________________
ソーシャルメディアのサイトをデータ保存の場所として使う

______________________________.

詳細3 You can ______________________________ and
写真や文書をアップロードする

keep them there. You can ______________________________.
後でそれらを検索する

まとめ These are ______________________________.
ソーシャルメディアの長所

トレーニング❷ 考えを整理して組み立てる

いよいよ、自力でスピーチを作る練習に入ります。いろいろなトピックで 意見 (つなぎ) 理由1 詳細1 理由2 詳細2 まとめ を考え、書き出していきましょう。

詳細 を作るときの注意点はありますか?

一般論を並べるのではなく、具体例がベスト。ストーリー性があるといいです。**経験談などを交ぜてみて**ください。そして、話がブレないようにすること。繰り返しになりますが、採点ポイントは**理由、論拠、例を提示していること**、そして**話の一貫性**です。

このセクションの重要採点ポイント! → **明瞭性と一貫性**

- □ 自分の意見をはっきり言えているか
- □ 具体的な例を示しながら、分かりやすく伝えられているか　シンプルに!
- □ 聞き手は苦労することなくすんなりと理解できるか

上記のチェック項目を意識しながら、練習していきましょう。

単語が思い浮かばないときは、辞書で調べてもいいですか?

OKです。ただ、あまり背伸びしたスピーチ原稿は、練習素材としてふさわしくありません。なるべく自分の手の届く範囲の表現や文法で作ることをお勧めします。目安として、**全体の8〜9割は使いこなせるレベルの英文**ね。

「i＋1」(p. 26参照) ですね!

そのとおり。簡単すぎると伸びません。表現も文法も「ちょっと難しいかな?」くらいが一番です!

練習2

別冊 p.74

以下の手順に従ってスピーチ原稿を作り、60秒で言う練習をしましょう。

【手順】

①質問を読み、まずはアイデアを出します。＊アイデアは思考力を鍛えるためにも自分で考えるのが理想的ですが、どうしても思い浮かばないときは【アイデア例】を参考にしても構いません。

ステップ1　意見を即決する → 意見

ステップ2　理由を２つ考える → 理由1 理由2

ステップ3　理由1、2の詳細をそれぞれ最低1つ考える → 詳細1 詳細2

初中級者（Levels 5-6目標）は、詳細1 詳細2 は1文から。1文がスムーズに出るようになったら、2文に増やしてね。いきなりいくつも言おうとすると、理由2 を言う前に時間切れになったり、一貫性が保てなかったりする恐れがあります。

②アイデアを出したら、スピーチを書き出します。

③書き出したら、以下のチェック項目を参考に**一貫性＆正確性（A）をチェック**します。必要に応じてスピーチ原稿を修正します。

ここ重要。飛ばさないこと!

- □ 冒頭で質問に的確に答えているか
- □ 理由1 理由2 とも「容易に理解することができる理由付け」か
- □ 理由1 理由2 とも論理破綻していないか（意見の裏付けになっているか）
- □ 詳細1 詳細2 はそれぞれの理由をサポートするものか
- □ 詳細1 詳細2 は具体例を交えているか
- □ 詳細1 詳細2 はあちこちに話が飛びすぎていないか
- □ 文法上のミスはないか（主語・述語の不一致、時制の誤りなど）
- □ 人称代名詞はおかしくないか
- □ 背伸びしすぎたスピーチになっていないか

④完成したスピーチ（またはサンプルアンサー）を60秒で解答できるよう、何度も音読。その後で問題音声を再生し、本番形式で練習します（準備時間30秒、解答時間60秒）。ノートテイキング（p. 222参照）にもチャレンジ！

最近の傾向として「質問文の長文化」があります。質問文が長いと、どこをコピペすればいいか分からないことも。その場合は無理してコピペせず、I think ～ .など、いきなり答えから言い始めましょう。出だしのバラエティーはサンプルアンサーを参考に!

Q1. 問題 337 サンプル 344-345

Some people spend their entire lives in one place, while others move a number of times and change homes looking for a better environment or climate. Which do you prefer? Why? Give reasons and examples to support your opinion.

意見

(つなぎ)

理由1

詳細1

理由2

詳細2

まとめ

【アイデア例】	
One place	**1.** 子ども転校
	2. 転職したくない
Change homes	**1.** 新しい文化や考え方
	2. スカイプがあるから寂しくない

Q2. 問題 338 サンプル 347-349

In your opinion, which of the following factors is the most important for one's level of happiness?
Money and success / Good relationships / Good health
Use specific ideas and examples to support your opinion.

意見

(つなぎ)

理由1

詳細1

理由2

詳細2

まとめ

【アイデア例】	
Money & success	**1.** 食べ物、住む家
	2. 誇り、自信
Good relationships	**1.** 関係× → ストレス
	2. 友人の存在 → 気分に影響
Good health	**1.** 物事を楽しむ
	2. 健康は買えない

Q3. 問題 339 サンプル 351-352

Many people use public transportation on a regular basis. What are some advantages and disadvantages of using public transportation to get to work or school? Use specific ideas and examples to support your opinion.

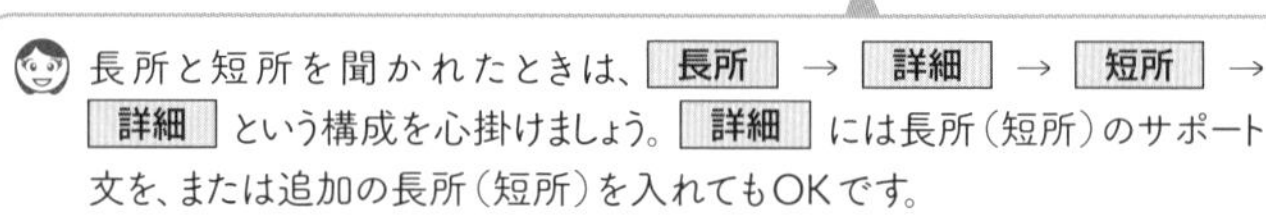

長所と短所を聞かれたときは、長所 → 詳細 → 短所 → 詳細 という構成を心掛けましょう。詳細 には長所（短所）のサポート文を、または追加の長所（短所）を入れてもOKです。

意見

（つなぎ）

長所

詳細

短所

詳細

まとめ

【アイデア例】

長所 **1.** 時間の有効活用
2. 安上がり
3. 渋滞知らず

短所 **1.** 混雑
2. 柔軟性に欠ける

Q4. 問題 340 サンプル 354-355

Some people believe that today's students are under more pressure than before. Do you agree with this opinion? Give reasons and examples to support your opinion.

意見

（つなぎ）

理由1

詳細1

理由2

詳細2

まとめ

【アイデア例】

No **1.** 少子化
2. 共働きの増加 → プレッシャー小

Yes **1.** 経済の悪化 → 就職難
2. 出生率の低下 → 親の期待大

Q5. 問題 341 サンプル 357-358

Many people are choosing to work from home, and many companies are allowing their employees to do so. What are some advantages and disadvantages of telecommuting? Use specific reasons and examples to support your opinion.

意見

(つなぎ)

長所

詳細

短所

詳細

まとめ

【アイデア例】

長所	**1.** 便利さ
	2. 低コスト → 交通費なし
	3. 時間の無駄がない
短所	**1.** 集中できない
	2. スケジュール調整
	3. 孤独

Q6. 問題 342 サンプル 360-362

Which of the following is the most important subject for students to learn at school? Choose ONE of the options provided below and give reasons and examples to support your opinions.

A foreign language / Physical education / Music

意見

(つなぎ)

理由1

詳細1

理由2

詳細2

まとめ

【アイデア例】

語学	**1.** 他の選択肢 → 職がない
	2. 異文化を知る
体育	**1.** 子：外遊び少ない
	2. 友達を作るいい手段
音楽	**1.** 技術進歩 → 語学不要
	2. 創造的

Let's check!

では、最後に総復習のテストをします。第10回、第11回ゼミで学んだ知識を総動員してね！

p. 203のサンプル問題にもう一度トライしましょう。解答は必ず録音して聞き直し、自己採点（p. 204参照）をしてください。 REC

練習前と後を聞き比べてみましょう。マイはどうだった？

型を意識しながら話せたので、最初のときよりラクに感じました。

マイの解答　練習前 304　練習後 363

うわー、かっこいい！

語数が増えて、ずいぶんとなめらかに言えるようになりましたね。

ありがとうございます。何を聞かれても焦らないように、いろいろなトピックで練習を続けていきます！

実践練習問題

では、本番さながらの実践練習問題に挑戦しましょう。

【手順】

①指示文の音声に従い、以下の問題を解きましょう。自分の解答は必ず録音します。

②自分の解答を聞き返し、ノートにディクテーションをします。

③サンプルアンサーを聞き、ノートにディクテーションをします。サンプルアンサーは、自分の目標レベルに合ったものを使ってください。

④サンプルアンサー（または、サンプルアンサーを参考にしながら自分の解答を修正したもの）がスラスラ出るまで、繰り返し練習をしましょう。

ディレクション 364

Question 11: Express an opinion

Directions: In this section, you will express your opinion on a certain topic. You will be given 45 seconds of preparation time and then 60 seconds to speak. Try to say as much as you can in that time.

1. 問題 365 サンプル 370-371 別冊 p. 84 ● REC

Question 11 of 11

Online learning is becoming increasingly popular. What are some advantages of online learning? Use specific ideas and examples to support your opinion.

PREPARATION TIME	RESPONSE TIME
00:00:45	00:01:00

2. 問題 366 サンプル 373-374 別冊 p. 86 ● REC

Question 11 of 11

Some people think that it is important for companies to provide employees with opportunities to exercise during the workday. Do you agree or disagree with this position? Why? Give reasons and examples to support your opinion.

PREPARATION TIME	RESPONSE TIME
00:00:45	00:01:00

3. 問題 367 サンプル 376-377 別冊 p. 88 ● REC

Question 11 of 11

Which of the following coworkers would you like to work with: a coworker with a broader knowledge and a variety of experiences, or a coworker with professional expertise and a deep knowledge in a specific field? Why? Give reasons or examples to support your opinion.

PREPARATION TIME	RESPONSE TIME
00:00:45	00:01:00

4. 問題 368 サンプル 379-380 別冊 p. 89 ● REC

Question 11 of 11

Some people say newspapers are a thing of the past. Do you think newspapers will disappear in the future? Why or why not? Give reasons or examples to support your opinion.

PREPARATION TIME	RESPONSE TIME
00:00:45	00:01:00

 今日の宿題です。タスクは次の2つです。

①以下の15個の質問を、テスト本番と同じ要領で解きましょう。自分の解答は必ず録音して聞き直し、サンプルアンサーの音声と聞き比べてください。レベル別のサンプルアンサーと訳は無料でダウンロードできます（入手方法はp. 16参照）。

②無料のダウンロードコンテンツには、意見を述べる問題の練習に使える以下の「ネタカード」が含まれています。これをダウンロードして、オリジナルネタカードを作りましょう。ネタカードの詳しい使い方は、p. 155を参照してください。

● ネタカードの書き方例

表

Q11. When learning a new skill, some people believe that attending classes and learning with a teacher is better. Others believe that learning by themselves using books is better. Which do you think is better and why?

裏

attend
1) ask Q
hard understand book
2) enjoy talk people
others, good ideas

1. 問題 639 サンプル 655-656 ● REC

Q. Would you prefer to take a job working for a small company or a large company? Why? Use specific ideas and examples to support your opinion.

2. 問題 640 サンプル 658-659 ● REC

> **Q.** Which of the following is the most important thing for parents to teach their children? Why? Use specific ideas and examples to support your opinion.
> Politeness / Kindness / The value of money

3. 問題 641 サンプル 661-662 ● REC

> **Q.** The use of smartphones has become increasingly popular. What are some of the advantages of having a smartphone? Use specific ideas and examples to support your opinion.

4. 問題 642 サンプル 664-665 ● REC

> **Q.** What is the most important aspect when working in a workplace? Choose ONE of the following provided below. Use specific ideas and examples to support your opinion.
> Ability to deliver results / Being a team player / Following company rules

5. 問題 643 サンプル 667-668 ● REC

> **Q.** Do you agree or disagree with the following statement?
> *Parents should try to influence their children's career choice*.
> Use specific ideas and examples to support your opinion.

6. 問題 644 サンプル 670-671 ● REC

> **Q.** These days, watching television is quite a common habit for many people. Do you think television has any negative effects on families? Use specific ideas and examples to support your opinion.

7. 問題 645 サンプル 673-674 ● REC

Q. What is the best way to motivate employees to perform at their best: monetary rewards or strong leadership? Use specific ideas and examples to support your opinion.

8. 問題 646 サンプル 676-677 ● REC

Q. If you could change one thing in your workplace or at school, what would it be? Why? Use specific ideas and examples to support your opinion.

9. 問題 647 サンプル 679-680 ● REC

Q. Nowadays more people prefer to socialize online rather than face to face. Do you think online meetings will replace face-to-face meetings? Use specific ideas and examples to support your opinion.

10. 問題 648 サンプル 682-683 ● REC

Q. Some people believe that companies should hire employees for their entire lives. Do you agree or disagree with this opinion? Why? Use specific ideas and examples to support your opinion.

11. 問題 649 サンプル 685-686 ● REC

Q. What do you consider to be the most important quality in a good friend? Why? Use specific ideas and examples to support your opinion.
A sense of humor / Trustworthiness / The ability to be a good listener

12. 問題 650 サンプル 688-689 REC

Q. In your opinion, which innovation will have more impact on our society: self-driving cars or eco-friendly straws and spoons? Use specific ideas and examples to support your opinion.

13. 問題 651 サンプル 691-692 REC

Q. Do you agree or disagree with the following statement?
Employees who complete their work quickly are the most valuable to their companies.
Use specific ideas and examples to support your opinion.

14. 問題 652 サンプル 694-695 REC

Q. Some people say that today's children are smarter but less creative. Do you agree or disagree with this position? Why? Use specific ideas and examples to support your opinion.

15. 問題 653 サンプル 697-698 REC

Q. What is the most important consideration for tourists when visiting a foreign country? Use specific ideas and examples to support your opinion.
Knowledge about the language / Understanding of the cultures and customs / Advice about climate and what to wear

模試

1・2・3

【 模試の受け方 】

- ノートテイキング用のメモとボールペンを用意してから、各音声トラックを呼び出し、途中で止めずに受験してください。各模試には「通常版」と、テスト本番を模した、周囲の雑音入りの「効果音版」があります。
- 解答・解説は**別冊**① **p. 91**～をご覧ください。

【 オンライン模試について 】

アルクのウェブサイトで本番さながらのオンライン模試が受験できます。メモとボールペンを用意してから、以下の手順で受験してみてください。内容は次ページ以降の模試と同じです。

①無料ダウンロード音声と同じページの「オンライン模試」のバナーをクリック。

ダウンロードページ→https://www.alc.co.jp/dl/7019041/

②3つの中から模試を選ぶ。各模試には「通常版」と、テスト本番を模した、周囲の雑音入りの「効果音版」があります。

③スタートボタンを押すと自動的に始まります。

模試 1

【通常版】381-392【効果音版】391-400

ディレクション 381 問題 382

TOEIC Speaking

Questions 1-2: Read a text aloud

Directions: In this section, look at the text on the screen and read it out loud. You will be given 45 seconds of preparation time and then 45 seconds to read out the text.

サンプル 401 別冊 p. 91

TOEIC Speaking **Question 1 of 11**

Welcome to McGillicutty Shopping Center. We have over 240 specialty stores selling everything from jewelry to sporting goods. Between the hours of 10:00 A.M. and 2:00 P.M. today, we are holding a food fair in the main courtyard on Level Two. Teams of chefs from Brazil, France, and Japan will be there demonstrating their distinctive cooking styles and delicious national dishes.

PREPARATION TIME	RESPONSE TIME
00:00:45	00:00:45

サンプル 402 別冊 p. 92

TOEIC Speaking **Question 2 of 11**

Our next speaker is Kim Razor. She is an expert in customer service and she has helped many well-known businesses improve their customer service. She has received excellent reviews from companies such as Spark Electrics, Balentine Software, and Caster's Department Store. She will be happy to answer any questions you have. However, she would like you to wait until the end of her presentation.

PREPARATION TIME	RESPONSE TIME
00:00:45	00:00:45

ディレクション 383 問題 384

TOEIC Speaking

Questions 3-4: Describe a picture

Directions: In this section, you will try to give as many details as possible about the picture on your screen. You will be given 45 seconds of preparation time and then 30 seconds to talk about the picture.

サンプル 403-404 別冊 p. 93

TOEIC Speaking **Question 3 of 11**

PREPARATION TIME	RESPONSE TIME
00:00:45	00:00:30

サンプル 405-406 別冊 p. 94

TOEIC Speaking **Question 4 of 11**

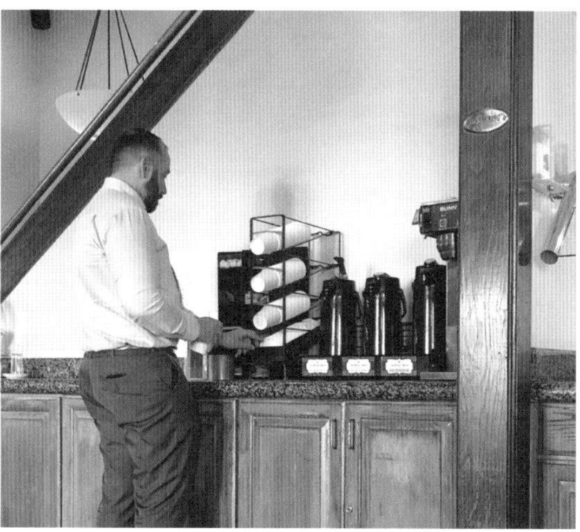

PREPARATION TIME	RESPONSE TIME
00:00:45	00:00:30

ディレクション 385 問題 386

TOEIC Speaking

Questions 5-7: Respond to questions

Directions: In this section, you will respond to three questions. You will be given 3 seconds to prepare after you hear each question. You will be given 15 seconds to answer Questions 5 and 6 but 30 seconds to answer Question 7.

サンプル 409-410 別冊 p. 95

TOEIC Speaking **Question 5 of 11**

Imagine that a U.S. marketing firm is doing research in your country. You have agreed to participate in a telephone interview about travel and vacations.

Have you ever traveled alone and where did you go?

PREPARATION TIME	RESPONSE TIME
00:00:03	00:00:15

サンプル 412-413 別冊 p. 96

TOEIC Speaking **Question 6 of 11**

Imagine that a U.S. marketing firm is doing research in your country. You have agreed to participate in a telephone interview about travel and vacations.

If you were to travel, which season would you like to travel in and why?

PREPARATION TIME	RESPONSE TIME
00:00:03	00:00:15

サンプル 415-416 別冊 p. 97

TOEIC Speaking	**Question 7 of 11**

Imagine that a U.S. marketing firm is doing research in your country. You have agreed to participate in a telephone interview about travel and vacations.

When traveling, do you prefer to use a travel agency or organize your own trips? Why?

PREPARATION TIME	RESPONSE TIME
00:00:03	00:00:30

ディレクション 387 問題 388

TOEIC Speaking

Questions 8-10: Respond to questions using information provided

Directions: In this section, you will use the information provided to answer three questions. You will be given 45 seconds to read all the material before the questions begin. You will be given 3 seconds to prepare after you hear each question. You will be given 15 seconds to answer Questions 8 and 9 but 30 seconds to respond to Question 10. You will hear Question 10 twice.

サンプル 419(Q8)、421(Q9)、423-424(Q10) 別冊 p. 98

TOEIC Speaking　　Questions 8-10 of 11

You're invited to a Farewell Party

The Tulip Room, Vandelay Hotel
Monday, August 19 (7:00 P.M. – 9:30 P.M.)

We are gathering together to celebrate Todd Holmes' 30 years of hard work as he is retiring at the end of this month.

7:00 P.M. - 7:10 P.M.	Welcome Speech from Vince Kruger (President of BGT Industries)
7:10 P.M. – 8:00 P.M.	Dinner Service and Entertainment (Live Band - Moxy Music)
8:00 P.M. – 9:00 P.M.	Speeches from Department Heads
9:00 P.M. – 9:30 P.M.	Mr. Holmes' Farewell Message

All attendees are required to bring their invitation to win a lucky door prize.

PREPARATION TIME
00:00:45

PREPARATION TIME	PREPARATION TIME	PREPARATION TIME
00:00:03	00:00:03	00:00:03
RESPONSE TIME	RESPONSE TIME	RESPONSE TIME
00:00:15	00:00:15	00:00:30

TOEIC Speaking

Question 11: Express an opinion

Directions: In this section, you will express your opinion on a certain topic. You will be given 45 seconds of preparation time and then 60 seconds to speak. Try to say as much as you can in that time.

サンプル 426-427 別冊 p. 100

TOEIC Speaking **Question 11 of 11**

Which of the following is the most important factor for a business to succeed?

- Having a great team
- Willingness to change
- Customer loyalty

Use specific ideas and examples to support your opinion.

PREPARATION TIME	RESPONSE TIME
00:00:45	00:01:00

模試2

【通常版】428-437 【効果音版】438-447

ディレクション 428 問題 429

TOEIC Speaking

Questions 1-2: Read a text aloud

Directions: In this section, look at the text on the screen and read it out loud. You will be given 45 seconds of preparation time and then 45 seconds to read out the text.

サンプル 448 別冊 p. 103

TOEIC Speaking **Question 1 of 11**

Welcome aboard Flight 234 for Seattle. I'm your captain, Deanna Wills. According to the itinerary, we're about 20 minutes behind schedule on account of the rain, but we expect to make up that time during the flight so we should be getting into Seattle on schedule at 1:00 P.M. After we take off, the flight crew will be serving lunch. Beef, chicken, and fish are on the menu.

PREPARATION TIME	RESPONSE TIME
00:00:45	00:00:45

サンプル 449 別冊 p. 104

TOEIC Speaking **Question 2 of 11**

The Tennessee Wildlife Protection and Preservation Society needs volunteers to help clean up Beaumont National Park. There has been an increase in the number of visitors to the campsite, and high winds have carried the trash far and wide. It's bad for the native animals so we need people to completely remove these objects from the area's rivers, lakes, and forests.

PREPARATION TIME	RESPONSE TIME
00:00:45	00:00:45

ディレクション 430 問題 431

TOEIC Speaking

Questions 3-4: Describe a picture

Directions: In this section, you will try to give as many details as possible about the picture on your screen. You will be given 45 seconds of preparation time and then 30 seconds to talk about the picture.

サンプル 450-451 別冊 p. 105

TOEIC Speaking **Question 3 of 11**

PREPARATION TIME	RESPONSE TIME
00:00:45	00:00:30

サンプル 452-453 別冊 p. 106

ディレクション 432 問題 433

TOEIC Speaking

Questions 5-7: Respond to questions

Directions: In this section, you will respond to three questions. You will be given 3 seconds to prepare after you hear each question. You will be given 15 seconds to answer Questions 5 and 6 but 30 seconds to answer Question 7.

サンプル 456-457 別冊 p. 107

TOEIC Speaking **Question 5 of 11**

Imagine that a movie distribution company is conducting research in your country. You have agreed to participate in a telephone interview about watching movies.

When was the last time you watched a movie and who did you watch it with?

PREPARATION TIME	RESPONSE TIME
00:00:03	00:00:15

サンプル 459-460 別冊 p. 108

TOEIC Speaking **Question 6 of 11**

Imagine that a movie distribution company is conducting research in your country. You have agreed to participate in a telephone interview about watching movies.

When a movie is based on a book, do you prefer to read the book before watching the movie or watch the movie before reading the book? Why?

PREPARATION TIME	RESPONSE TIME
00:00:03	00:00:15

サンプル 462-463 別冊 p. 109

TOEIC Speaking **Question 7 of 11**

Imagine that a movie distribution company is conducting research in your country. You have agreed to participate in a telephone interview about watching movies.

When choosing a movie to watch, what is the best way to get information about the movie and why?

PREPARATION TIME	RESPONSE TIME
00:00:03	00:00:30

ディレクション 434 問題 435

TOEIC Speaking

Questions 8-10: Respond to questions using information provided

Directions: In this section, you will use the information provided to answer three questions. You will be given 45 seconds to read all the material before the question begins. You will be given 3 seconds to prepare after you hear each question. You will be given 15 seconds to answer Questions 8 and 9 but 30 seconds to respond to Question 10. You will hear Question 10 twice.

サンプル 466(Q8)、468(Q9)、470(Q10) 別冊 p. 109

TOEIC Speaking Questions 8-10 of 11

Hollister Restaurant

Applicant Interview Schedule

Monday, September 21

Time	Applicant	Position	Current employer
10:00 A.M.	Tony Wagner	Reception	Hilltop Restaurant
10:30 A.M.	Kim Rhodes	Chef	The Vincent
11:00 A.M.	Rick Peters	Assistant manager	Mallard and Coot
11:30 A.M.	~~Brett Dale~~ (Canceled)	~~Chef~~	~~Bishops~~
1:30 P.M.	Maurine Ng	Server	Pescatoré
2:00 P.M.	Jo Hill	Assistant manager	The Crab Shack

PREPARATION TIME 00:00:45

PREPARATION TIME 00:00:03 | PREPARATION TIME 00:00:03 | PREPARATION TIME 00:00:03

RESPONSE TIME 00:00:15 | RESPONSE TIME 00:00:15 | RESPONSE TIME 00:00:30

ディレクション 436 問題 437

TOEIC Speaking

Question 11: Express an opinion

Directions: In this section, you will express your opinion on a certain topic. You will be given 45 seconds of preparation time and then 60 seconds to speak. Try to say as much as you can in that time.

サンプル 472-473 別冊 p. 112

TOEIC Speaking **Question 11 of 11**

Do you agree or disagree with the following statement?

Modern technology helps students learn more quickly.

Give reasons and examples to support your opinion.

PREPARATION TIME	RESPONSE TIME
00:00:45	00:01:00

模試3

【通常版】474-483 【効果音版】484-493

ディレクション 474 問題 475

TOEIC Speaking

Questions 1-2: Read a text aloud

Directions: In this section, look at the text on the screen and read it out loud. You will be given 45 seconds of preparation time and then 45 seconds to read out the text.

サンプル 494 別冊 p. 114

TOEIC Speaking **Question 1 of 11**

In business news today, the State Government Department of Water and Energy has decided to privatize the state's electricity production. The state's power generators will be sold to two rival electric companies — McCourt Power and Gregory Electrics. This is a great opportunity for investors. Shares will be sold on three dates: March 23, April 20, and June 19.

PREPARATION TIME	RESPONSE TIME
00:00:45	00:00:45

サンプル 495 別冊 p. 115

TOEIC Speaking **Question 2 of 11**

Come on down to Moreton Park this Sunday from 10 A.M. to take part in the annual Stanthorpe Fun Run. There are races over three distances: three kilometers, five kilometers, and ten kilometers. You can register online by visiting the city council Web site and clicking on the links to the Fun Run homepage.

PREPARATION TIME	RESPONSE TIME
00:00:45	00:00:45

ディレクション 476 問題 477

TOEIC Speaking

Questions 3-4: Describe a picture

Directions: In this section, you will try to give as many details as possible about the picture on your screen. You will be given 45 seconds of preparation time and then 30 seconds to talk about the picture.

サンプル 496-497 別冊 p. 115

TOEIC Speaking **Question 3 of 11**

PREPARATION TIME	RESPONSE TIME
00:00:30	00:00:45

サンプル 498-499 別冊 p.117

ディレクション 478 問題 479

TOEIC Speaking

Questions 5-7: Respond to questions

Directions: In this section, you will respond to three questions. You will be given 3 seconds to prepare after you hear each question. You will be given 15 seconds to answer Questions 5 and 6 but 30 seconds to answer Question 7.

サンプル 502-503 別冊 p. 118

TOEIC Speaking **Question 5 of 11**

Imagine that someone wants to open a new shoe store in your area. You have agreed to participate in a telephone interview about buying shoes.

When was the last time you bought a pair of shoes and where did you buy them?

PREPARATION TIME	RESPONSE TIME
00:00:03	00:00:15

サンプル 505-506 別冊 p. 119

TOEIC Speaking **Question 6 of 11**

Imagine that someone wants to open a new shoe store in your area. You have agreed to participate in a telephone interview about buying shoes.

When buying new shoes, do you usually try them on first? Why or why not?

PREPARATION TIME	RESPONSE TIME
00:00:03	00:00:15

サンプル 508-509 別冊 p. 119

TOEIC Speaking	Question 7 of 11

Imagine that someone wants to open a new shoe store in your area. You have agreed to participate in a telephone interview about buying shoes.

Which of the following is the most important to you when choosing a place to buy new shoes, and why?

- Staff knowledge
- A large selection of items
- Convenient location

PREPARATION TIME	RESPONSE TIME
00:00:03	00:00:30

ディレクション 480 問題 481

TOEIC Speaking

Questions 8-10: Respond to questions using information provided

Directions: In this section, you will use the information provided to answer three questions. You will be given 45 seconds to read all the material before the questions begin. You will be given 3 seconds to prepare after you hear each question. You will be given 15 seconds to answer Questions 8 and 9 but 30 seconds to respond to Question 10. You will hear Question 10 twice.

模試 3

サンプル 512(Q8)、514(Q9)、516-517(Q10) 別冊 p. 121

TOEIC Speaking — Questions 8-10 of 11

Truman Corporation – Management Training Seminar
Tuesday, December 4
Sanders Conference Center

MORNING TRAINING SESSIONS

8:30-9:30 A.M.	Conflict Resolution	Brenda Love, HR manager
9:30-10:30 A.M.	Project Planning	Todd Green, Head of Marketing
10:30-noon	On-the-Job Training	Phil Yang, Head of Administration
Noon-1:00 P.M.	LUNCH	

AFTERNOON TRAINING SESSIONS

1:00-2:00 P.M.	Product Testing	Sandra Rayne, Chief of Production
2:00-3:30 P.M.	Creating Meaningful Surveys	Will Oda, Marketing Assistant
3:30-4:30 P.M.	Team Problem-Solving Activities	Scott Bobbitt, Guest Expert

PREPARATION TIME 00:00:45

PREPARATION TIME 00:00:03	PREPARATION TIME 00:00:03	PREPARATION TIME 00:00:03
RESPONSE TIME 00:00:15	RESPONSE TIME 00:00:15	RESPONSE TIME 00:00:30

ディレクション 482 問題 483

TOEIC Speaking

Question 11: Express an opinion

Directions: In this section, you will express your opinion on a certain topic. You will be given 45 seconds of preparation time and then 60 seconds to speak. Try to say as much as you can in that time.

サンプル 519-520 別冊 p. 123

TOEIC Speaking **Question 11 of 11**

Some people believe that the best way to learn a foreign language is to live where that language is spoken. Do you agree with this opinion? Why or why not? Use specific reasons and examples to support your opinion.

PREPARATION TIME	RESPONSE TIME
00:00:45	00:01:00

さいごに

ゼミ終了から3週間後。
スピーキングテストの結果発表日に、再び4人が集合した。

久しぶり。元気にしてましたか?

はい!

今日はこの間の試験の結果が出る日ですね。みんな、どうだった?

10点アップしていました。うれしいです。発音の評価も「HIGH」でした!

僕は120点から140点にアップです!

先生、大変です! 僕は前回90点だったのですが、なんと……

なんと?

120点取りました!!!

すごい!

みんな、素晴らしいです。最後まであきらめずに走り抜きましたね。

すごくキツかったけど、もう終わりなのかと思うと寂しいです。スピーキングの勉強がこんなに楽しいとは思いませんでした。

時々現実逃避しそうになりましたが、最後には自分の成長が実感できて感激しました。

ゼミのおかげで、試験が「楽しみ」に変化する体験をしました。

スピーキングは本来、楽しいものです。自分の気持ちを言葉に乗せて、人とつながる喜びを味わってくださいね。Practice makes perfect! これからも頑張ってください。

ありがとうございました!

本書の執筆にあたり、多くの方よりご助言とご協力をいただきました。この場を借りてお礼申し上げます。特に、リアルゼミ（＊）のゼミ生12名には心からのSpecial Thanksを送ります。

Special Thanks to:
菅原誠太郎、鈴木千春、松本武勝、漁府千鶴、遠藤亜矢子、長野保道、植木綾子、小林 純、大井秀樹、狩野美和子、工藤與弘、熊田匡仁（順不同、敬称略）

本書が学習者の皆さんのスコアアップと真のスピーキング力向上に、少しでもお役に立つことを願っています。

冨田三穂

＊2019年5月に本書のモニターとして3日間のゼミを実施。参加した12名全員がスコアアップ（平均21点、最高40点アップ）を果たした。

著 者 プ ロ フ ィ ー ル

冨田三穂 Miho Tomita

東洋大学国際観光学部講師。慶應義塾大学文学部卒業。上智大学大学院言語科学研究科博士前期課程修了（専攻：言語学）。研究対象は、主に日本人英語学習者のスピーキング技能発達過程について。TOEIC®S&W400点満点、TOEIC®L&R990点満点、英検1級。CAF分析（p.24）に基づいた科学的学習指導に定評がある。主催するTOEIC®スピーキングテスト対策セミナーは募集直後に毎回満席となり、初級から上級まで多くの受講者からスコアアップ報告が届く。同テストの出題傾向が変わった2019年6月以降、日韓両国で200点満点を連発。通信講座『TOEIC® LISTENING AND READING TEST 完全攻略500点コース』（アルク）の監修、『冨田式スピーキングトレーニング』（日本経済新聞社）の監修を務める。著書に『英語スピーキング魂！』（アルク）がある。

ヒロ前田 Hiro Maeda（監修）

TOEIC受験力UPトレーナー。著書に『TOEIC®テスト 究極の模試600問』（アルク）等、多数。

改訂版 TOEIC® スピーキングテスト 究極のゼミ

発行日：2020年2月21日　（初版）
　　　　2023年10月18日　（改訂版）

著者：冨田三穂
監修者：ヒロ前田

編集：株式会社アルク 出版編集部
編集協力：いしもとあやこ
英文作成：Ross Tulloch ／江藤友佳
イラスト：Yoshikazu Yokoyama (Innovator)
写真提供：冨田直人／江藤友佳／浅場眞紀子／©Can Stock Photo/tampatra
翻訳：挙市玲子
校正：渡邉真理子／Peter Branscomb ／Margaret Stalker
ナレーション：Chris Koprowski／Jack Merluzzi／Ilanah Labourene／Karen Haedrich／Howard Colefield／Dominic Allen／Erica Williams／Jennifer Okano／Josh Keller／Sarah Greaves／Deirdre Merrill-Ikeda／Guy Perryman ／Eric Kelso ／Rachel Walzer ／Neil DeMaere ／Michael Rhys

AD･デザイン：伊東岳美
DTP：朝日メディアインターナショナル株式会社
印刷･製本：日経印刷株式会社
録音：財団法人 英語教育協議会

発行者：天野智之
発行所：株式会社アルク
　　　　〒102-0073　東京都千代田区九段北4-2-6市ヶ谷ビル
　　　　Website：https://www.alc.co.jp/

落丁本、乱丁本は弊社にてお取り換えいたしております。
Webお問い合わせフォームにてご連絡ください。
https://www.alc.co.jp/inquiry/

定価はカバーに表示してあります。
ご購入いただいた書籍の最新サポート情報は、以下の「製品サポート」ページでご提供いたします。
製品サポート：https://www.alc.co.jp/usersupport/

地球人ネットワークを創る
アルクのシンボル
「地球人マーク」です。

PC：7023041　ISBN：978-4-7574-4060-9

『改訂版 TOEIC® スピーキングテスト究極のゼミ』
別冊①

解答例と解説

『改訂版 TOEIC® スピーキングテスト究極のゼミ』
別冊①

解答例と解説

Speaking Test

第2回 ゼミ

Q1-2 音読問題 基礎編

練習1 p. 39 007

1. Dogs hide bones.

2. The dogs will hide some bones.

3. The dogs will be hiding some bones.

4. The dogs would have been hiding some of the bones.

練習2 p. 41 008

＊文アクセントのある語は大きく、文アクセントの中で特に伸ばして発音する部分は太字で示しています。（以下同）

1. **Tha**nk you for **co**ming to the **par**ty.

2. **Gi**ve me some **ti**me to **chew** it **o**ver.

3. **La**dies and **gen**tlemen, we'd like to **we**lcome you to Chi**ca**go **Air**.

4. **Fli**ght **102** has been de**la**yed due to me**cha**nical **i**ssues.

5. You are **not** al**low**ed to **smo**ke in **he**re.

6. We will re**tur**n your **ca**ll as **soo**n as **po**ssible.

7. I **knew** it **had** to be **so**mething.

練習6 p. 46 006

In just a few minutes, shoppers a(t) Fieldin(g) Supermarke(t) will be able to ge(t) selecte(d) ★items in our fresh food aisle a(t) hal(f) price. The store manager is there now markin(g) discounte(d) fruits, vegetables,

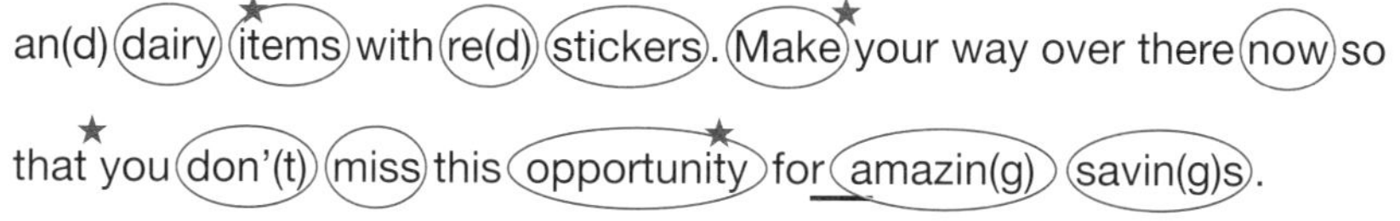
an(d) dairy items with re(d) stickers. Make your way over there now so that you don'(t) miss this opportunity for amazin(g) savin(g)s.

練習7 p.48 015

1. The construction is over, / and the beautiful garden on Fifth Avenue / is ready to welcome our guests. /
2. We are now making room / for the new skiwear series / by selling our current items / at great prices. /
3. Millhouse International Center / is looking for volunteers / who can translate the Communication Board / from Japanese to English / for foreign citizens. /

訳 **1.** 工事が終了し、5番街の美しい庭園は、訪問客を歓迎する用意が調っています。／**2.** 当店ではただ今、新しいスキーウエアのシリーズ用に売り場を空けるため、現行品を特価で売り出しています。／**3.** ミルハウス国際センターでは、外国人のためのコミュニケーションボードを日本語から英語に翻訳してくださるボランティアを探しています。

練習8 p. 49 017

1. What are your plans for the weekend? ↘
2. You can enjoy the beautiful weather, ↗ the delicious food, ↗ and some exciting shows. ↘
3. Do you want to help your local group? ↗
4. Are you taking a train, ↗ or should I give you a ride? ↘
5. Why don't you come and join us at Sally's? ↘
6. Come to Tom's Burgers this weekend! ↘

解説 **1.** WH疑問文は疑問詞にアクセントを置き、文末は下降調。 **2.** 並列構造の文では、1つ目と2つ目の項目が上昇調、3つ目が下降調。 **3.** Yes/No疑問文は、文末が上昇調。 **4.** A or BやA and Bの2つの並列は、Aが上昇調、Bが下降調。 **5.** WH疑問文は、文末が下降調。Why don't you～?は「～しませんか?」と提案するフレーズ。 **6.** 命令文(動詞の原形で始まる文)は、文頭にアクセントを置き、文末は下降調。

Q1-2 音読問題 発展編

実践練習問題 p.67

1. 053

People love Brad and Dale's Coffee / because the cups are bigger, / the taste is stronger, / and the service is friendlier. / Thanks to your support, / we've just opened our 100th (one hundredth) U.K. location. / To mark the occasion, / we're offering a free dessert / with every coffee order this week. / If you'd like to learn more / about our exciting lunch and dinner options, / check us out / at www.bradanddales.com. /

訳 ブラッド＆デール･コーヒーをみんなが大好きなのは、カップは大きく、味はしっかり、サービスは親切だから。皆さんのご支持のおかげで、私たちはつい先日イギリス国内で100軒目となる店舗をオープンしました。これを記念して、今週はコーヒー1杯のご注文にデザートを1つ無料でお付けしています。わくわくするランチとディナーのメニューをもっと知りたい方は、www.bradanddales.comでチェックしてください。

語注 □ strong:（コーヒーなどが）濃い　□ thanks to ～: ～のおかげで
□ mark: ～（特別な出来事）を記念する　□ occasion:（特別な）出来事

ゼミ生中継

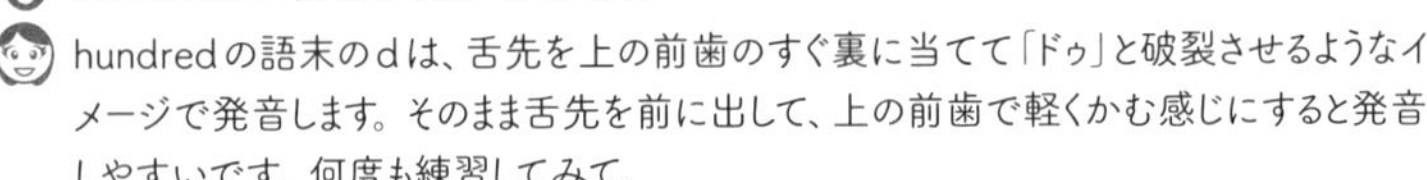

hundredthの発音がうまくできません。

hundredの語末のdは、舌先を上の前歯のすぐ裏に当てて「ドゥ」と破裂させるようなイメージで発音します。そのまま舌先を前に出して、上の前歯で軽くかむ感じにすると発音しやすいです。何度も練習してみて。

2. 054

Hi, baseball fans. / Are you looking for something fun to do this summer? / Why not join a baseball fantasy camp? / You can meet retired greats of the baseball world, / such as Val Jones, / Simon Tanaka, / and Pedro Sanchez! / The camp will be held from June 18 (eighteenth) to June 23 (twenty-third) / at the old Harrison Stadium. / Accommodation options include / some of Harrison's most luxurious hotels / as well as lower-priced alternatives. /

訳 野球ファンの皆さん、こんにちは。この夏にできる楽しいことをお探しですか？　野球ファンタジーキャンプに参加しませんか？　ヴァル・ジョーンズやサイモン・タナカ、ペドロ・サンチェスをはじめとする引退した野球界の名選手たちに会えますよ！　キャンプは6月18日から6月23日まで、旧ハリソン球場で開催されます。宿泊には、ハリソンで最も豪華なホテルのプランもありますし、よりお手頃価格のプランもあります。

語注 □ great: 重要な人、大家　□ accommodation: 宿泊施設　□ luxurious: 豪華な　□ alternative: 代わり、選択肢

・Hi, baseball fans.のような最初の呼び掛けは、トークの内容に応じて上昇調、下降調を臨機応変に変えられるといいですね。このトークのような宣伝系であれば、「明るく元気いっぱいに」が鉄則なので、上昇調がお勧めです。逆にニュース系であれば冷静なトーンがベター。ニュースの場合はHi, everyone.を下降調で読むと雰囲気が出ます。
・retired greatsは「形容詞＋名詞」の名詞句で、後の語（greats）をより強く読みます。June 18、June 23の数字の読み方は、それぞれeighteenthとtwenty-third。luxuriousやalternativeのように発音の難しい単語は、繰り返し練習しましょう。どちらも頻出です。

3. 055

Ladies and gentlemen, / welcome aboard the Eastcoaster. / This is an overnight train / from Brisbane to Melbourne. / It is a journey / of 1,750km (seventeen hundred and fifty kilometers), /

arriving in Melbourne / at 7:30 (seven thirty) tomorrow morning. / The dining car is Car Three. / If you have a sleeper carriage, / be sure not to leave it unlocked. / We'll be making brief stops / through the night / at Newcastle, / Sydney, / and Canberra. /

訳 皆さま、イーストコースターにご乗車いただき、ありがとうございます。当列車はブリスベン発メルボルン行きの夜行列車です。1750キロを移動し、メルボルンには明日の朝7時30分に到着します。食堂車は3号車です。寝台客室をご利用の方は、鍵を掛けずに離れないようご注意ください。夜の間にニューカッスル、シドニー、キャンベラに短時間の停車をいたします。

語注 □ carriage: <イギリス英語で>客車　□ brief: 短い、つかの間の

ゼミ生中継

Miho

Mai Yasu

Nao

the dining carのアクセントを間違えました。
後ろにアクセントが来ると、「ご飯を食べてる車両」になっちゃうよ。
これは「食堂車」という複合句ですよね。だから、diningの方にアクセント。
そのとおり。sleeper carriageも同様に複合語だから、1語目にアクセントです。

4. 056

Are you looking for somewhere new / to go on your next vacation? / Beechmont Resort / is New Jersey's newest resort hotel, / and it opens this Sunday, / February 19 (nineteenth). / With easy access to the beach, / amusement parks, / and the shopping district, / this is the perfect location for your next vacation. / To learn more / about our wonderful packages, / call us at 1-800-345-3422 (one, eight hundred, three four five, three four two two). /

訳 次の休暇に出掛ける、どこか新しい場所をお探しですか？ ビーチモント・リゾートは、ニュージャージーの最新リゾートホテルで、今度の日曜日、2月19日にオープンします。ビーチにも遊園地にもショッピング街にもすぐに行くことができて、あなたの次の休暇にぴったりの場所です。当ホテルの素晴らしいパッケージプランに関する詳細は、1-800-345-3422までお電話ください。

ゼミ生中継

New Jerseyは地名だから、後ろの語をより強く読むんですね。言えました!

いいですね。February 19はnineteenthと言えた?

間違えました…。最後のthを言わずに、nineteenと言ってしまいました。

districtのアクセントにも注意。dístrictです。また、shopping districtは「商業地域」という意味の複合語だから、shoppingをより強く読んでね。

Speaking Test

第4回ゼミ

Q3-4 写真描写問題 基礎編

練習1 p. 82

1. street(通り)、man(男性)、riding(乗っている)、bicycle(自転車)、cyclist(自転車乗り)、helmet(ヘルメット)、yellow jacket(黄色い上着)、car(自動車)、lamppost(街灯)、walking(歩いている)、backpack(リュックサック)、building(建物)、footpath(歩道)、fallen leaves(落ち葉)、coat(コート)など

2. two people(2人の人)、working(働いている)、counter(カウンター)、café(カフェ)、restaurant(レストラン)、food(食べ物)、display cabinet(陳列棚)、shelves(棚)、containers(容器)、bottles(ビン)、plates(皿)など

練習2 p. 84 064

1. This is a picture of a street. There are several people in the picture.

(これは、路上の場面です。写真には複数の人が写っています)

2. This is a picture of a kitchen. There are two people in the picture.

(これは、キッチンの写真です。写真には2人の人が写っています)

練習3 p. 86

中央 In the middle → man(男性)、woman(女性)

手前 In the foreground → counter(カウンター)

左側 On the left → stacks of plates(積み上げた皿)

右側 On the right → plastic containers of food(プラスチックの食品容器)、small sign(小さな看板)

奥 In the background → shelves(棚)、containers(容器)、bottles(ビン)

練習4 p. 87 065

1. I can see a cyclist. He is riding a bicycle. He's wearing a bright yellow jacket. Some people are walking along a sidewalk.

2. A man and a woman are working in the kitchen. There is a white counter. There are various containers on the shelves.

訳 **1.** 自転車乗りが見えます。彼は自転車に乗っています。彼は明るい黄色の上着を着ています。数人の人が歩道を歩いています。／**2.** 男性と女性がキッチンで働いています。白いカウンターがあります。棚にはいろいろな容器があります。

練習5 p. 88 066

1. I think it is daytime because it's bright outside. Maybe it is located in the center of the city. It looks like he is waiting for the cars to pass.

2. It looks like it is a fast-food restaurant. The man seems to be arranging some kind of food. Maybe the store is not open yet because there are no customers in the picture.

訳 **1.** 外が明るいので、日中だと思います。たぶん、この場所は市の中心地でしょう。彼は車が通過するのを待っているように見えます。／**2.** ここはファストフード店のように見えます。男性は何か食べ物の準備をしているように見えます。写真にお客が写っていないので、店はまだ開店していないのかもしれません。

語注 **1.** □ be located in ～: ～に位置している

型はめ練習1 p. 89 068

全体 This is a picture taken (in a conference room).

人の数 I can see (several people) in this picture.

中央 In the middle of the picture, there is a (woman).

動作	She is (making a presentation).
外見	She has (long hair) and is wearing a (short-sleeved) shirt.
手前	In the foreground, there are people (sitting down) and (concentrating on the speech).
奥	In the background, a large screen is (showing some information).
右側	On the right side of the picture, I see (a chair pushed against a wall).
推測	It looks like (the woman is proposing an idea).

訳 全体：これは、会議室で撮られた写真です。／人の数：この写真には複数の人が見えます。／中央：写真の中央には女性がいます。／動作：彼女はプレゼンをしています。／外見：彼女は長い髪で、半袖シャツを着ています。／手前：手前には、座ってスピーチに聞き入っている人たちがいます。／奥：奥では、大きなスクリーンが何かの情報を映しています。／右側：写真の右側には、壁際に寄せられた椅子が見えます。／推測：女性はアイデアを提示しているように見えます。

型はめ練習2

p. 90

Levels ⑤～⑥ 070

全体	This is a picture taken at a (public park). I can see (many people and large trees) in this picture.
中央	In the middle of the picture, (I see a man and a woman).
動作	They are (walking along a path).
外見	The woman is wearing (a white shirt with a pink print on it), and the man is (wearing a blue, short-sleeved shirt).
持ち物	They have (heavy bags in their hands).
奥	In the background, there are (some posters and some artwork). I can also see (people sitting on the grass and looking at the displays).
推測	There appears to be (some kind of local art festival).

訳 全体：これは、公園で撮られた写真です。この写真には、大勢の人と大きな木々が見えます。

／中央：写真の中央に、男性と女性が見えます。／動作：その人たちは小道を歩いています。／外見：女性はピンクの絵柄が付いた白いシャツを着ていて、男性は青い半袖シャツを着ています。／持ち物：彼らは重い荷物を手に持っています。／奥：奥にはポスターや芸術作品があります。芝生に座って展示物を見ている人たちも見えます。／推測：何か地域の芸術祭が行われているようです。

語注 □ path: 小道、細道

Levels 7～8 071

This is a picture of what appears to be a public park. It looks like a sunny day because I can see a blue sky. There are large trees around the edge of the park. In the center of the photograph, there are two people walking along a dirt path, which has a low fence on one side. The woman is wearing a white shirt with a pink print on it. The man is wearing a blue, short-sleeved shirt. They seem to have heavy bags in their hands. There are some people viewing artwork that has been posted on special display stands. There appears to be some kind of local art festival going on. There are people sitting on the grass in the background.

訳 これは、公園と思われる場所の写真です。青空が見えるので、晴れた日のようです。公園の境界の辺りに大きな木々があります。写真の中央には、片側に低いフェンスのある土の小道を歩いている、2人の人物がいます。女性はピンクの絵柄が付いた白いシャツを着ています。男性は青い半袖シャツを着ています。彼らは手に重い荷物を持っているようです。特別な展示台に掲示された芸術作品を見ている人たちがいます。何か地域の芸術祭が開催されているように思われます。奥の芝生に座っている人たちがいます。

語注 □ edge: 端、縁　□ dirt: 土、土砂　□ post: ～を掲示する　□ go on: 起こる、催される

型はめ練習3

p. 91

Levels 5～6 073

全体 This is a picture (taken inside a café or a restaurant).

人の数 I can see (two women) in this picture.

外見 The woman on the right (is wearing a white shirt with a black print on it) and the woman on the left (is wearing a black shirt).

動作 They are (sitting across from each other) and (looking at some documents).

奥 In the background, (there are some doors). I can also see (a computer on a cabinet).

推測 I think (it is a beautiful day because I can see some sunshine outside).

訳 全体：これは、カフェかレストランの店内で撮られた写真です。／人の数：この写真には2人の女性が見えます。／外見：右側の女性は黒い絵柄の付いた白いシャツを着ていて、左側の女性は黒いシャツを着ています。／動作：彼女たちは向き合って座っていて、何かの書類を見ています。／奥：奥にはいくつかのドアが見えます。また、キャビネットの上のコンピューターも見えます。／推測：外に日の光が見えるので、よく晴れた日だと思います。

Levels ⑦〜⑧ 074

This is the interior of a restaurant. The walls of the restaurant have some plants drawn on them. Two women are sitting across from each other at a table. They are looking at some documents. Perhaps they are menus. The woman on the left is gesturing toward a document on the table. She's wearing a black button-down shirt. The other woman is wearing a white shirt with a strange pattern on it. On the far side of the women, there is an open window. It appears to be daytime as it is very bright outside. In the background by the door, I can see a computer or something on a cabinet. I guess that is used for reservations.

訳 これは、レストランの店内です。レストランの壁に何かの植物が描かれています。2人の女性がテーブルに向かい合って座っています。彼女たちは何かの書類を見ています。もしかするとメニューかもしれません。左側の女性が、テーブルの上の書類を指す手ぶりをしています。彼女は黒いボタンダウンのシャツを着ています。もう1人の女性は変わった模様の付いた白いシャツを着ています。女性たちの向こう側には、開かれた窓があります。外がとても明るいので、日中のようです。奥のドアの近くには、キャビネットに載ったコンピューターか何かが見えます。予約に使われるのではないかと思います。

語注 □ gesture: 身ぶり手ぶりで示す

on the far side of 〜は「〜の向こう側に」という意味です。

Q3-4 写真描写問題 発展編

練習1 p. 94 077

1. This is a picture taken at a restaurant or a café.
（これはレストランかカフェで撮られた写真です）

2. This picture must have been taken in an office.
（この写真はきっとオフィスで撮られたものでしょう）

練習2 p. 95 080

1. The photograph is of a bakery. There are many different kinds of bread in the cabinet.（これはパン屋の写真です。棚の中にいろいろな種類のパンがあります）

2. This is a picture of a big fountain. I can see many people gathered together.（これは、大きな噴水の写真です。大勢の人が集まっているのが見えます）

練習3 p. 96 081-083

訳 **1.** 手前：写真の手前には、テーブルに陳列された複数の野菜があります。／右上：何かコンクリート製の構造物のようなものが、写真の右上にあります。／左側：写真の左側には、陳列物の前に立っている人々が見えます。／奥：写真の奥には、レンガの壁が見えます。
2. 右上隅：写真の右上隅には、公園の入り口と思われる大きな門があります。／中央：写真の中央には、壁の上に座っている２人の人物が見えます。／左下：写真の左下には、壁に寄りかかっている女性が見えます。／右下隅：写真の右下隅には、小さな女の子がいます。
3. 中央：写真の中央には、1～2人の建設作業員がいます。／手前：写真の手前には、手押し車の影があります。／右側：写真の右側には、1人の歩行者が見えます。

語注 **1.** □ structure: 建造物、構造物 □ brick: レンガ
2. □ lean on ～: ～に寄りかかる **3.** □ wheelbarrow: 手押し車 □ pedestrian: 歩行者

練習5 p. 104 093-094

訳 **1.** 7台の車が並んで止められています。／車はどれも、前側が木の陰に入るように駐車されています。／1台の車の後部ドアが開いています。／その車の近くにベビーカーが置いてあります。
2. 棚の中にいろいろなパンや菓子パンがあります。／棚の上にもたくさんのパンが並んでいます。／棚の横の壁には大きな表示画面があります。

語注 □ pastry: ペーストリー（パイ、タルトなど） □ loaf: パンのひとかたまり（複数形はloaves）

練習6 ･･････････････････････････････････････ p. 106 096-098

訳 **1.** 彼女はこの露店の店主に違いありません。／写真から判断するに、お客がいないので、まだ早朝なのかもしれません。
2. 彼はプレゼンか何かの準備に取り組むために、一時的にこの場所を使っているのだと思います。／部屋には使っていない椅子がいくつかあるので、もしかすると会議があったのかもしれません。
3. 彼の服装から、冬だと分かります。／彼は、バスかタクシーを待っているように見えます。／彼が手に傘を持っているので、これから雨が降るのではないかと思います。／道路がぬれているようなので、これより前に雨が降ったのでしょう。

練習7 ･･････････････････････････････････････ p. 107

1. In the center, there is a man who is wearing jeans.

2. The man who is wearing a white hat is reading a book.

3. The man standing next to the woman is holding a cup and saucer.

4. I would like to be there, as I like shopping myself.

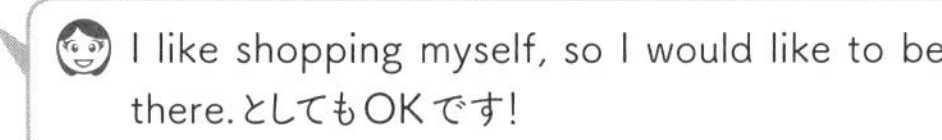

I like shopping myself, so I would like to be there. としてもOKです!

練習8 ･･････････････････････････････････････ p. 108 099-100

1. There is a large gate that appears to be the entrance to the park. Two of the people sitting on the wall are having a conversation. I can see an old building that appears to be built out of red brick.

2. There are some cars parked on the street. There is a hedge that runs along the front of the building. I can see other buildings that look like houses.

実践練習問題 p. 110

1.

Levels ⑤〜⑥ 108

This is a picture of a park. I see two people and a dog. On the right side of the picture, there is a woman. She is wearing a red jacket and black pants. She is bending down and smiling. On the left side of the picture, there is a man. He is also bending down and looking at his pet dog. He is wearing a white cap and black jacket. I think he has a leash in his right hand. In the middle of the picture, there is a large tree. In the background, I see the blue sky. I think it's fall or winter because there are no leaves on the tree.

訳 これは、公園の写真です。2人の人物と犬が1匹見えます。写真の右側には女性がいます。彼女は赤い上着と黒いパンツを身に着けています。彼女はかがんでほほ笑んでいます。写真の左側には男性がいます。彼もかがんで、自分の飼い犬を見ています。彼は白い帽子と黒い上着を身に着けています。右手にはリードを持っているように思います。写真の中央には大きな木があります。奥には青空が見えます。木に葉がないので、秋か冬だと思います。

語注 □ bend down: かがむ　□ leash:（犬などをつなぐ）リード

Levels ⑦〜⑧ 109

This is a photograph of a man and a woman playing with their dog. They are crouched down under the branches of a tree. They appear to be in a park or some unused land. The dog is sitting in front of the man looking up into his eyes. It's a little black dog, and he looks so cute. The woman is facing the man, and she is smiling at the scene. It must be winter because they're wearing warm coats. The man's coat is black and the woman's is pink. They both have a fur trim around the hood. The dog has a red collar, and it is attached to a leash, which the man has in his right hand.

訳 これは、飼い犬と遊んでいる男女の写真です。彼らは木の枝の下でしゃがんでいます。彼らは公園か空き地にいるようです。犬は男性の前に座って男性の目を見上げています。小型の黒い犬で、とてもかわいいです。女性は男性と向き合い、その光景を見てほほ笑んでいます。彼らは暖かいコートを着ているので、冬だと思われます。男性のコートは黒で、女性のはピンクです。どちらもフード周りにファーの飾りが付いています。犬は赤い首輪をしており、それにはリードがつながれていて、それを男性が右手に持っています。

語注 □ crouched down: しゃがんで □ branch: 枝 □ unused: 使われていない □ at the scene: その光景を見て □ fur: 毛皮、ファー □ trim: 装飾、飾り □ hood: フード、ずきん □ collar: 首輪

ゼミ生中継

マイは、最後の数秒でめちゃくちゃ急いで感想を言ってたね。

カウントダウンの表示を見たら、残り時間があと少ししかなかったので…。

途中まではちょうどいいスピードで言えていたのに、最後だけ猛スピードだとおかしいから、時間調整を頑張ってね。繰り返し練習すれば、残り時間と最後の1文のタイミングがつかめるようになるから。

最後に感想や想像を付け加えるとしたら、何秒くらい必要ですか。

残り7秒くらいがベストかな。5秒でも言えると思うよ。

2.

Levels 5～6 110

This is a picture of a meeting room. There are four people in the picture. It seems like they are having a meeting. On the right side of the picture, there is a man in a suit. He has short hair and a beard. Beside him, there are three other people. One of them is a woman, and she is wearing a white shirt. It seems like she is explaining something. Around them, I can see many things, such as documents, a laptop computer, flags and more.

訳 これは、会議室の写真です。写真には4人の人が写っています。彼らは会議をしているように見えます。写真の右側にはスーツを着た男性がいます。彼は短髪でひげを生やしています。彼の横には他に人が3人います。そのうち1人は女性で、白いシャツを着ています。彼女は何かを説明しているように見えます。彼らの周りには、書類やノートパソコン、旗などたくさんの物が見えます。

Levels ⑦〜⑧ 111

This is a picture of some people sitting around a white table having a meeting. There are three men and a woman. The woman, who is sitting second from the left, is wearing a white shirt. All of the men are in dark suits. There are two men to her left. The older man has a white beard and he is gesturing to something with a pen. The man beside him is quite young, and he seems to be speaking to the woman. The third man is sitting on the left side of the picture, and he has both hands on the table. Around them, I can see many things, such as a stand with small flags, laptop computers, glasses of water and more.

訳 これは、白いテーブルを囲んで座って会議をしている人たちの写真です。男性が3人と女性が1人います。女性は、左から2番目に座っていて、白いシャツを着ています。男性は全員が暗い色のスーツを着ています。彼女の左側に男性が2人います。年長の男性は白いひげを生やしていて、ペンで何かを指し示しています。その隣の男性はかなり若く、彼は女性に話をしているように見えます。3人目の男性は写真の左側に座っていて、両手をテーブルの上に置いています。彼らの周りには、小さな旗が入ったスタンドやノートパソコン、水の入ったグラスなどたくさんの物が見えます。

ゼミ生中継

Around them, I can see many things, such as 〜 .（彼らの周りには、〜などたくさんの物が見えます）って、使えますね！

描写する物が多くあって、「最後に時間が足りない、でもまだ十分に描写できていない」というときには、これで物をリストアップすればOK！　お勧め表現です。ところで、ナオは変な癖があるね。This is a picture of a meeting room. はいいけど、次の文をSo ... で始めるのはおかしい。

あれ、言ってたかな…。

文と文の間に、謎のSoがよく出てくる。Ah ... みたいなフィラー（つなぎ）として使ってるでしょ。

はい…。

フィラーとしてSoを使う人は多いけど、不自然に聞こえるから注意してね。

気を付けます！

3.

Levels ⑤～⑥ 🔊112

This is a picture taken in a train station. There are some people walking on the platform. On the right side of the picture, there is a woman. She has a yellow plastic bag. In front of her, I see some other people. They are walking in the same direction. They don't look to be in a hurry, so I think they are just going back home. In the background, there is a train, but there is no one on it. Judging by the picture, it must be winter because everyone is wearing long sleeves.

訳 これは、鉄道の駅で撮られた写真です。プラットホームを歩いている人が何人かいます。写真の右側には女性がいます。彼女は黄色いビニール袋を持っています。彼女の前には複数の人が見えます。彼らは同じ方向に歩いています。急いでいるようには見えないので、家に帰るだけなのだと思います。奥には列車がありますが、誰も乗っていません。写真から判断して、全員が長袖を着ているので冬だと思われます。

語注 □ plastic bag: ビニール袋

Levels ⑦～⑧ 🔊113

In this photograph, I can see some people walking alongside a train. They are all pulling small suitcases behind them, and they are all casually dressed, so I think they must be on vacation. The woman in the middle of the photograph is wearing a purple shirt and she has black pants. Behind her, on the right side of the picture, there is a tall woman dressed entirely in black. She has a yellow shopping bag in her hand and a pink handbag over her shoulder. There are three men walking in front of the woman. Two of the men are wearing jackets, but the other one is wearing a shirt and jeans. The train to their right has its doors open.

訳 この写真では、複数の人が列車の脇を歩いているのが見えます。彼らは皆、後ろに小型のスーツケースを引いていて、全員がカジュアルな服装をしているので、休暇中なのだろうと思います。写真中央の女性は紫色のシャツを着て、黒いパンツをはいています。彼女の後ろ、写真右側には、全身黒い服装をした背の高い女性がいます。彼女は黄色いショッピングバッグを手に持ち、ピンクのハンドバッグを肩に掛けています。女性の前には男性が3人います。男性のうち2人は上着を着ていますが、もう1人はシャツとジーンズを身に着けています。彼らの右側の列車はドアが開いています。

語注 □ the other one: もう一方、もう一人　□ head for ～: ～に向かう

ゼミ生中継

 Miho  Mai  Yasu Nao

Miho: ヤス、She has a blond shoulder-length long hair. がおかしい。aは変でしょ。

Yasu: 髪の毛が1本…じゃないですよね…。

Miho: shoulder-length longも意味が不明瞭。「肩の長さ」と言いたいのか、「長い」と言いたいのか、よく分からない。She has shoulder-length blond hair.（彼女は肩までの長さの金髪です）ならOKだよ。形容詞の順番にも気を付けてね。

Yasu: 形容詞に順番があるんですか？

Miho: 形容詞を複数並べるときは、「感想→大きさ→形→年齢→色→起源→素材→用途」の順に言うのが基本です。ちなみに、This is a beautiful big square Japanese cotton wrapping cloth. って何だと思う？

Yasu: きれいで、大きくて、四角い、日本の、綿でできた、包む布…分かった、風呂敷だ！

Miho: ピンポーン！

4.

Levels 5～6　114

This picture shows a construction site. There are two workers. In the middle of the picture, I see a man with a white helmet. He is wearing a yellow vest. He looks like he is supervising the site. There are traffic cones next to him to warn people not to go in the area because it's dangerous. On the right, I see a man operating a special vehicle. They are paving the road. In the background, there is an old building. I think it's early in the morning because the street looks very quiet.

訳 この写真には、建設現場が写っています。作業員が2人います。写真の中央には、白いヘルメットをかぶった男性が見えます。彼は黄色いベストを着ています。彼は現場を監督しているよ

うに見えます。彼の横には、危ないからこの場所に入らないよう人々に忠告する三角コーンがあります。右側には、特殊な車両を操作する男性が見えます。彼らは道路を舗装しています。奥には古い建物があります。通りがとても静かな様子なので、朝早いのだと思います。

語注 □ supervise: ～を監督する　□ warn ～ not to do: ～に…しないよう警告する
□ pave: ～を舗装する

Levels ⑦～⑧ 115

This is a picture of a construction site. In the middle of the picture, I can see a man in a hard hat. He is wearing a yellow work vest and black trousers. He is standing on the road, and he is leaning against a barrier, which has been erected around the work site. In front of him, inside the fenced-off area, there is a small excavator. There is a man sitting at its controls. He appears to be digging a hole in the road. There is a wall in front of the building. The building also appears to be under construction. In the upper left side, I can see a five- or six-story red brick building. It looks like it might be an apartment building.

訳 これは、建設現場の写真です。写真の中央に、ヘルメットをかぶった男性が見えます。彼は黄色い作業用ベストと黒いズボンを身に着けています。彼は道路に立って、作業現場の周りに立てられたフェンスに寄りかかっています。彼の前、フェンスで区切られた場所には、小型の掘削機があります。座ってそれを操作している男性がいます。彼は道路に穴を開けているようです。建物の前に壁があります。その建物も工事中のようです。左上には、5階か6階建ての赤レンガの建物が見えます。アパートの建物のようにも見えます。

語注 □ barrier: 防護柵　□ erect: ～（看板など）を立てる
□ excavator: 掘削機、パワーショベル　□ ～-story: ～階建ての

ゼミ生中継

工事の車の名前が分からなかったので、とりあえずvehicle（乗り物）って言ってみました。

この機械はpower shovel（パワーショベル）とかexcavator（掘削機）だけど、vehicleでも大丈夫よ。

私は「何かを掘っている」で、diggingって言いました。

「掘る」はdigでOKですよ。または、excavateとかshovelも使えます。

この赤い三角コーンの名前が分からなくて、triangle poleって言ってみた。

言うならtriangular pole（三角柱）かな。でもコーンは三角柱というより円錐なので、coneが正しいね。他に、traffic coneとかsafety cone、またはpylonとも呼ばれます。工事現場の写真は出やすいので、これらの語句はセットで覚えてしまってね。

5.

Levels ⑤～⑥ 116

This is a picture of a ticket counter. There are several people in the picture. In the middle of the picture, I see a woman with blond hair. I think she is buying a ticket for a bus because she has a big backpack. There is a glass barrier in front of her, and it looks like she is talking to a clerk. There is a woman behind her. She has long, black hair and she is wearing a light blue shirt. It could be nighttime because a shop's shutter is already down.

訳 これは、チケット窓口の写真です。写真には数人の人が写っています。写真の中央には、金髪の女性が見えます。大きなリュックサックを背負っているので、バスのチケットを買っているのだと思います。彼女の前にはガラスの仕切り板があり、彼女は窓口係と話しているようです。彼女の後ろには女性がいます。その女性は長い黒髪で、水色のシャツを着ています。店舗のシャッターが既に下りているので、深夜かもしれません。

Levels ⑦～⑧ 117

This picture shows some women standing at the counter of a ticket booth. Two of the women are being served and a third woman is lined up behind them. The woman on the right side of the counter has a big backpack. She has long hair, but she has it up in a bun. The woman behind her has a large bag at her feet, and she looks like she is trying to open her handbag. I suppose she's getting ready to pay for her tickets. There is a glass barrier separating the customers from the employees. Someone has put a sign on the glass. On the right side of the picture, I can see a young man standing at a counter. I think he's filling out a form.

訳 この写真は、チケット売り場のカウンターに立っている女性たちを写しています。2人の女性が応対を受けていて、3人目はその後ろに並んでいます。カウンター右側の女性は大きなリュックサックを背負っています。長い髪ですが、それをアップにまとめています。その後ろの女性は足元に大きな荷物を置き、ハンドバッグを開けようとしているように見えます。チケット代金を払う用意をしているのだろうと思います。客と従業員を隔てるガラスの仕切りがあります。誰かがそのガラスに貼り紙をしています。写真の右側には、カウンターのところで立っている若い男性が見えます。彼は申込書に記入しているのだと思います。

語注 have ～ up in a bun: ～（髪）をお団子に束ねている

ゼミ生中継

「チケット売り場」をticket stationと言いました。

私はticket center。

正しい表現は何かな？　それぞれのフレーズをネットで画像検索してみて。

あれ…ticket stationで検索すると、日本の駅の画像ばっかり出てくる。

「チケットステーション」は和製英語。「切符売り場」はticket office、ticket counter、ticket booth、ticket centerなどと言います。「この表現でいいのかな」と迷ったときは、画像検索してみるといいですよ。

中央の女性の描写で、gold hairと言ってしまいました。

gold hairはないな。blondかblond hairですね。

第6回ゼミ Q5-7 応答問題 基礎編

練習1 p. 129

130

Q1. What time do you usually eat breakfast?

A1. I usually eat breakfast at 7.

訳 **Q1.** いつも何時に朝ご飯を食べますか？ **A1.** いつも7時に朝ご飯を食べます。

131

Q2. Where do you usually eat lunch?

A2. I usually eat lunch in the office.

訳 **Q2.** いつもどこで昼ご飯を食べますか？ **A2.** いつもオフィスで昼ご飯を食べます。

132

Q3. Have you ever wanted to study abroad?

A3. Yes, I've always wanted to study abroad.

訳 **Q3.** 海外に留学したいと思ったことはありますか？ **A3.** はい、留学したいとずっと思っています。

133

Q4. Are you more likely to use an umbrella when it's raining, or do you prefer to wear a raincoat?

A4. I'm more likely to use an umbrella when it's raining.

訳 **Q4.** 雨が降っているとき、傘を差すことが多いですか、それともレインコートを着る方が好きですか？ **A4.** 雨が降っているときは傘を差すことが多いです。

語注 □ likely to do: ～しそうな

134

Q5. If a new movie theater opened in your area, would you visit it often?

A5. If a new movie theater opened in my area, I think I would visit it often.

訳 **Q5.** もしあなたの地域に新しい映画館がオープンしたら、頻繁に訪れますか？ **A5.** もし私の地域に新しい映画館がオープンしたら、頻繁に訪れると思います。

Q6の答えで質問文のコピペをしない場合は、1文目でYes, I think so.とシンプルに答え、2文目に理由を続けます。

練習2

p. 131

＊問題文の訳は「練習1」を参照。

136

Q1. What time do [you] usually eat breakfast?

A1. I usually eat breakfast at 7. I had a cup of coffee and some banana bread this morning.

訳 **A1.** いつも7時に朝ご飯を食べます。今朝はコーヒーを1杯とバナナブレッドを少し食べました。

137

Q2. Where do [you] usually eat lunch?

A2. I usually eat lunch in the office. Whenever possible, I wake up early and pack my lunchbox to save money.

訳 **A2.** いつもオフィスで昼ご飯を食べます。できる限り、節約のために早起きしてお弁当を作ります。

138

Q3. Have [you] ever wanted to study abroad?

A3. Yes, I've always wanted to study abroad. When I was in college, I was interested in going to the U.S., but unfortunately, my dreams didn't come true.

訳 **A3.** はい、留学したいとずっと思っています。大学時代、アメリカに行きたいと思っていたのですが、残念ながら夢は実現しませんでした。

139

Q4. Are [you] more likely to use an umbrella when it's raining, or do [you] prefer to wear a raincoat?

A4. I'm more likely to use an umbrella when it's raining. Raincoats are not popular in my country and I don't think they are useful.

訳 **A4.** 雨が降っているときは傘を差すことが多いです。私の国ではレインコートはあまり一般的ではなく、便利だとは思いません。

140

Q5. If a new movie theater opened in your area, would you visit it often?

A5. If a new movie theater opened in my area, I think I would visit it often. That's because watching movies is my favorite hobby.

訳 **A5.** もし私の地域に新しい映画館がオープンしたら、頻繁に訪れると思います。なぜなら、映画鑑賞は私の大好きな趣味だからです。

練習3 p. 132

142

Q1. Would you prefer to work out at a gym or train at home? Why?

A1. I would prefer training at home because driving to the gym every day is a waste of time. I would save money by training at home, too.

訳 **Q1.** ジムでワークアウトするのと自宅でトレーニングするのとでは、どちらが好きですか？　それはなぜですか？　**A1.** ジムまで毎日車に乗るのは時間の無駄なので、家でトレーニングする方が好きです。家でトレーニングするとお金の節約にもなります。

143

Q2. Where do you usually go when you want to have coffee with friends? How long does it take you to get there?

A2. We go to a local café. It's only about 10 minutes' walk from my apartment. The coffee and desserts there are delicious.

訳 **Q2.** 友達とコーヒーを飲みたいときは、いつもどこに行きますか？　そこへ行くのにどのくらい時間がかかりますか？　**A2.** 地元のカフェに行きます。そこは私のアパートから歩いて10分ほどです。そこのコーヒーとデザートはおいしいです。

144

Q3. How many hours per week do you usually spend on studying, and is that more or less than you studied in the past?

A3. I usually study about one hour a day, five days a week, and that is more than I studied in the past. I usually study on the train on the way to work.

訳 **Q3.** 1週間にどれくらいの時間を勉強に使っていますか、また、それはあなたが過去に勉強したときと比べて多いですか、少ないですか？　**A3.** たいてい毎日約1時間、週5日勉強します。そして、それは過去に勉強したときよりも多いです。いつも、通勤中の電車で勉強します。

145

Q4. If you wanted to give your best friend a birthday present, what would you give them? Why?

A4. I would give them a gift card. I think gift cards are great because people get to choose their own gift.

訳 **Q4.** もし親友に誕生日プレゼントをあげるとしたら、何をあげますか？　それはなぜですか？　**A4.** 私ならギフトカードをあげます。自分の好きなギフトを選ぶことができるので、ギフトカードは素晴らしいと思います。

この問題のようにダブルQの場合は、コピペのしすぎに注意。肝心の答えを言う前に時間切れではアウトです！　この場合はIf ～の文をコピペせずに I would から答え始めると、理由を言う時間がしっかりと取れます。

146

Q5. When was the last time you traveled, and where did you go?

A5. The last time I traveled was nine months ago. I went to London in August to visit a cousin.

訳 **Q5.** 最後に旅行したのはいつで、どこに行きましたか？　**A5.** 最後に旅行したのは、9カ月前です。8月に、いとこに会うためにロンドンに行きました。

Q5-7 応答問題 発展編

練習1

p. 141

148

Q1. Which of the following do you consider the most important factor when choosing a hotel to stay at?　Price / Location / Service

A1. I think the most important factor is price.

訳 **Q1.** 泊まるホテルを選ぶ際、次のうちのどれを一番重要な要素と考えますか？　料金／立地／サービス　**A1.** 一番重要な要素は料金だと思います。

149

Q2. Do you think living close to a workplace is a good thing?

A2. Yes, I do. I think living close to a workplace is a good thing.

訳 **Q2.** 職場の近くに住むのはいいことだと思いますか？　**A2.** はい。職場の近くに住むのはいいことだと思います。

150

Q3. Do you prefer to go shopping by yourself or with friends?

A3. I prefer to go shopping by myself.

訳 **Q3.** 一人でショッピングに行くのと友人と行くのと、どちらが好きですか？　**A3.** 一人でショッピングに行く方が好きです。

151

Q4. What new technology do you use when communicating with your friends?

A4. I use text messaging when communicating with my friends.

訳 **Q4.** 友人とコミュニケーションをとるとき、どんな新しいテクノロジーを使っていますか？　**A4.** 私は友人とコミュニケーションをとるとき、（携帯電話の）ショートメッセージ機能を使います。

語注 □ text messaging:（携帯電話の）ショートメッセージ機能

練習2 p. 143

156

Q1. Which of the following do you consider the most important factor when choosing a hotel to stay at? Price / Location / Service

A1-(a) I think the most important factor is price because I don't want to waste a lot of money on a room that I will only sleep in. Also, if I can save money on my hotel room, I can use it on more important things.

A1-(b) I think the most important factor is location because I don't like spending a long time looking for my hotel. Also, I like to stay in downtown areas.

A1-(c) I think the most important factor is service because I feel happy when the staff is helpful even if the price is high. Also, if the service were poor, it could ruin the trip.

訳 **Q1.** 泊まるホテルを選ぶ際、次のうちのどれを一番重要な要素と考えますか？　料金／立地／サービス

A1-(a) 一番重要な要素は料金だと思います。なぜなら、寝るだけの部屋に多額のお金を費やしたくないからです。また、ホテルの部屋にかかるお金を節約できれば、より大事なことにお金を使えます。

A1-(b) 一番重要な要素は立地だと思います。なぜなら、ホテルを探すのに長い時間をかけたくないからです。また、私は繁華街に滞在するのが好きです。

A1-(c) 一番重要な要素はサービスだと思います。なぜなら、たとえ料金が高くてもスタッフが親切だと気分がいいからです。また、サービスが悪いと、旅が台無しになりかねません。

語注 □ poor: 粗末な、貧弱な　□ ruin: ～を台無しにする

157

Q2. Do you think living close to a workplace is a good thing? Why or why not?

A2-(a) From my experience, I think living close to a workplace is a good thing. The reason is that people waste a lot of time driving to and from work. Moreover, long commutes have an impact on health and productivity.

A2-(b) From my experience, I don't think living close to a workplace is a good thing. The reason is that I don't want to meet my colleagues on my days off. Moreover, I want to clearly separate my job and private life.

訳 Q2. 職場の近くに住むのはいいことだと思いますか？　それはなぜですか？
A2-(a) 自分の経験から、職場の近くに住むのはいいことだと思います。その理由は、人々は車で往復の通勤をするのに多くの時間を無駄に使っているからです。さらに、長い通勤時間は健康状態や生産性に影響を及ぼします。
A2-(b) 自分の経験から、職場の近くに住むのがいいことだとは思いません。その理由は、休みの日に同僚に会いたくないからです。さらに、私は仕事とプライベートの生活をはっきりと分けたいのです。

語注 □ commute: 通勤（時間・距離）　□ impact: 影響　□ productivity: 生産性

158

Q3. Do you prefer to go shopping by yourself or with friends? Why?

A3-(a) Well, I prefer to go shopping by myself. That is because I like to take time to decide what to buy. Also, I don't think it's a good way to spend time with my friends.

A3-(b) Well, I prefer to go shopping with my friends. That is because it is more interesting when I have someone to talk to. Also, my friends can give me their opinion.

訳 Q3. 一人でショッピングに行くのと友人と行くのと、どちらが好きですか？　それはなぜですか？
A3-(a) そうですね、私は一人でショッピングに行く方が好きです。なぜかというと、何を買うか決めるのにじっくり時間をかけたいからです。それに、（ショッピングが）友人と一緒に時間を過ごすいい方法だとは思えません。
A3-(b) そうですね、私は友人とショッピングに行く方が好きです。なぜかというと、話し相手がいれば、より面白いからです。それに、友人の意見を聞くこともできます。

159

Q4. What new technology do you use when communicating with your friends? Why?

A4-(a) Let me see. I use text messaging when communicating with my friends. That's because it's more convenient and cheaper than making phone calls. Also, sending stickers and stamps is fun.

A4-(b) Let me see. I use social media when communicating with my friends. That's because social media, such as Facebook, is a fun and easy way to stay in touch with friends. Also, we can have group video chats using Facebook.

訳 Q4. 友人とコミュニケーションをとるとき、どんな新しいテクノロジーを使っていますか？　それはなぜですか？
A4-(a) そうですね。私は友人とコミュニケーションをとるとき、（携帯電話の）ショートメッセージ機能を使います。なぜなら、電話するよりも便利で安価だからです。それに、絵文字やスタンプを送るのも楽しいです。
A4-(b) そうですね。私は友人とコミュニケーションをとるとき、ソーシャルメディアを使います。なぜなら、フェイスブックをはじめとするソーシャルメディアは、友人と連絡を取り合うための楽しくて簡単な方法だからです。それに、フェイスブックを使って、グループビデオチャットもできます。

語注 □ sticker: 絵文字

練習3

p. 146

161

Q1. When choosing a piece of jewelry, what is the most important feature to consider? Why?　Brand name / Price / Design

A1. 解答 I think design is the most important feature to consider when choosing a piece of jewelry. 理由1 Because if it doesn't look pretty, I wouldn't want to wear it. 理由2 Also, the brand name doesn't matter to me, because I feel like I am paying extra for the name. 詳細 I would buy it if I liked the design even if it was a brand I didn't know.
まとめ Therefore, for me, design is the most important feature to consider when choosing a piece of jewelry.

訳 Q1. ジュエリーを選ぶとき、考慮するべき最も重要な点は何ですか？　それはなぜですか？　ブランド名／価格／デザイン
A1. 私は、ジュエリーを選ぶときに最も考慮するべき点はデザインだと思います。なぜなら、見た目が美しくないと身に着けたいと思わないからです。また、私にとってブランドは問題ではありません。なぜなら、ブランド名のためにより高いお金を払っているように感じるからです。もし自分の知らないブランドのジュエリーだとしても、デザインが気に入れば買うでしょう。ですから、私にとってジュエリーを選ぶときに最も考慮するべき点はデザインなのです。

語注 □ feature: 特徴、特色

162

Q2. Would you consider going to a stadium to see a baseball game? Why or why not?

A2. 解答 I don't think I would consider going to a stadium to see a baseball game, 理由1 because I am not a big fan of baseball. 詳細 I would only go to a stadium to see a game if it was a very important game and I got free tickets. 詳細 I don't think I would ever pay for tickets to a game unless all of my friends were going. まとめ That is why I don't think I would consider going to a stadium to see a baseball game.

訳 **Q2.** 野球の試合を見に球場まで行こうと思いますか？　それはなぜですか？
A2. 私は、野球の試合を見に球場まで行こうとは考えません、というのも野球の大ファンではないからです。球場まで試合を見に行こうと思うのは、それがとても大事な試合で、無料チケットが手に入った場合だけでしょう。友人たちがみんな行くのでもない限り、試合のチケットにお金を払おうとすら思わないでしょう。こうした理由で、私は野球の試合を見に球場まで行こうとは考えません。

語注 □ unless ～: もし～でなければ

ゼミ生中継

Would you consider ～?の意味が分かりませんでした。
「～したいと思う?」みたいな感じですね。Do you want to ~?と考えればOK。
自分も分からなくて、最初に少し黙っちゃいました。
Would you consider ～?が分からなくても、go to a stadiumは分かるでしょ。どうしても分からなければ、単語から想像して答えてね。無言で0点よりはマシだから。

163

Q3. What are some advantages of online shopping?

A3. 解答 There are many advantages of online shopping. 理由1 One advantage is that it's convenient. 詳細 Online shops are available any time of the day or night. 理由2 Easy access to customer reviews is another advantage. 詳細 I always read reviews by other customers before purchasing goods. まとめ These are some advantages of online shopping.

訳 **Q3.** オンラインショッピングの利点は何ですか？
A3. オンラインショッピングには、多くの利点があります。利点の一つは、便利なことです。オンラインショップは、昼夜を問わずいつでも利用できます。カスタマーレビューを簡単に見られることが、もう一つの利点です。私は、買い物をするときには他の利用客のレビューを必ず読みます。これらが、オンラインショッピングのいくつかの利点です。

語注 □ purchase: ～を購入する

理由2 はAnother advantage is customer reviews.としてもOK！

164

Q4. What are some good reasons to own a house?

A4. 解答 There are several good reasons to own a house. 理由1 First, if you own a house you don't have to pay rent each month. 詳細 This can save you a lot of money. 理由2 In addition, you can make changes to the house if you want to. 詳細 In my case, I changed the color of the walls and renovated the kitchen. まとめ These are some of the good reasons to own a house.

訳 **Q4.** 家を所有するべき理由とは何ですか？
A4. 家を所有するべき理由は、いくつかあります。第一に、持ち家であれば毎月家賃を払う必要がありません。これはとてもお金の節約になります。加えて、家を改装したくなったら、できます。私の場合、壁の色を変えて、キッチンをリフォームしました。これらが、家を所有するべきいくつかの理由です。

ゼミ生中継

good reasonsって「いい理由」ですか？　いい理由ってどういうことか、イマイチ分かりませんでした。

直訳すると「いい理由」だけど、「家を所有するべき理由」、つまり「家を所有する利点」という感じかな。some good reasonsと聞かれているから、利点を複数列挙するのが基本よ。

165

Q5. When deciding where to live, which of the following is the most important factor to you?　Public transportation options / Restaurants and grocery stores / Climate

A5. 解答 Climate is the most important factor for me when deciding where to live. 理由1 This is because climate plays a significant role in our lives. 詳細 It influences what we wear and what we eat. 理由2 Also, I don't like cold climates, 詳細 because being cold makes me sick. まとめ Therefore, climate is the most important factor for me when deciding where to live.

訳 **Q5.** 住む場所を決める際、あなたにとって最も重要な点は次のうちどれですか？　公共交通機関の選択肢／レストランやスーパー／気候
A5. 私にとって、住む場所を決めるときには気候が最も重要な要素です。これは、気候が生活に大きな役割を果たすからです。着る物や食べ物に影響します。また、私は寒い気候が好きではありま

せん、というのも、寒いと体調が悪くなるのです。ですから、私にとって、住む場所を決めるときには気候が最も重要な要素です。

語注 □ significant: 相当の、重大な

理由1 と 詳細 を合体させて、This is because climate influences what we (have to) wear. I don't want to have to buy new clothes.（これは、気候が着る物に影響するからです。新しい服を買わざるを得なくなるのは嫌です）としてもOK！

166

Q6. What is the best way to stay healthy? Why?

A6. 解答 The best way to stay healthy is to exercise and eat well. 理由1 It is said that exercise is good for your body and mind. 詳細 You should try to exercise for at least 20 minutes every day and avoid eating fatty foods. 理由2 Of course, drinking too much and smoking are very bad for you, too. 詳細 So, you should avoid those activities.

訳 **Q6.** 健康を保つための最もよい方法は何ですか？　それはなぜですか？
A6. 健康を保つための最もよい方法は、運動することときちんとした食事をとることです。運動は体と心の両方にとっていいと言われています。そして、毎日少なくとも20分の運動をして、脂っこい食べ物を避けるべきです。もちろん、お酒の飲み過ぎと喫煙も、とても体に悪いです。ですから、そうした行為は避けるべきです。

ゼミ生中継

Nao

主語をIとするかyouとするか、迷うことがあります。

自分のことを述べるときは、基本的にはIでOK。このサンプルアンサーのようなyouは「あなた」ではなく、「広く一般の人々」を表します。詳細 でYou should try to exercise ...と言っているけど、「あなた」ではなく、広く一般論として話しています。

theyも使えますか？

theyは、自分や聞き手を含まない「人々」のイメージ。例えば、If they eat fast food every day, they might become sick.だと、「自分も相手も含まない」ニュアンスが伝わります。話すときは、誰について話しているのかをはっきりさせて、それに合った人称代名詞を使うことが大切です。

僕には難しいから、とりあえずIを使ってもいいですか？

うん、Iでいいよ。youやtheyを使いこなすのが難しい場合は、Iを主語にして、自分の話で通してね。一番よくないのは、youやIやtheyをごちゃまぜにすること。聞き手は「いったい誰の話をしてるわけ？」と思ってしまいます。itを主語にする人も多いけれど、「それ」が何を指すのかがあいまいだと聞き手が混乱するので、避けた方が無難です。

167

Q7. Do you prefer to wear a formal suit or casual clothes at work? Why?

A7. 解答 I prefer to wear casual clothes at all times. 理由 I say so because it is much easier, and I feel more comfortable. 詳細1 However, that is not acceptable at my workplace. I have to wear a suit most of the year. 詳細2 We have to look professional in case clients visit the office.

訳 **Q7.** 職場ではきちんとしたスーツを着たいですか、カジュアルな服装をしたいですか？それはなぜですか？
A7. 私は、どんなときもカジュアルな服を着るのが好きです。なぜそのように言うかというと、その方が楽ですし、快適だからです。ただ、これは私の職場では許されていません。年間を通じてほとんどの時期、スーツを着用しなくてはなりません。クライアントがオフィスを訪れる際などに備えて、プロフェッショナルに見えるようにしなければならないのです。

168

Q8. What do you like to do on the Internet? Why do you like doing that?

A8. 解答 I like reading my friends' posts on Facebook. 詳細 Now I'm very busy and I can't see my friends often. 理由1 But if I use Facebook, I can keep in touch with them. 理由2 I also enjoy using messaging apps, like Skype and Facetime. 詳細 It's easy and it doesn't cost any money. まとめ Those are the things I like doing on the Internet.

訳 **Q8.** あなたはインターネットで何をするのが好きですか？　なぜそれをするのが好きなのですか？
A8. 私はフェイスブックで友人の投稿を読むのが好きです。今、私はとても忙しくて友人にあまり頻繁に会えません。でも、フェイスブックを使えば彼らとつながっていられます。また、スカイプやフェイスタイムといったメッセージアプリを使うのも楽しいです。簡単ですし、お金もかかりません。これらが、私がインターネットでするのが好きなことです。

ゼミ生中継 Miho Mai Yasu Nao

これは、I can keep in touch with them. が 理由1 で、前の Now I'm very busy and I can't see my friends often. がその 詳細 なんですね。

そう。先に詳細を持ってきて、理由でそれをバックアップするパターンです。順番を逆にすることで流れがよくなることもあるから、チャレンジしてみてね。

アプリは「アップ」って言うんですね。

そう、app ね。application の略です。複数形だと apps。

169

Q9. If you had to buy a laptop computer, would you read online reviews before buying it? Why or why not?

A9. 解答 Yes, I would read online reviews before buying a laptop. 理由1 Because it would help me make a quicker decision. 理由2 Also, it is very helpful when people take pictures of the items they bought. 詳細 The pictures sometimes show some weaknesses in the products that we wouldn't know from reading the product description. まとめ That is why I read online reviews.

別解答

解答 No. I wouldn't read online reviews before buying a laptop, 理由1 because I trust computer stores. 詳細 I believe that stores only sell good quality items. 理由2 Also, it does not matter if the goods are of poor quality 詳細 because we can send them back if we are not happy. まとめ Therefore, I wouldn't read online reviews before buying.

訳 **Q9.** ノートパソコンを買うことになったら、買う前にオンラインレビューを読みますか？それはなぜですか？
A9. はい、私はノートパソコンを買う前にオンラインレビューを読みます。なぜなら、より素早く判断するのにとても役立つからです。また、人々が買った商品の写真を撮ってくれるのもとても役立ちます。そうした写真は、製品の説明書きを読むだけでは分からない、製品の短所を見せてくれることがあります。これが、私がオンラインレビューを読む理由です。
<別解答>いいえ、私はノートパソコンを買う前にオンラインレビューを読みません、なぜならパソコン店を信頼しているからです。お店は高品質のものしか売らないと私は信じています。それに、製品の品質が悪かったとしても構いません、不満があれば返品すればいいのですから。ですから、買う前にオンラインのレビューは読みません。

語注 □ description: 記述、説明 □ poor: 乏しい、不十分な

170

Q10. What are some advantages of riding a bicycle?

A10. 解答 There are many advantages of riding a bicycle. 理由1 One advantage is that it's good for the environment. 詳細 Cars produce pollution, but bicycles don't. 理由2 In addition, it is fun. 詳細 You can get to be outdoors and breathe some fresh air. 詳細 In my spare time, I love to ride my bicycle and explore the countryside.

別解答

解答 There are many advantages of riding a bicycle. 理由1 One

advantage is that you don't need to buy fuel, so you can save money. 詳細 The price of 1 liter of gas in Tokyo is over 100 yen and is getting higher and higher. 理由2 Another advantage is that you can keep fit by riding a bicycle. 詳細 Many people join fitness clubs, but they could exercise for free if they rode a bicycle.

訳 **Q10.** 自転車に乗る利点は何ですか？
A10. 自転車に乗ることには、多くの利点があります。利点の一つは環境にいいことです。自動車は大気汚染を起こしますが、自転車ならそうなりません。加えて、楽しいです。外に出掛けて新鮮な空気を吸うことができます。自由な時間があるとき、私は自転車に乗って郊外を探検するのが好きです。
<別解答>自転車に乗ることには、多くの利点があります。利点の一つは燃料を買う必要がないことで、お金を節約できます。東京ではガソリン1リットルの価格が100円以上しますし、どんどん値上がりしています。もう一つの利点は、自転車に乗ることで健康維持ができることです。フィットネスクラブに入る人がたくさんいますが、そういう人たちも、自転車に乗れば無料で運動ができるでしょう。

語注 □ pollution: 汚染、公害 □ breathe: ～を吸い込む □ spare time: 自由な時間
□ fuel: 燃料 □ liter: リットル □ fit: 体調がいい、健康な

実践練習問題 p. 149

1. 178

Imagine that a colleague from a different branch has just moved to your office. You are talking on the telephone with him about grocery shopping in your town. Groceries are the food supplies that people buy for home.

I've just moved from another city, and I'm just trying to get used to this town.

訳 よその支店の同僚があなたの部署に異動してきたと想像してください。あなたはその人と電話で、自分の町での食料品の買い物について話しています。食料品というのは、自宅用に買う食べ物のことです。
私はよその街から引っ越してきたばかりで、この街に慣れようとしているところです。

Q5. 179

Where do you usually buy groceries, and how far is it from your home?

A5. 180-181

Levels ⑤～⑥ I usually buy groceries at a supermarket near the station. It takes me five minutes to get there on foot.

Levels ⑦～⑧ I buy groceries at a supermarket called Friday's. I go there by bicycle, and it usually takes me a couple of minutes to get there.

訳 **Q5.** あなたは食料品をいつもどこで買っていますか？　また、そこはあなたの家からどのくらいの距離ですか？

A5. Levels 5-6: 普段、食料品は駅近くのスーパーで買っています。そこへ行くのに歩いて5分ほどです。

Levels 7-8: 食料品はフライデーズというスーパーで買っています。そこには自転車で行きますが、たいていは数分でそこに着きます。

語注 □ on foot: 徒歩で、歩いて

Q6. 182

Do they offer any special discounts on items? How do people find information about special sales?

A6. 183-184

Levels ⑤～⑥ Yes, they offer special discounts on Sundays. There are flyers in front of the store, and you can get them anytime.

Levels ⑦～⑧ Yes. They offer discounts and specials on all kinds of items. If you go online to their Web site, there are printable coupons. There is an app that helps you find weekly sales information. So, you can use that, too.

訳 **Q6.** そこでは商品の特別割引を行うことがありますか？　人々は特別セールの情報をどんな方法で知りますか？

A6. Levels 5-6: はい、日曜日に特売をしています。店の前にチラシが置かれていて、いつでも持ち帰ることができます。

Levels 7-8: はい。いろいろな商品の値引きや特売をしています。オンラインで店のウェブサイトに行けば、印刷可能なクーポンがあります。毎週のセール情報を知るのに役立つアプリもあります。ですから、それも使うといいでしょう。

語注 □ flyer: チラシ　□ printable: 印刷できる

Q7. 185

Are there any other good stores around here? Where do you suggest I go?

A7. 186-187

Levels ⑤～⑥ There is a good store called Fresh Food near the library. It's small but very convenient because they are open until midnight. They sell homemade food too. It's very cheap and delicious. So, I recommend that store to you.

Levels ⑦～⑧ There is another supermarket in front of the park. It is a little further away and the prices are a little higher there. I like it because it has a good range of international foods, so I can make exciting dishes like lasagna and Caribbean potatoes. You can get there by bicycle, but it's more convenient to go by car. They also offer same-day free delivery service if you become a member. So, it's very convenient.

訳 **Q7.** この辺りに、他にいいお店はありますか？　どこに行くのをお勧めしますか？
A7. Levels 5-6: 図書館の近くにフレッシュフードといういいお店があります。小さいですが、真夜中まで営業しているので便利です。手作りの食べ物も売っています。とても安くておいしいです。なので、そのお店をお勧めします。
Levels 7-8: 公園の前に別のスーパーがあります。そこは少し遠く、値段も少し高めです。私がそこを好きなのは、国際色豊かな食べ物の品ぞろえがあるおかげで、ラザニアやカリブ風ポテトといった面白い料理が作れるからです。そこには自転車でも行けますが、車の方が便利です。そこの会員になれば、当日無料宅配もしてくれます。ですから、とても便利です。

語注 □ further: より遠く、さらに離れて　□ a range of ～: ～の範囲、～の品ぞろえ
□ lasagna: ラザニア（発音は [ləzɑ́:njə]）

2. 188

Imagine you are a staff member of a tourist center and are having a telephone conversation with a traveler. You are talking about tourist attractions, such as museums.

訳 あなたは観光案内所の職員で、旅行者と電話で会話していると想像してください。あなたは美術館のような観光名所について話しています。

Q5. 189

How far is the national museum, and what is the best way to get there?

A5. 190-191

Levels ⑤～⑥ It's not too far. It takes 15 minutes to get there. There is a bus from the station.

Levels ⑦～⑧ It takes about one hour to get there. I would use the train. That's the fastest way.

訳 **Q5.** 国立美術館はどのくらい遠いですか？　そこに行くのに一番いい方法は何ですか？
A5. Levels 5-6: それほど遠くありません。そこまで行くのに15分です。駅からバスが出ています。
Levels 7-8: そこに行くには1時間ほどかかります。私なら電車を使います。それが一番早い方法です。

Q6. 192

Do you recommend that I look around the exhibition alone or with a guide?

Why?

A6. 🔊 **193-194**

Levels ⑤～⑥ I recommend that you look around the exhibition with a guide, because they have English speaking guides there.

Levels ⑦～⑧ Of course, it is much better to see it with a guide. It is very difficult to understand the items if you don't. They might even have an audio guide with GPS installed.

訳 **Q6.** 展示会は1人で見るのとガイド付きとどちらがお勧めですか？　それはなぜですか？
A6. Levels 5-6: 展示会はガイド付きで見ることをお勧めします。そこには英語を話すガイドがいるからです。
Levels 7-8: もちろん、ガイド付きで見る方がずっといいでしょう。それがないと、展示品を理解するのがとても難しいです。GPS機能付きのオーディオガイドだってあるかもしれません。

語注 □ install: ～を組み込む

Q7. 🔊 **195**

Are there any other popular tourist attractions other than the national museum?

A7. 🔊 **196-197**

Levels ⑤～⑥ Well, let's see. There is a popular shopping street called Ameyoko. Many people go there after the national museum. You can buy souvenirs there. Also, there is a flower park. It's a little bit far but a very popular place.

Levels ⑦～⑧ There is so much to do in this city. You can visit the park by the river. It has a lot of great restaurants as well as other attractions, such as a Ferris wheel. There is a wonderful art gallery near the park. You can see many world-famous artworks there. It is possible to make bookings for many different tours in and around Tokyo at our center. So, please visit us!

訳 **Q7.** 国立美術館以外に人気のある観光名所はありますか？
A7. Levels 5-6: ええと、そうですね。アメ横という、人気の商店街があります。国立美術館の後にそこに行く人が多いです。そこでお土産が買えます。そのほかに、フラワーパークもあります。少し遠いのですが、とても人気の場所です。
Levels 7-8: この街でできることはたくさんあります。川沿いの公園を訪れてもいいでしょう。そこにはおいしいレストランもたくさんありますし、観覧車など他のアトラクションもあります。公園の近くには、素晴らしいアートギャラリーがあります。そこでは、世界的に有名な数々のアート作品を見られます。私どものセンターで、東京都内や周辺を巡るさまざまなツアーの予約をすることができます。ですから、ぜひいらしてください！

語注 □ souvenir: 土産物　□ Ferris wheel: 観覧車

3. 198

Imagine that a lifestyle magazine is doing research in your area. You have agreed to participate in a telephone interview about hobbies.

訳 ライフスタイル雑誌があなたの地域で調査をしていると想像してください。あなたは趣味に関する電話インタビューへの参加に応じました。

Q5. 199

What are your hobbies, and how many hours a week do you spend on them?

A5. 200-201

Levels ⑤~⑥ I like movies, and I watch them online. I spend about four hours a week.

Levels ⑦~⑧ Unfortunately, I don't have much time for hobbies. I like art, but I can only spend about one or two hours per week on it.

訳 **Q5.** 趣味は何ですか、また、週に何時間それに使いますか？

A5. Levels 5-6: 映画が好きで、オンラインで見ています。週に4時間ほど使っています。

Levels 7-8: 残念ながら趣味に使う時間があまりありません。アートが好きなのですが、週に1、2時間ほどしかそれに費やすことができません。

Q6. 202

Would you recommend your hobbies to your friends? Why or why not?

A6. 203-204

Levels ⑤~⑥ Yes, I would. That's because we can learn English by watching movies.

Levels ⑦~⑧ Yes, I would recommend my hobby to my friends. I would love it if my friends painted. I could talk to them more about our hobby, and I would enjoy that.

訳 **Q6.** 自分の趣味を友人にも勧めますか？　それはなぜですか？

A6. Levels 5-6: はい、勧めます。映画を見ることで英語を学べるからです。

Levels 7-8: はい、自分の趣味を友人にも勧めます。私の友人たちも絵を描いたら、とてもうれしいと思います。友人たちと趣味の話がもっとできて、楽しくなるでしょう。

Q7. 205

If you were to start a new hobby, which of the following would you like to learn? A new language / Photography / Cooking

A7. 206-207

Levels ⑤～⑥ If I were to start a new hobby, I would like to learn a new language, because I enjoy studying languages. Also, traveling is already my hobby. Therefore, I want to learn many new languages so that I can visit lots of countries.

Levels ⑦～⑧ That's a good question! I'd like to learn photography, because it allows us to capture special moments, like birthdays, weddings, and overseas trips. Also, photography is a great way to improve our creativity. Creativity is fun and it provides a necessary balance against the stress of everyday life. Therefore, I'd like to learn photography, if I were to start a new hobby.

訳 **Q7.** もし何か新しい趣味を始めるなら、次のうちのどれを習いたいですか？　新しい言語／写真撮影／料理

A7. Levels 5-6: もし新しい趣味を始めるなら、新しい言語を学びたいです、というのも私は言語の勉強が好きなので。それに、旅行はもともと私の趣味です。ですから、多くの国を訪れることができるように、たくさんの新しい言語を学びたいです。

Levels 7-8: いい質問ですね！　私は写真撮影を勉強したいです、それは、誕生日や結婚式や海外旅行といった特別な瞬間を捉えることができるからです。それに、写真撮影は創造性を高めるとてもいい手段です。創造性は、楽しめて、日常生活のストレスに対して必要なバランスをもたらしてくれます。ですから、もし新しい趣味を始めるのであれば、写真撮影を勉強したいです。

語注 □ capture: ～を捉える　□ balance against ～: ～に対するバランス

ゼミ生中継

友人に趣味を勧める理由が思い浮かばなくて、黙ってしまいました。

すぐに意見が浮かばない場合は、Hmm, / Well, / Let's see, などのフィラーを使ってね。その他、That's a good question! / That's a hard question! / That's a hard one! なんかは、私もたまに言います。

なるほど、次はそうしてみます。

4. 208

Imagine that a marketing company is doing research in your area. You have agreed to a telephone interview on public transportation and services.

訳 あるマーケティング会社があなたの地域の調査をしていると想像してください。あなたは公共交通と公共サービスに関する電話インタビューに応じました。

Q5. 209

When was the last time you used public transportation, and where did you go?

A5. 210-211

Levels ⑤~⑥ I took a train yesterday. I went to a friend's house.

Levels ⑦~⑧ The last time I used public transportation was a couple of months ago. I used the train when I took a business trip to Tokyo.

訳 **Q5.** 最後に公共交通機関を使ったのはいつで、どこに行きましたか？

A5. Levels 5-6: 昨日、電車に乗りました。友人の家に行きました。

Levels 7-8: 最後に公共交通機関を使ったのは1、2カ月前です。東京へ出張したときに電車を使いました。

Q6. 212

Have you ever gotten lost when using public transportation? What did you do then?

A6. 213-214

Levels ⑤~⑥ Yes, I got lost last year when I was traveling. I asked the train staff to help me.

Levels ⑦~⑧ Yes, I always get lost, and I always use an app when I'm in trouble. It is very easy to get lost using the trains in Tokyo.

訳 **Q6.** 公共交通機関を使って迷ったことはありますか？　そのとき、どうしましたか？

A6. Levels 5-6: はい、去年、旅行中に迷いました。駅員さんに助けを求めました。

Levels 7-8: はい、私はよく迷います。困ったときは、いつもアプリを使います。東京で電車を使っていると、とても簡単に迷います。

Q7. 215

Do you think the announcements inside stations and trains should be made in different languages? Why?

A7. 216-217

Levels ⑤~⑥ Yes, I think so. That's because there are many travelers in Japan now. It would be helpful for them. For example, I went to Thailand last year, and they didn't have English announcements in the station. I got lost so many times. That is why I think the announcements should be made in different languages.

Levels ⑦～⑧ I think it is nice to provide the announcements in different languages. It must help visitors from other countries get around. However, I don't know which language is best. People in most countries study English, so I think that it is important that the announcements are in English. I don't want to listen to announcements in too many different languages, though.

訳 **Q7.** 鉄道の駅や車内のアナウンスは、さまざまな言語でなされるべきだと思いますか？それはなぜですか？

A7. Levels 5-6: はい、そう思います。なぜなら、今は日本を旅行している人がたくさんいるからです。彼らにとって役に立つはずです。例えば、私は去年タイに行ったのですが、駅で英語のアナウンスがありませんでした。何度も迷ってしまいました。このような理由で、アナウンスはさまざまな言語でなされるべきだと思います。
Levels 7-8: さまざまな言語でアナウンスを提供するのはいいことだと思います。外国からの訪問客が移動する助けになるはずです。でも、どの言語が一番いいのかは分かりません。ほとんどの国の人が英語を勉強するので、アナウンスを英語で行うのは重要だと思います。ただ、あまりいろいろな言葉でアナウンスされるのを聞きたくはありません。

語注 □ get around: 動き回る、移動する

ゼミ生中継

このLevels 7-8のサンプルアンサー、難しいですね。

Do you think the announcements ... should be made in different languages? という質問に対して、Yes, I think it is nice to provide the announcements in different languages.とパラフレーズしていて、高度ですね。

3文目からは、どの言語が一番いいかについて話してる。このくらい話題がそれても大丈夫なんですか？

最初の2文でしっかり意見と理由を言えているから、問題なし。その後の詳細は少し話題がそれているけど、話を膨らませているということで、good answerと判断されます。

5. 218

Imagine that an event service provider is conducting a survey in your country. You have agreed to participate in a telephone interview about your country's events.

訳 あるイベント実施企業が、あなたの国で調査を行っていると想像してください。あなたは

国内のイベントに関する電話インタビューへの参加に応じました。

Q5. 🔊 **219**

In your country, are people interested in sporting events?

A5. 🔊 **220-221**

Levels ⑤～⑥ Yes, people in Japan are very interested in sporting events. I think soccer is the most popular sport.

Levels ⑦～⑧ Yes. Sports are very important in my country. People like to watch soccer and baseball at the stadiums. Figure skating is becoming more and more popular these days, too.

訳 **Q5.** あなたの国で、人々はスポーツイベントに関心がありますか？

A5. Levels 5-6: はい、日本の人たちはスポーツイベントにとても関心があります。サッカーが最も人気のあるスポーツだと思います。

Levels 7-8: はい。私の国でスポーツはとても重要です。人々はサッカーや野球をスタジアムで見るのが好きです。最近はフィギュアスケートの人気も高まってきています。

Q6. 🔊 **222**

During sporting events, what kind of products or services do people usually spend money on? Why?

A6. 🔊 **223-224**

Levels ⑤～⑥ Let's see. I think people usually spend money on drinks. That's because they get thirsty.

Levels ⑦～⑧ People are not allowed to bring their own food into the stadium, so they buy food and drink. They also buy T-shirts to support their teams.

訳 **Q6.** スポーツイベント中に、人々は普通、どういった商品やサービスにお金を使いますか？それはなぜですか？

A6. Levels 5-6: そうですね。よく飲み物にお金を使っていると思います。のどが渇くからです。

Levels 7-8: スタジアムには自分の食べ物を持ち込むことができないので、人々は食べ物や飲み物を買います。また、自分たちのチームを応援するために、Tシャツを買います。

Q7. 🔊 **225**

What are some advantages and disadvantages of holding an event in a rural area?

A7. 🔊 **226-227**

Levels ⑤〜⑥ Well, one advantage is that rural areas are nice to visit. If I attend such an event, I can also go sightseeing and enjoy the local food. One disadvantage is that it can be hard to book a hotel. In rural areas, there are not many hotels.

Levels ⑦〜⑧ People in rural areas have few opportunities to attend major events, so many people attend events when they have an opportunity. Also, it can be cheaper to rent venues in rural areas. The disadvantage is that people from the city do not want to travel to rural areas to attend events. Furthermore, the venues are usually much smaller.

訳 **Q7.** 地方でイベントを開催することの長所と短所は何でしょうか？

A7. Levels 5-6: ええと、長所の一つは、地方を訪れるのは楽しいということです。そのようなイベントに参加すると、観光もできるし地元の食べ物も堪能できます。短所の一つは、ホテルの予約が大変だということです。地方にはホテルがあまりたくさんありません。

Levels 7-8: 地方に住む人たちは大きなイベントに参加する機会があまりないので、そうした機会があると大勢がイベントに参加します。また、地方では会場を借りる費用が安く済みます。短所は、都会の人たちがイベント参加のために地方まで行きたがらないことです。さらに、会場はたいてい、かなり小規模です。

ゼミ生中継

長所と短所を聞かれているときは、それぞれ一つずつ答えればいいですか？

そうね。120点目標なら、まずは両方一つ言うこと。そして、どちらか一つに対して詳細を1文は言えるといいですね。

私は180点目標だから、両方について詳細を1文ずつ言うことを目標にします。

いいですね！

第8回ゼミ Q8-10 提示された情報に基づく応答問題 基礎編

練習1 ······························ p. 171

表の訳

A.

ビジネス・リーダーシップ・セミナー	
シアトル会議センター	
10:00-11:00	プレゼンテーション・スキル
11:00-正午	時間管理
正午-1:00	昼食
1:00-2:00	チームワーク構築

B.

旅程表: トニー・ピーターソン	
4月1日	
6:20	サンフランシスコ到着
8:00	マリオット・イン
4月2日	
1:30	デービッドと会って昼食
3:00	ゴールデンゲートブリッジ

解答 **A.** 1（イベント案内［会議・セミナー］） **B.** 3（旅程表）

練習2 ······························ p. 173

表の訳

1.

ABC 春季トレーニング
ウィルソン・スポーツセンター
4月1日～4月5日
登録料: 1人10ドル
9:00–10:00 開会の辞 – バート・キング

2.

ウィンター・フェスティバル			
2月25日～28日 ギャリアー・ホテル			
時間	演目	アーティスト	会場
午前10時	音楽ライブ演奏	ヘンリー・チェン	ホール
午前11時	スノーペインティング	ユリ・シムラ	カフェ

解答 **a.** B、Where、4 **b.** E、Who、5 **c.** I、Where、2
d. C、When、1 **e.** E、How long、3

質問の答えの訳

1. The training will begin on April 1.（トレーニングは4月1日から始まります）
2. It will take place in the hall.（ホールで行われます）
3. It will last for an hour.（1時間かかります）
4. It will be held at Wilson Sporting Center.
（ウィルソン・スポーツセンターで開催されます）
5. It will be Bart King.（バート・キングの予定です）
6. The fee is $10 per person.（料金は1人10ドルです）

練習3 p. 174

解答

Q1. 疑問詞：where　質問内容：イベントの開催場所

Q2. 疑問詞：who　質問内容：スピーチをする人

Q3. 疑問詞：How many　質問内容：注文した品物の数

質問のスクリプトと訳 237

Q1. I'd like to know where the event will be held.
（そのイベントがどこで開催されるのか知りたいのですが）

Q2. I was wondering who would be giving the speech.
（誰がスピーチをするのか知りたいのですが）

Q3. Can you tell me how many items I ordered?
（私がいくつ品物を注文したのか教えてくれますか？）

練習4 p. 175

表の訳

Q1. トニーズ・ホール　10月20日（月）～10月23日（木）

Q2. 12:30　昼食のご用意あり（クワン・レストラン）＊料金に含まれます

Q3. グリーンズ　イタリアン・レストラン――一時休業（改装中）

解答　**Q1.** ×　**Q2.** ○　**Q3.** ×

質問のスクリプトと訳 238

Q1. As far as I know, the event will be held over the weekend as usual, right?
（私の知る限り、そのイベントはいつもどおり週末にかけて開催されるんですよね？）

Q2. I was told that lunch is included in the tour. Is this right?
（ツアーには昼食も含まれると言われたのですが。そのとおりですか？）

Q3. I'm really looking forward to going to Green's. Could you make a reservation for me?
（グリーンズに行くのをとても楽しみにしています。予約を入れていただけますか？）

練習5 ········ p. 175

解答　**Q1.** b　**Q2.** c　**Q3.** a

質問・サンプルアンサーのスクリプトと訳

🔊 **240**

Q1. As far as I know, the event will be held over the weekend as usual, right?

b. Actually, no. The event will be held from Monday to Thursday.

🔊 **241**

Q2. I was told that lunch is included in the tour. Is this right?

c. That is correct. Lunch will be provided at Kwan Restaurant, and it's included in the fee.

🔊 **242**

Q3. I'm really looking forward to going to Green's. Could you make a reservation for me?

a. I'm afraid I can't. The Italian restaurant, Green's, is temporarily closed due to renovation.

訳 ＊質問文の訳はp.47「練習4」を参照。

Q1-b. 実のところ、違います。そのイベントは月曜日から木曜日に開催されます。

Q2-c. そのとおりです。昼食はクワン・レストランで提供され、それも料金に含まれています。

Q3-a. 残念ながらできません。イタリアンレストランのグリーンズは現在、改装のため一時休業しています。

練習6 ········ p. 177

表の訳

午前9:00-10:00	開会の辞	マット・デュラン
午前10:00-11:00	プレゼンテーション：最近のトレンド	トミー・キング
正午 - 午後1:00	昼食	
午後1:00-2:00	講演：画期的な発想法	トミー・キング
午後2:00-3:30	プレゼンテーション：コーチング・スキル	ローズ・フレッド

解答

①共通情報

1. 午前に2つの予定　**2.** 午後に2つの予定

3. トミー・キングによるセッションが2つ　**4.** プレゼンテーションが2つ

②質問予想例

1. What are the plans for the morning sessions?
（午前のセッションはどういう予定ですか？）

2. Could you tell me about the afternoon sessions?
（午後のセッションについて教えていただけますか？）

3. What sessions will Tommy King lead?
（トミー・キングが指導するのは何のセッションですか？）

4. I'd like to get all the information about the presentations.
（プレゼンテーションに関する全ての情報を知りたいです）

質問のスクリプトと訳

243

Tommy King is a good friend of mine. Could you tell me the sessions that will be presented by him, please?
（トミー・キングは私と親しい友人です。彼が担当するセッションを教えていただけますか？）

練習7 p. 180

表の訳

ウォータービル雇用セミナー
会場：ウォータービル雇用センター
日付：2月10日
参加費：120ドル

午前9:30-10:20	履歴書とカバーレターの書き方 - マイク・スミス（キャリア・アドバイザー）
午前10:20-10:30	休憩
午前10:30-12:00	モチベーション訓練 - ロバート・ジョーンズ
正午 - 午後1:30	昼食のご提供*
午後1:30-4:00	個別相談

最後のセッション後、参加者には満足度アンケートをご記入いただきます。
*昼食 - 参加費に含まれます。ベジタリアン食のご要望は555-1234までお電話ください。

語注 □ résumé: 履歴書 □ cover letter: 添え状、カバーレター

質問・サンプルアンサーのスクリプトと訳

250

Good morning. My name is Laura Campbell, and I am interested in attending your training seminar. I have a couple of questions.

訳 おはようございます。私はローラ・キャンベルという名前で、研修セミナーに興味があります。2、3質問があるのですが。

251

Q8. When does the training session start, and where is it located?

× **A.** It is from 10:30 to 12:00. It is Motivational Training, and Robert Jones is leading it.

○ **B.** The first training session starts at 9:30. It'll be held at the Waterville Employment Center.

訳 **Q8.** 研修セッションの開始はいつで、場所はどこですか？
A. 10時半から12時までです。モチベーション訓練で、ロバート・ジョーンズが指導します。
B. 最初の研修セッションは9時半開始です。ウォータービル雇用センターで行われます。

252

Q9. Could you tell me if lunch will be served?

○ **A.** Yes. Lunch is provided for all participants. We even have vegetarian options, if you're interested.

× **B.** Lunch is from 12:00 to 1:30. Please have lunch then. You must pay the registration fee.

訳 **Q9.** 昼食が出るかどうか教えていただけますか？
A. はい。参加者全員に昼食が出されます。ご関心がございましたら、ベジタリアン向けの選択肢もあります。
B. 昼食は12時から1時半です。その時間に昼食をお取りください。登録料をお支払いいただきます。

253

Q10. Could you tell me what will be happening in the morning, before lunch?

× **A.** Sure. Lunch is at 12:00, and after that, some individual assistance will be provided to the participants. That will last for two and a half hours. Then, you have to fill out a satisfaction survey.

○ **B.** Sure. From 9:30 until 10:20, we have a class on writing résumés and cover letters. That'll be led by Mike Smith. He's a career advisor. We'll take a 10-minute break from 10:20. After that, from 10:30, there is a session on motivational training, and it'll be led by Robert Jones.

訳 **Q10.** 午前中、昼食前に何があるか教えていただけますか？
A. はい。昼食は12時からで、その後、参加者への個別相談が行われます。それが2時間半ほど続きます。その後で、満足度アンケートに記入していただきます。
B. はい。9時半から10時20分までは履歴書とカバーレターの書き方のクラスがあります。それはマイク・スミスが指導します。彼はキャリア・アドバイザーです。10時20分から10分間の休憩を取ります。その後、10時半からモチベーション訓練のセッションがあり、ロバート・ジョーンズが指導します。

語注 □ last: 続く、継続する

練習8 p. 182

表の訳

ボストン中心部ツアー
ボストン観光協会おすすめのツアー

記念ホール散策ツアー	
所要時間	3時間
1人当たり料金	30ドル（学生証提示で25ドル）
ボストン中心部食べ歩きツアー	
ハリソン・レストランでの夕食を含む	
所要時間	4時間
1人当たり料金	70ドル
ジャズマスター・ツアー	
所要時間	2時間
1人当たり料金	25ドル
ミスティック・リバー散策ツアー	
所要時間	1時間
1人当たり料金	20ドル

質問・サンプルアンサーのスクリプトと訳

255

Hello. I saw your flyer about Central Boston Tours, but I have misplaced it. I was hoping you could give me some information.

訳 もしもし。ボストン中心部ツアーのチラシを見たのですが、なくしてしまいました。ちょっと教えていただきたいのですが。

語注 □ flyer: チラシ □ misplace: ～をどこかにやる

256

Q8. I heard that your Jazz Masters Tour is great. Could you tell me how long that tour is and how much it costs?

A8. Sure. That tour is two hours long and it costs $25 per person.

訳 **Q8.** ジャスマスター・ツアーがとてもいいと聞きました。そのツアーの所要時間と料金を教えていただけますか？
A8. はい。そのツアーは2時間の長さで、1人当たり25ドルの料金です。

257

Q9. You have a Boston Food Tour that includes dinner at River Plaza Hotel. Can you check that for me?

A9. Actually, you have the wrong information. The Central Boston Food Tour includes dinner but it will be at Harrison's Restaurant.

訳 **Q9.** リバープラザ・ホテルでのディナーが含まれたボストン食べ歩きツアーがありますよね。確認していただけますか？
A9. 実を言いますと、お持ちの情報は間違っています。ボストン中心部食べ歩きツアーにディナーは含まれますが、ハリソン・レストランになります。

258

Q10. I'm particularly interested in your walking tours. Could you give me all of the details of any walking tours you offer?

A10. Sure. We have two walking tours. First, the Memorial Auditorium Walking Tour is three hours long, and the price is $30 per person, and $25 with a student ID. Second, we have a tour called the Mystic River Walking Tour. It's just an hour and the price is $20 per person.

訳 **Q10.** 散策ツアーに特に興味があります。用意されている散策ツアーについて全部詳しく教えていただけますか？
A10. はい。散策ツアーは2つあります。1つ目の、記念ホール散策ツアーは3時間の長さで1人当たりの料金が30ドル、学生証があれば25ドルです。2つ目として、ミスティック・リバー散策ツアーというものがあります。これは1時間しかかからず、料金は1人20ドルです。

語注 □ particularly: 特に

Q8-10 提示された情報に基づく応答問題 発展編

練習1 p. 192

1. 263

Conference Room 2, Gibson Hotel

Q1. Where will the event be held?

A1. It will be held in Conference Room 2 at the Gibson Hotel.

訳

会議室2、ギブソンホテル

Q1. そのイベントはどこで行われますか？
A1. ギブソンホテルの会議室2で行われます。

2. 264

Art Festival for Kids May 1 - May 15

Q2. When is the event?

A2. The event will start on May 1st and finish on May 15th.

訳

子どものためのアートフェスティバル、5月1日～5月15日

Q2. そのイベントはいつですか？
A2. そのイベントは5月1日に始まり、5月15日に終わります。

3. 265

9:00 A.M. Opening Speech – Sam Weston

Q3. What time does the seminar begin, and what is scheduled for the first session?

A3. The seminar begins at 9:00 A.M., and the first session is an opening speech given by Sam Weston.

訳

午前9時　開会スピーチ――サム・ウェストン

Q3. セミナーは何時に始まって、最初のセッションは何が予定されていますか？
A3. セミナーは午前9時に始まり、最初のセッションはサム・ウェストンによる開会スピーチです。

4. 266

Sales Seminar, Monday, September 1 – New York Business Center

Q4. When is the seminar being held, and where does it take place?

A4. The seminar is scheduled to be held on Monday, September 1st, and it is taking place at the New York Business Center.

訳 | 販売セミナー、9月1日、月曜日 - ニューヨーク・ビジネスセンター

Q4. セミナーはいつ開催され、どこで行われますか？
A4. セミナーは9月1日月曜日に予定され、ニューヨーク・ビジネスセンターで行われます。

---

5. 267

When: April 12 (Wed) / 3 P.M. – 9 P.M.
Where: Main Dining Hall, Hillside Hotel

Q5. Which room did we reserve, and how long are we going to be using it?

A5. We've reserved the Main Dining Hall at the Hillside Hotel, and we are going to use the place from 3:00 P.M. to 9:00 P.M.

訳 | いつ：4月12日（水）午後3時～午後9時　どこで：ヒルサイドホテル大宴会場

Q5. どの部屋を予約してあって、どれだけの間使う予定ですか？
A5. ヒルサイドホテルの大宴会場を予約してあり、午後3時から午後9時まで使う予定です。

---

6. 268

6:00 P.M.-9:00 P.M. Gala Concert – *Free Shuttle Bus to Ritz Hotel (Gate 2)*

Q6. I am planning to attend the concert after the seminar. Do I have to get there on my own?

A6. Actually, we are offering a free shuttle bus to the Ritz. The bus will depart from Gate 2.

訳 | 午後6時～午後9時　ガラコンサート - リッツホテルまでの無料シャトルバス（第2ゲート）

Q6. セミナー後のコンサートに出席するつもりです。その場所へは自分で行く必要がありますか？
A6. いえ、リッツまで無料のシャトルバスをご用意します。バスは第2ゲートから発車します。

---

7. 269

2:00-3:00 One-on-One Assistance
3:00-3:15 Wrap up

Q7. I have other plans on that day and need to leave at 4:00. What will I miss?

A7. Since the event concludes at 3:15, you will not be missing anything at all if you leave at 4:00.

訳 | 2時～3時　個別相談　3時～3時15分　まとめ

Q7. その日は他にも予定があり4時には出ないといけません。何を見逃すことになるでしょうか。
A7. イベントは3時15分に終わるので、4時に出るのなら何も見逃すことにはなりません。

---

8. 270

> NOTE: August shooting *CANCELED*
> Next scheduled shooting September 10, 3:00 P.M.

Q8. So, see you at the next shooting, then. It is in the last week of August, right?

A8. Actually, no, the August shooting has been canceled. The next scheduled shooting is on September 10th at 3 P.M.

訳 | 注：8月の撮影はキャンセル　次回の撮影予定は9月10日、午後3時

Q8. では、次の撮影でお会いしましょう。8月の最終週ですよね？
A8. 実は違うんです、8月の撮影はキャンセルになりました。次に予定されている撮影は9月10日の午後3時です。

語注 □ shooting:（映画・写真の）撮影

---

9. 271

> Sales Skill Training
> May 21 (9:00 A.M. - 3:00 P.M.) Room 201

Q9. We had the workshop in Room 235 last year. Could you check if that's where we are supposed to go this year as well?

A9. This year, the workshop will not be in Room 235. It will be held in Room 201.

訳 | 営業スキル研修　5月21日（午前9時～午後3時）　201号室

Q9. 去年は235号室でワークショップを行いました。今年もそこに行くことになっているのかどうか、確認していただけますか？
A9. 今年は、ワークショップがあるのは235号室ではありません。201号室で行われます。

語注 □ be supposed to do: ～することになっている

10. 🔊 272

Basic French Fridays 7:00 P.M. - 9:00 P.M. Anna Bella

Q10. I'm thinking about participating in the Basic French class. If I remember it right, the class is from 6 P.M. on Mondays. Can you confirm that for me?

A10. Well, I'm afraid that's not correct. The Basic French class is scheduled for Fridays, and it starts at 7 P.M.

訳 | 初級フランス語　毎週金曜日午後7時〜午後9時　アナ・ベラ |

Q10. 初級フランス語クラスに参加しようと思っています。私の記憶が正しければ、そのクラスは毎週月曜日の午後6時からですよね。確認させてもらえますか。

A10. ええと、あいにくそれは違います。初級フランス語クラスは毎週金曜日に予定されていて、午後7時開始です。

---

11. 🔊 273

Wednesday, 10:00 A.M. Depart San Diego (ABC Air 650)

Q11. Can you tell me what's on my schedule for Wednesday?

A11. Sure. You will depart from San Diego on ABC Air Flight 650 at 10 A.M.

訳 | 水曜日、午前10時　サンディエゴ出発（ABC航空650便） |

Q11. 水曜日の私の予定を教えてくれますか？

A11. はい。ABC航空650便で、午前10時にサンディエゴを出発予定です。

---

12. 🔊 274

University of Yokohama, Master's Degree, 1997 (Mathematics)

Q12. I'd like to know about her educational background.

A12. She attended the University of Yokohama for her master's degree in mathematics and graduated in 1997.

訳 | 横浜大学、修士号、1997年（数学） |

Q12. 彼女の学歴を知りたいのですが。

A12. 彼女は横浜大学に行って数学の修士号を取り、1997年に卒業しました。

語注 □ master's degree: 修士号

練習2 p. 193

1.

出張旅程表

ロン・ミルズ

3月23日	午前9時20分 午後3時30分	コレンソ・ホテルにチェックイン（2泊） ミーティング - 物流ネットワーク（ハル・デイビス）
3月24日	午前10時 正午	チャーンサイド倉庫へ出発 ランチミーティング - ヘレン・デイ（デイ自動車）

277

Q. Can you give me an outline of my schedule for the first two days, then?

A. Sure. On March 23rd, you check into the Colenso Hotel at 9:20 A.M. You have a meeting with Hal Davies to discuss the distribution network at 3:30 P.M. On the 24th, you will leave for the Chirnside Warehouse at 10:00 A.M. Then, you have a lunch meeting with Helen Day from Day Auto.

訳 **Q.** では、私の最初の2日間の予定をざっと教えてもらえますか？
A. はい。コレンソ・ホテルに、3月23日午前9時20分にチェックイン予定です。午後3時30分に、物流ネットワークについて話し合うためハル・デイビスとミーティングがあります。24日は、午前10時にチャーンサイド倉庫へ向かいます。その後、デイ自動車のヘレン・デイとのランチミーティングがあります。

2.

週次管理職研修ワークショップ

時間：午後3時30分　場所：第2会議室

8月14日	生産性向上	ジム・タナカ
8月21日	部署予算の管理	ポーラ・ロバーツ
8月27日	月次報告書の書き方	ウィル・アンダーソン
8月28日	従業員の意欲の維持	アナ・ウッド
9月4日	職場での健康と安全	ジェニファー・マークス
9月11日	従業員の評定	ジム・タナカ
9月18日	新人採用 （要ノートパソコン）	アナ・ウッド

278

Q. I'm particularly interested in Anna Wood's sessions. Can you give me the details?

A. Well, she's presenting on August 28th and on September 18th. At the first presentation, she'll be talking about maintaining employee morale, and in the second one, she'll be talking about hiring new employees. It says here that you'll need to bring a laptop to the one on September 18th.

訳 **Q.** 特にアナ・ウッドのセッションに興味があります。詳しく教えてもらえますか？
A. ええと、彼女は8月28日と9月18日に登壇します。最初のプレゼンテーションでは、従業員の意欲の維持に関する話をします。そして2回目は、新人採用について話します。9月18日のプレゼンテーションにはノートパソコンを持参する必要があると、ここに書かれています。

語注 □ morale: 士気、意気込み（発音は [mərǽl]） □ laptop: ノートパソコン

実践練習問題 p. 195

1.

教育出版セミナー

ホフス会議場　8月10日　201号室

時間	セッション	プレゼンター
午前8:30-9:00	歓迎のあいさつ	パム・ティムズ
午前9:00-10:00	講演：書籍のトレンド	スティーブン・ブレイク
午前10:00-11:00	講演：適格な著者を見つけ出すには	フィル・サクスティー
正午	昼食	
午後1:00-2:00	ディスカッション：新刊の宣伝（小冊子配布）	スティーブン・ブレイク
午後2:00-3:00	講演：事実確認のスピードを高める	エミリー・ドッドマン
午後3:00-4:00	~~古くなった書籍の情報刷新~~（中止）	~~リサ・ウー~~
午後4:00-5:00	ワークショップ：書籍とテクノロジー	ダグ・グディー

285

Hi, it's Emily Dodman. I haven't received a schedule yet, so I'm just calling to check on a few things about Friday's presentations.

訳 もしもし、エミリー・ドッドマンです。まだスケジュールをもらっていないので、金曜日のプレゼンテーションについて、いくつか確認するためにちょっと電話しています。

286

Q8. Can you tell me if the location has been finalized and what time it will start?

A8. Sure. The seminars will be taking place at Hoff's Meeting Rooms. They start at 8:30 A.M.

訳 **Q8.** 場所は確定したのか、何時から始まるのか、教えてもらえますか?
A8. はい。セミナーはホフス会議場で開催されます。開始は午前8時半です。

語注 □ finalize: ～を最終決定する

287

Q9. I was hoping to give listeners some time for Q and A after my presentation. Will that be possible, or is there someone in the timeslot after mine? I'm Emily Dodman, by the way.

A9. There was a session after your presentation, but it was canceled. You can use that time.

訳 **Q9.** プレゼンテーションの後に受講者との質疑応答の時間を取りたいと思っているのですが。それは可能でしょうか、それとも私の後の時間帯に誰か入っていますか? ちなみに、私はエミリー・ドッドマンです。
A9. あなたのプレゼンテーションの後にセッションが入っていたのですが、キャンセルされました。その時間を使っていただけます。

語注 □ timeslot: 時間枠、時間帯

288

Q10. I've heard good things about Steven Blake. I was thinking of attending one of his sessions as a participant. Could you give me all the details about his sessions?

A10. Sure. Steven Blake will lead two sessions. First, he will give a lecture on trends in books from 9 A.M. to 10 A.M. Second, he will lead a discussion on publicizing new books from 1 P.M. to 2 P.M. A booklet will be provided for the second session.

訳 **Q10.** スティーブン・ブレイクさんのいい評判を聞いています。参加者として彼のセッションをどれか聴講しようと思っているのですが。彼のセッションについて詳細を全て教えていただけますか。
A10. はい。スティーブン・ブレイクさんはセッションを2つ担当します。1つ目は、午前9時から10時まで、書籍のトレンドをテーマに講演します。2つ目は、午後1時から2時まで、新刊の宣伝を

テーマにしたディスカッションの進行役を務めます。2つ目のセッションでは小冊子が配られます。

語注 □ publicize: ～を宣伝する

ゼミ生中継

なぜ、I was hoping（Q9）とかI was thinking（Q10）みたいに過去形で聞くんですか？

過去の話をしているわけではなくても、過去の形にすることで「丁寧な表現」になるの。日本語における敬語みたいな感覚ね。英語は過去形にしたり進行形にしたりすることで「今の状態からの距離感」を出し、その距離感で丁寧さを表すの。Would you ～？やCould you ～？も、willをwould、canをcouldにして丁寧な表現にしたもの。「過去形＋進行形」だと、さらに丁寧さが増すイメージです。

2.

スプリング・フェスティバル

4月4日～7日（正午から真夜中まで）

ジャカランダ公園（サクラメント市クリーク通り）

入場料：1人37ドル（1日券）

4月5日のスケジュール

正午から午後5時まで		
時間	イベント	場所
午後12:00	ミルズとウィルズのお笑いコンビ	メインステージ
午後1:45	「クールキャッツ」ミニロックコンサート	メインステージ
午後5時から午後9:00まで		
時間	イベント	場所
午後5:00	演劇作品『バイ・ザ・バイ』	野外劇場
午後8:00	ソーントン合唱団（要予約）	野外劇場
午後9:00から真夜中まで		
時間	イベント	場所
午後9:00	川沿いの花火大会	アスター川
午後10:00	グリーンウェイ短編映画コンペティション	メインステージ

語注 □ theatrical production: 劇場作品、演劇。theatricalは「演劇の」
□ choir: 聖歌隊、合唱団

289

I'm interested in attending this year's Spring Festival. I haven't received a flyer in the mail this time, so I have a few questions.

訳 今年のスプリング・フェスティバルに行こうかと思っています。今回はチラシを郵送でもらっていないので、いくつか質問があります。

290

Q8. Where and when is it being held this year?

A8. It's being held from April 4th to April 7th. It'll be at Jacaranda Park, which is on Creek Road in Sacramento.

訳 **Q8.** 今年はどこで、いつ開催されますか？
A8. 4月4日から4月7日まで開催されます。サクラメントのクリーク通りにあるジャカランダ公園で行われます。

291

Q9. Last year, we were able to attend every day of the festival using the same ticket. I suppose that's the same this year, right?

A9. No. The tickets cost $37, and they're only valid for one day this year.

訳 **Q9.** 去年は同じチケットを使ってフェスティバルに毎日行くことができました。今年も同じかと思うのですが。
A9. いいえ。チケット料金は37ドルで、今年は1日のみ有効です。

語注 □ valid: 有効な

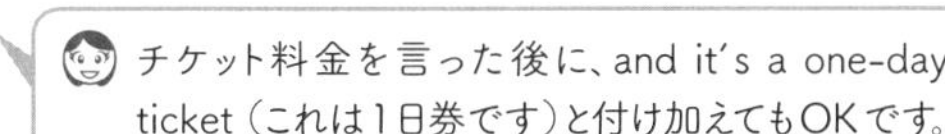

チケット料金を言った後に、and it's a one-day ticket（これは1日券です）と付け加えてもOKです。

292

Q10. My friends tell me there are some interesting events planned for the Open-Air Theater. Can you tell me about them in detail?

A10. Sure. There are two events planned in the Open-Air Theater. First, there's a theatrical production called *By the By* from 5:00 P.M. After that, there's a performance by the Thornton Choir in the same location. That starts from 8 P.M. You would have to make a reservation to see that performance.

訳 **Q10.** 野外劇場で面白いイベントがいくつか予定されていると、友人に聞きました。それらについて詳しく教えてもらえますか？
A10. はい。野外劇場では2つのイベントが予定されています。まず、午後5時から『バイ・ザ・バイ』という演劇の上演があります。その後、同じ場所でソーントン合唱団の演奏があります。これは午後8時開始です。この公演を見るには予約する必要があります。

ゼミ生中継

Thornton Choirのchoirを、間違えて「チョア」って言っちゃいました。

チョア（chore）だと「雑用、家事」の意味になっちゃうね。惜しい。choir（合唱隊）を覚えてしまって！　発音は［kwáiər］ね。

Thorntonも発音が分からなくて、止まってしまいました。

このセクションには、発音が難しい固有名詞も出てきます。音読問題と同様、スペルから想像して自分がこれだと思う発音で堂々と読んでね。ただし、大外れは禁物。普段から「このスペルならこの発音」という感覚を養うように、スクリプトを見ながら音声を聞いてリピートする習慣をつけること。それから、言わないと減点ではないけれど、first, after that, finallyなどで順を追って説明すると、聞き手にとって理解しやすくなるからお勧めです。

3.

ブランソン・レストラン

11月19日（水）予定表

ランチの提供

午前11:00 – 午後3:00（ラストオーダー午後2:30）

ディナーの提供

午後6:00 – 午後11:00（ラストオーダー午後10:30）

団体予約

時間	予約名	客数	詳細
午前11:30	ホールデン	12	個室A（ビュッフェからのお食事）
午後12:30	チャン	6	メインフロア　6番テーブル（メニューより選択の予定）
午後7:00	ウィルソン	8	個室B（シーフード宴会プランA）
午後8:00	シン	11	個室A（メニューより選択の予定）

293

Hello. It's Grace Hollywood speaking. I'm coming back from my two-week vacation tomorrow. I'd like to know what to expect.

訳　もしもし。グレース・ハリウッドです。2週間の休暇から明日戻ります。何が予定されているのか知っておきたいのですが。

294

Q8. What time are we expecting our first guests and which room will they be using?

A8. They'll be coming in at 11:30 A.M. and they are dining in Private Room A.

訳 **Q8.** 最初のお客さまは何時にいらっしゃる予定で、どの部屋をお使いですか？
A8. 午前11時半にご来店で、個室Aでお食事されます。

295

Q9. I suppose our usual Wednesday closing time of 10:00 P.M. hasn't changed.

A9. This Wednesday, we'll be open a little later. The last order is at 10:30 and we'll close at 11:00 P.M.

訳 **Q9.** いつもの水曜日の閉店時間である午後10時に変更はないですよね。
A9. 今週の水曜日はいつもより遅くまで営業します。ラストオーダーは10時半で、閉店は11時です。

296

Q10. What group bookings do we have in the evening?

A10. There're two groups arriving in the evening. At 7:00 P.M., there's a group of eight people, who'll be having the Seafood Banquet Plan A. They have a booking under the name of Wilson. There is another reservation after them. It is under the name, Singh, and they will come at 8:00 P.M. It's a group of 11 people and they'll choose from our menu.

訳 **Q10.** 夜はどんな団体予約が入っていますか？
A10. 夜に来店する団体は2組あります。午後7時に8名のグループで、シーフード宴会プランAを召し上がります。予約のお名前はウィルソンさまです。その後にもう一組予約があります。予約のお名前はシンさまで、8時にご来店です。11名のグループで、メニューからご注文されます。

語注 □ banquet: 晩さん、宴会

4.

カルビン・スタラード
サウスオーストラリア州イーストアデレード、オクセンフィールド通り732
電話：(08) 555-8323
学歴
スターリングトン大学 ── 2010年にコンピューター科学の学士号取得
資格・特技
Formosaソフト - エキスパート資格取得
中国語と日本語に堪能
職歴
BMエンターテインメント　2014年10月～現在
- ゲーム開発者
ナイルウェイズ・オンラインショッピング　2011年4月～2014年9月
- 管理補佐

297

It's Rose Barkworth calling. I heard you were considering hiring Calvin Stallard for our programming team. I'd like you to tell me a little about him before you notify him.

訳 もしもし、ローズ・バークワースです。うちのプログラミング・チームにカルビン・スタラードさんを雇い入れるお考えだと聞きました。採用通知をする前に、彼について少し聞いておきたいのですが。

298

Q8. Which college did he graduate from and what's his degree in?

A8. Sure. He graduated from University of Sterlington and he has a bachelor of computer science.

訳 **Q8.** 彼はどこの大学を卒業して、何の学位を持っていますか？
A8. はい。彼はスターリングトン大学を卒業し、コンピューター科学の学士号を持っています。

語注 □ bachelor: 学士

299

Q9. We have branches in China and Japan. So, we need someone who can communicate with the staff in those areas. Do you think he is the right person?

A9. He says he's proficient in Chinese and Japanese. So, he seems to be qualified.

訳 **Q9.** わが社は中国と日本に支社があります。ですから、その地域のスタッフとコミュニケーションが取れる人が必要です。彼は適任者だと思いますか？
A9. 彼は中国語と日本語が堪能だと言っています。ですから、適任だと思われます。

300

Q10. Could you please tell me about his career background?

A10. He worked as an assistant administrator at Nileways online shopping from April 2011 to September 2014. He is currently working at BM Entertainment as a game developer. It says he has been there since October 2014.

訳 **Q10.** 彼の職歴を教えていただけますか？
A10. 彼は2011年4月から2014年9月まで、ナイルウェイズ・オンラインショッピングで管理補佐を務めました。現在はBMエンターテインメントでゲーム開発者の仕事をしています。2014年10月からそこに勤めているそうです。

語注 □ administrator: 管理者

ゼミ生中継

誰、自分の経歴を話している人は?

ドキッ。

これはある人の履歴書について話しているのであって、自分の電話インタビューじゃないの。

なんかおかしいな、とは思ったんですが…。

人事担当者が社内あてに電話して、「今度面接する人・採用する人の経歴を教えて」と尋ねるタイプの問題です。時々出るから、慣れておいてね。

英文履歴書の職歴の書き方に慣れてなくて、分かりづらかったです。

日本と時系列が逆で、最新の経歴が先に来ていますね。名前と連絡先が一番上に来るのも特徴です。

第10回 ゼミ Q11 意見を述べる問題 基礎編

練習1 p. 217

311

Q1. If your employer asked you to move to an overseas office, would you regard that as a positive or a negative?

A1. 意見 If my employer asked me to move to an overseas office, I would regard that as a positive.

つなぎ Here are some reasons to support my opinion.

訳 **Q1.** 雇用主に海外オフィスへの転勤を打診されたら、前向きにとらえますか、後ろ向きにとらえますか？
A1. もし雇用主に海外オフィスへの転勤を打診されたら、前向きにとらえるでしょう。以下に、意見の根拠となる理由をいくつか述べます。

語注 □ regard ～ as ... : ～を…と考える

312

Q2. Which of the following is more important for customer service staff: good communication skills or a high degree of knowledge about the products and services?

A2. 意見 I think a high degree of knowledge about the products and services is more important for customer service staff.

つなぎ I have two reasons to support my idea.

訳 **Q2.** カスタマーサービスのスタッフにとって、より重要なのは次のうちどちらですか？優れたコミュニケーションスキル／商品やサービスに関する高度な知識
A2. カスタマーサービスのスタッフにとって、より重要なのは商品やサービスに関する高度な知識だと思います。意見の根拠となる理由が2つあります。

練習2 p. 218

317

Q1. If your employer asked you to move to an overseas office, would you regard that as a positive or a negative?

A1. 意見 If my employer asked me to move to an overseas office, I would regard that as a positive.

つなぎ Here are some reasons to support my opinion.

理由1 Firstly, it would be exciting to live and work in a foreign country.

理由2 Secondly, my hobby is traveling.

訳 **Q1.** 雇用主に海外オフィスへの転勤を打診されたら、前向きにとらえますか、後ろ向きにとらえますか？
A1. もし雇用主に海外オフィスへの転勤を打診されたら、前向きにとらえるでしょう。以下に、意見の根拠となる理由をいくつか述べます。まず、外国に住んで働くのはワクワクするでしょう。次に、私の趣味は旅行です。

318

Q2. Which of the following is more important for customer service staff: good communication skills or a high degree of knowledge about the products and services?

A2. 意見 I think a high degree of knowledge about the products and services is more important for customer service staff.

つなぎ I have two reasons to support my idea.

理由1 Firstly, customers call customer service to resolve their problems quickly.

理由2 Secondly, I don't trust people who are too friendly and too talkative.

訳 **Q2.** カスタマーサービスのスタッフにとって、より重要なのは次のうちどちらですか？
優れたコミュニケーションスキル／商品やサービスに関する高度な知識
A2. カスタマーサービスのスタッフにとって、より重要なのは商品やサービスに関する高度な知識だと思います。意見の根拠となる理由が2つあります。第一に、お客は、問題を迅速に解決するためカスタマーサービスに電話します。第二に、なれなれしすぎたり口数が多すぎたりする人を、私は信用しません。

語注 □ resolve: ～を解決する

319

Q3. What are some advantages and disadvantages of living in a large city?

A3. 意見 There are several advantages and disadvantages of living in a large city.

つなぎ In my opinion, these are some of them.

長所 One advantage of living in a large city is that city life is fun.

短所 One disadvantage of living in a large city is the cost.

訳 **Q3.** 大都市に住むことの長所と短所は何ですか？
A3. 大都市に住むことには、いくつかの長所と短所があります。私の意見では、以下がその一部です。大都市に住む長所の一つは、都会の生活は楽しいことです。大都市に住む短所の一つは、費用です。

320

Q4. Do you think creativity should be taught as a subject at school?

A4. 意見 I think creativity should be taught as a subject at school.

つなぎ I have two points.

理由1 Creativity is a very valuable asset in many careers.

理由2 Creativity changes students' behavior for the better.

訳 **Q4.** 学校で教科として創造性が教えられるべきだと思いますか？
A4. 学校で教科として創造性が教えられるべきだと思います。論点が2つあります。多くの職業において、創造性はとても重要です。創造性は、生徒たちの行動を好転させます。

語注 □ asset: 有用なもの、強み □ for the better: よい方向へ

練習3

p. 220

325

Q1. If your employer asked you to move to an overseas office, would you regard that as a positive or a negative?

A1. 意見 If my employer asked me to move to an overseas office, I would regard that as a positive.

つなぎ Here are some reasons to support my opinion.

理由1 Firstly, it would be exciting to live and work in a foreign country.

詳細1 Working in a foreign country, I could make new friends, learn new skills, and find new ways of doing things. I believe that trying new things is how we grow and learn.

理由2 Secondly, my hobby is traveling.

詳細2 So, if I was working overseas, I would feel that my company was paying me to do my hobby. I am sure I could enjoy everything even if I had to work in a busy office environment.

訳 **Q1.** 雇用主に海外オフィスへの転勤を打診されたら、前向きにとらえますか、後ろ向きにとらえますか？
A1. もし雇用主に海外オフィスへの転勤を打診されたら、前向きにとらえるでしょう。以下に、意見の根拠となる理由をいくつか述べます。まず、外国に住んで働くのはワクワクするでしょう。海

外で働いていたとき、新しい友人を作り、新しいスキルを学び、物事の新しいやり方を発見することができました。新しいことに挑戦することが、成長し学ぶための方法だと思います。次に、私の趣味は旅行です。ですから、もし私が海外で働いていたなら、自分の趣味をしながら会社から給料が支払われているように感じると思います。たとえ忙しい職場環境で働いていたとしても、何もかも楽しめるだろうと確信しています。

326

Q2. Which of the following is more important for customer service staff: good communication skills or a high degree of knowledge about the products and services?

A2. 意見 I think a high degree of knowledge about the products and services is more important for customer service staff.

つなぎ I have two reasons to support my idea.

理由1 Firstly, customers call customer service to resolve their problems quickly.

詳細1 If they are not able to provide enough information or cannot answer customers' questions, it will be a big problem.

理由2 Secondly, I don't trust people who are too friendly and too talkative.

詳細2 I feel that they are trying to cover up some problem. I will be happy as long as the customer support staff is not rude.

訳 **Q2.** カスタマーサービスのスタッフにとって、より重要なのは次のうちどちらですか？優れたコミュニケーションスキル／商品やサービスに関する高度な知識
A2. カスタマーサービスのスタッフにとって、より重要なのは商品やサービスに関する高度な知識だと思います。意見の根拠となる理由が2つあります。第一に、お客は、問題を迅速に解決するためカスタマーサービスに電話します。もし十分な情報が提供できなかったり、お客の質問に答えられなかったりしたら、大問題になるでしょう。第二に、なれなれしすぎたり口数が多すぎたりする人を、私は信用しません。何か問題を取り繕おうとしているように感じてしまいます。カスタマーサポートのスタッフが失礼でさえなければ、私は満足です。

語注 □ cover up ～: ～を隠す　□ as long as ～: ～である限りは　□ rude: 無礼な

327

Q3. What are some advantages and disadvantages of living in a large city?

A3. 意見 There are several advantages and disadvantages of living in a large city.

つなぎ In my opinion, these are some of them.

長所 One advantage of living in a large city is that city life is fun.

第10回ゼミ 意見を述べる問題 基礎編

詳細 There are many stores, so shopping is easy. There are places like movie theaters, too.

短所 One disadvantage of living in a large city is the cost.

詳細 Renting an apartment is expensive and parking a car is expensive. It's hard to find cheap restaurants, too.

訳 **Q3.** 大都市に住むことの長所と短所は何ですか？
A3. 大都市に住むことには、いくつかの長所と短所があります。私の意見では、以下がその一部です。大都市に住む長所の一つは、都会の生活は楽しいことです。お店が多く、買い物が楽です。映画館のような場所もあります。大都市に住む短所の一つは、費用です。アパートを借りるのは高く、駐車料金も高いです。安いレストランを探すのも大変です。

328

Q4. Do you think creativity should be taught as a subject at school?

A4. 意見 I think creativity should be taught as a subject at school.

つなぎ I have two points.

理由1 Creativity is a very valuable asset in many careers.

詳細1 It is necessary for people to innovate. The world is a competitive place, and if we continue to just do the same things, we will lose our jobs.

理由2 Creativity changes students' behavior for the better.

詳細2 When they face difficulties, they have to use their imagination to find a way out.

訳 **Q4.** 学校で教科として創造性が教えられるべきだと思いますか？
A4. 学校で教科として創造性が教えられるべきだと思います。論点が2つあります。多くの職業において、創造性はとても重要です。それは、人が革新的なことを起こすのに必要です。世界は競争の場であり、同じことばかり続けていては仕事を失ってしまうでしょう。創造性は、生徒たちの行動を好転させます。彼らが困難に直面したとき、抜け出す方法を見いだすために想像力を働かせなくてはなりません。

語注 □ innovate: 革新的なことを行う

第11回ゼミ Q11 意見を述べる問題 発展編

練習1 p. 226

329

Q1.

Do you think it is better to own a house or to rent a house? Support your answer with reasons or examples.

A1.

意見 I think it is better to own a house. 理由1 This is because owning a house is like an investment. 詳細1 If you choose the right area, you can sell the house and make money. For example, my friend just sold his house. It was in a nice area, near a lake, so he was able to make a lot of money selling his house. 理由2 Furthermore, usually the monthly payment for the mortgage is cheaper than the monthly rent. 詳細2 It means you would be able to live in a better place for less money. As for me, I enjoy throwing parties and inviting people over, so I am definitely for owning a house. まとめ For these reasons, I think it is better to own a house than to rent a house.

訳 **Q1.** 家を所有するのと借りるのとではどちらがいいと思いますか？　意見の根拠となる理由や具体例も示してください。

A1. 家を所有する方がいいと思います。それは、家の所有は投資のようなものだからです。いい立地を選べば、その家を売ってお金をもうけることができます。例えば、私の友人は家を売ったばかりです。それは湖に近い、いい場所にあったので、彼は家を売って多額のお金にすることができました。さらに、住宅ローンの月々の支払いは月々の家賃より安いです。それはつまり、より少ないお金でよりよい場所に住めるということです。私自身は、パーティーを開いて人を招くのが好きなので、家を所有する派です。こうした理由から、家を借りるよりも所有する方がいいと思います。

語注 □ furthermore: さらに　□ mortgage: 住宅ローン（発音は[mɔ́:rgidʒ]）
□ as for ～: ～に関しては　□ throw a party: パーティーを開く

ゼミ生中継

2択や3択の問題で、「その選択肢を選んだ理由」ではなく「他の選択肢を排除した理由」を言ってもいいですか？

OKです。例えば、この問題のように「持ち家の是非」がテーマなら？

理由1 で「持ち家の長所」を言って、理由2 で「賃貸の短所」を言うとか。

うん、いいね。それなら、詳細2 で実際に賃貸したときの体験談を具体例として述べてもいいと思います。例えば、以下のような感じ。

意見 持ち家の方がいい。

理由1 持ち家の利点：自分の好きなようにリフォームできる。

詳細1 具体例：壁紙を変えたりできる。絵や写真も壁に掛けられる。

理由2 賃貸の欠点：毎月の家賃が高い。

詳細2 具体例：自分は東京に住んでいる。土地が高いから家賃も高い。予算の中で選ぶと狭い部屋になる。

330

Q2.

Do you agree or disagree with the following statement? *A good leader is an active listener*. Use specific examples or reasons to support your answer.

A2.

意見 I agree with the statement "*A good leader is an active listener*." つなぎ I have several reasons to support my opinion. 理由1 First, a leader can get good information and ideas when he or she is an active listener. 詳細1 Having a lot of information and ideas will help the leader make good decisions. For example, factory workers know more about the factory than the CEO. Good CEOs listen to factory workers when they want to improve the production process. 理由2 Next, being a good listener helps build relationships. 詳細2 When a leader is an active listener, people enjoy working with that leader. Good teamwork will help the group achieve its goals quickly. まとめ For these reasons, I agree with the statement "*A good leader is an active listener*."

訳 **Q2.** 次の意見に賛成ですか、反対ですか？ 「いいリーダーは聞き上手である」。意見の根拠となる具体的な例や理由も示してください。

A2. 「いいリーダーは聞き上手である」という意見に賛成です。私の意見の根拠となるいくつかの理由があります。第一に、聞き上手であれば、その人はよい情報やアイデアを得ることができます。

たくさんの情報やアイデアがあれば、リーダーがいい判断をする役に立ちます。例えば、工場労働者は工場についてCEO以上に知っています。いいCEOは、生産工程を改善したいときに工場労働者から話を聞きます。次に、聞き上手であれば関係を築くのに役立ちます。リーダーが聞き上手なら、皆はそのリーダーと働くのを楽しみます。チームワークがよければ、そのグループが早く目標を達成するのに役立ちます。こうした理由から、「いいリーダーは聞き上手である」という意見に賛成です。

331

Q3.

Do you think it is beneficial for teachers to have lectures outside the classroom? Support your opinion with reasons or examples.

A3.

意見 I think that it is beneficial for teachers to have lectures outside the classroom. つなぎ Here are some reasons to support my opinion. 理由1 Firstly, I think it is difficult for students to concentrate when they repeat the same activity again and again. 詳細1 When lectures are led by the same teacher in the same location at the same time of day, students may not be able to pay attention properly. By giving lectures in different locations such as outdoors, students will feel more interested. 理由2 Secondly, outdoor lectures can show students real examples. 詳細2 When I was in college, for example, I took a course on environmental protection. The teacher took us on a field trip and showed us real-life examples of the problems she was talking about. It helped us understand the problems better. まとめ Therefore, outdoor lectures are beneficial because they give us variety and show us real-life examples.

訳 **Q3.** 教師が教室の外で授業を行うことは有益だと思いますか？　意見の根拠となる理由や具体例も示してください。

A3. 教師が教室の外で授業を行うことは有益だと思います。以下に、私の意見の根拠となる理由をいくつか述べます。まず、生徒が同じアクティビティーを何度も繰り返すと、集中するのが困難になると思います。授業が同じ教師によって、同じ場所で、同じ時間帯に行われると、生徒たちはきちんと注意を払えなくなるかもしれません。屋外などの異なる場所で授業を行うことで、生徒たちはより興味を持つようになるでしょう。次に、屋外の授業では生徒たちに本物の事例を示すことができます。例えば、私は大学にいたとき、環境保護の講義を取っていました。教師は私たちを校外学習に連れて行き、彼女が話していた問題に関する実例を見せてくれました。このことが、問題をより理解するのに役立ちました。こうした理由で、私たちに変化や本物の事例を与えてくれるため、屋外での授業は有益だと思います。

語注 □ lecture: 講義、授業　□ lead: 指導する（過去形・過去分詞形はled）

🔊 332

Q4.

Social media is an important part of people's lives now. What are the advantages of social media? Give specific ideas and examples to support your opinion.

A4.

意見 There are many advantages of social media. 長所1 First, with social media technologies, we can keep in touch with our friends and family members all around the world. 詳細1 For example, social media like Facebook even offer video chats. I can have face-to-face discussions with friends, and it doesn't even cost me any money. 長所2 Another advantage is that social media make communication with people casual and easy. 詳細2 I can send short messages to people while I am using public transportation. Sending a message is easier than sending a formal e-mail to people. 長所3 Finally, you can use social media sites as data storage places. 詳細3 You can upload your pictures and documents and keep them there. You can search for them later. まとめ These are the advantages of social media.

訳 **Q4.** ソーシャルメディアは今、人々の生活において重要な一部となっています。ソーシャルメディアの長所は何ですか？　意見の根拠となる具体的な考えや具体例を示してください。
A4. ソーシャルメディアには、たくさんの長所があります。第一に、ソーシャルメディアの技術により、世界中の友人や家族と連絡を取ることができます。例えば、フェイスブックのようなソーシャルメディアはビデオチャットまで提供しています。友人と顔を見ながら話ができて、まったくお金がかからないのです。もう一つの長所は、ソーシャルメディアが人とのコミュニケーションを気楽で手軽にすることです。公共交通機関を利用しながら人にショートメッセージを送ることもできます。メッセージを送るのは、人々にきちんとしたEメールを送るよりも簡単です。最後に、ソーシャルメディアのサイトをデータ保存の場所として使うこともできます。写真や文書をそこにアップロードして保管できます。後でそれらを検索すればいいのです。これらがソーシャルメディアの長所です。

語注 □ keep in touch with ～: ～を連絡を取っている　□ storage: 保管

練習2 p. 232

Q1. 🔊 343

Some people spend their entire lives in one place, while others move a number of times and change homes looking for a better environment or climate. Which do you prefer? Why? Give reasons and examples to support your opinion.

訳 生涯にわたって1カ所に住む人もいれば、よりよい環境や気候を求めて何度も引っ越し、住まいを替える人もいます。あなたはどちらをより好みますか？　それはなぜですか？　意見の根拠となる具体的な考えや例を示してください。

A1.

Levels 5～6　344

意見 I think it is better to stay in one place. 理由1 First, if I moved, my children would have to change schools. 詳細1 They would feel stressed because they would need to make new friends. 理由2 Secondly, I want to keep the same job. 詳細2 When you work for the same company for a long time, you know a lot about the company. You can do your job well, too. That's why I don't want to change jobs and I want to live close to my company. まとめ For these reasons, I prefer to spend my entire life in one place.

訳 私は1カ所に住み続ける方がいいと思います。第一に、もし引っ越すと、私の子どもたちは転校しなければならなくなります。新しい友達を作ることになるのでストレスを感じるでしょう。第二に、私は同じ仕事を続けたいと思っています。長い期間同じ会社に勤めていると、会社のことがよく分かります。仕事もうまくこなせます。だから私は仕事を変えたくありませんし、会社の近くに住んでいたいと思います。こうした理由から、生涯にわたって同じ場所で過ごす方がいいです。

Levels 7～8　345

意見 I prefer to move around and live in different cities and countries. 理由1 I think it is interesting to experience new cultures and ways of thinking. 詳細1 I don't think I am looking for a better environment, though. I think I'm just looking for a change. People say a change is as good as a holiday. I think this is true. Meeting new people and making new friends are always exciting, so I prefer to move around. 理由2 I am a little bit worried that I might miss some things from my hometown, but in the modern world, this is not a big problem. 詳細2 I can chat with my family members anytime using Skype. まとめ Therefore, I prefer to move around and not to stay in one place.

訳 私は頻繁に引っ越しをしていろいろな町や国に住む方がいいです。新しい文化や考え方を経験するのは興味深いと思います。ただ、よりよい環境を求めているわけではありません。単に変化を求めているのです。変化を付けるのは休暇と同じぐらいよいものだ、とよく言われます。それは本当だと思います。新しい人と出会い新しい友達を作るのはいつも楽しいので、頻繁に引っ越しをする方が好きです。故郷のことが懐かしくなるのではないかという心配も少しありますが、現代社会では、それも大きな問題ではありません。スカイプを使って家族といつでもおしゃべりすることができます。ですから、頻繁に引っ越しをして、1箇所に留まらない方が好きです。

Q2. 346

In your opinion, which of the following factors is the most important for one's level of happiness?

Money and success / Good relationships / Good health

Use specific ideas and examples to support your opinion.

訳 あなたの意見では、人の幸福度において次のうちどれが最も重要な要素ですか？
お金と成功／いい人間関係／健康　意見の根拠となる具体的な考えや例を示してください。

A2.

Level ⑤ 347

意見 I think money and success are the most important factors. つなぎ There are two reasons. 理由1 First, if I don't have any money, I can't buy food. 詳細1 I will be very hungry. Also, I need a house to live in. I will be very sad if I don't have money. 理由2 Second, I think success is also very important, 詳細2 because if I become successful at work, I can feel proud of myself. Confidence is connected to happiness. まとめ These are the reasons why I think money and success are the most important factors for happiness.

訳 お金と成功を手にすることが最も重要な要素だと思います。理由は2つあります。第一に、お金がなければ食べ物が買えません。とてもおなかがすいてしまうでしょう。また、住む家も必要です。お金がないととても悲しくなってしまうでしょう。第二に、成功もとても大事だと思いますが、その理由は、仕事が成功すれば自分を誇らしく感じられるからです。自信は幸福につながります。これらが、幸福においてお金と成功が最も重要な要素だと思う理由です。

Levels ⑤～⑥ 348

意見 I think good relationships are the most important factor for happiness. つなぎ I think so for two reasons. 理由1 First of all, I am always with someone. 詳細1 If I don't have a good relationship with colleagues or my family, I will have stress all the time, so I will not be happy. 理由2 Next, my friends can change my mood. 詳細2 When I feel tired or sad, I talk to my friends. After that, I become very happy. まとめ Therefore, I think having good relationships with everyone around me is the most important factor.

訳 幸福には、いい人間関係が最も重要な要素だと思います。2つの理由からそう思います。第一に、私は常に誰かと一緒にいます。同僚や家族といい関係が持てなければ、常にストレスを抱えることになり、幸福ではなくなるでしょう。次に、友人が私の気分を変えてくれます。疲れていたり悲しかったりすると、私は友人と話します。そうした後にはとても気分がよくなります。ですから、周囲の皆といい関係を持つことが最も重要な要素だと思います。

Levels ⑦～⑧ 349

意見 I think good health is the most important factor for happiness. 理由1 Most of all, if we are healthy, we can enjoy the things that make us happy. 詳細1 For example, my parents are now retired and enjoying their lives in the countryside. They go hiking and play tennis all the time. According to statistics, physical and mental health bring more happiness than a higher income. My parents live in a very old house, but I am pretty confident they are much happier than people who live in mansions. 理由2 Moreover, good health is the most important thing because it is something you cannot buy. 詳細2 Some people believe that people with lots of money are in better health, but I don't think that's true. They can buy medicine but cannot buy good health. まとめ For those reasons, I believe good health is the most important factor for happiness.

訳 幸福には健康が最も重要な要素だと思います。何より、健康であれば、自分を幸福にしてくれる物事を楽しむことができます。例えば、私の両親は今、引退して田舎での生活を楽しんでします。しょっちゅうハイキングに出掛けたりテニスをしたりしています。統計によると、心身の健康は収入の多さよりも幸福をもたらすそうです。私の両親はとても古い家に住んでいますが、大邸宅に住む人たちよりもずっと幸せであると、私は確信しています。さらに、健康が最も大事だというのは、それがお金では買えないからです。たくさんお金を持っている人の方が健康だと考える人もいますが、私はそうは思いません。薬を買うことはできても、健康を買うことはできないのです。こうした理由から、幸福には健康が最も重要な要素だと考えます。

語注 □ statistics: 統計　□ pretty: かなり、とても　□ mansion: 大邸宅、(立派な)お屋敷

ゼミ生中継

話すときにtheとa、どちらが正しいのか悩むことが多いです。

a/anは「不特定多数の中の一つ」というニュアンスで、単数名詞に使います。theは単数・複数どちらの名詞にも使え、「その〇〇」というように特定のものを指します。話し手だけでなく聞き手にとっても「その〇〇」と一つに絞り込めることが前提です。aやtheなどの冠詞も、スピーチが書けたら一度全てチェックしてみてね。ただ、冠詞のミス一つでいきなり減点されるわけではありません。

練習すれば、使い分けられるようになりますか?

なります。冠詞の使い分けは、慣れによるところも大きいです。サンプルアンサーを丸暗記するくらい何度も音読することで、その感覚を身につけてください。p. 83下の「ゼミ生中継」でも冠詞について触れているので、見てみてくださいね。

Q3. 350

Many people use public transportation on a regular basis. What are some advantages and disadvantages of using public transportation to get to work or school? Use specific ideas and examples to support your opinion.

訳 多くの人が、日常的に公共交通機関を利用しています。通学や通勤で公共交通機関を利用することの長所と短所は何ですか？　意見の根拠となる具体的な考えや例を示してください。

語注 □ on a regular basis: 定期的に、日常的に

A3.

Levels ⑤～⑥ 351

[意見] There are both advantages and disadvantages of using public transportation to get to work. [長所] The advantage is you can spend your time better. [詳細] You can study, read or watch movies on a train or bus. In addition, public transportation is usually cheaper than driving your own car. [短所] On the other hand, public transportation is uncomfortable when it's crowded. [詳細] There are many people using public transportation, and I don't like crowded rush hour trains. [まとめ] In my opinion, these are the advantages and disadvantages of using public transportation.

訳 公共交通機関を利用して通勤することには、長所と短所があります。長所は、時間を有効に使えることです。電車やバスの中で勉強したり、本を読んだり、映画を見たりできます。加えて、公共交通機関は通常、自分の車を運転するよりも安上がりです。その一方、公共交通機関は混雑時には快適ではありません。公共交通機関を使っている人は大勢いて、私はラッシュ時の混雑した電

車が好きではありません。私の意見では、これらが公共交通機関を利用することの長所と短所です。

Levels ⑦～⑧ 352

意見 There are both advantages and disadvantages of using public transportation to get to work. 長所 One of the advantages is that it is cheaper than driving a private vehicle. 詳細 It is also better for the environment because we use less fuel. In the case of trains, it is much easier and faster to get to work or school by train because there are no traffic jams and we do not need to find a parking space. 短所 However, train and bus schedules are not flexible. 詳細 So, if you miss a train or bus, you must wait for the next one, and that may take a long time. Sometimes public transport can be very crowded, and we are forced to stand up.

訳 通勤に公共交通機関を使うことには、長所と短所の両方があります。長所の一つは、自家用車を運転するよりも安く済むことです。また、燃料をあまり使わないので環境にも優しいです。電車の場合で言うと、交通渋滞もなく駐車スペースを探す必要もないので、電車の方が学校や職場に楽に早く着くことができます。しかしながら、電車やバスのスケジュールには柔軟性がありません。そのため、電車やバスに乗り遅れると、次を待たねばならず、それに時間がかかることもあります。時に公共交通機関がとても混雑して、立っていなければならないこともあります。

語注 □ fuel: 燃料

Q4. 353

Some people believe that today's students are under more pressure than before. Do you agree with this opinion? Give reasons and examples to support your opinion.

訳 現代の学生は以前に比べて、より大きなプレッシャーにさらされていると考える人もいます。あなたはこの意見に賛成ですか？　意見の根拠となる理由や具体例を示してください。

A4.

Levels ⑤～⑥ 354

意見 I don't think so. 理由1 First of all, we have fewer children in Japan now. 詳細1 Therefore, there is less pressure to study hard. You can get into a university easier than you could 30 years ago. 理由2 In addition, I think there are more mothers working now. 詳細2 Working parents are very busy, so they cannot watch their children closely. That's why they will not put a lot of pressure on their children. まとめ For these reasons, I don't think today's students are under more pressure than before.

訳 そうは思いません。第一に、今、日本では子どもの数が減っています。ですから、勉強を頑張るプレッシャーは減っています。30年前よりも簡単に大学に入ることができるのです。加えて、今は働く母親が増えています。共働きの親はとても忙しいので、子どもをじっくり見守ることができません。そのため、子どもたちにあまりプレッシャーをかけることにならないのです。こうした理由から、私は、現在の学生が以前よりプレッシャーにさらされているとは思いません。

Levels ⑦～⑧ 355

意見 I think that today's students are under much more pressure than students were in the past. **理由1** The economy is getting worse and worse. **詳細1** This means that there are fewer good jobs for young people. With fewer jobs to apply for, students must try to get better grades and achieve more things in order to be chosen by a good company. **理由2** They are under much pressure because of the declining birthrate. **詳細2** The number of children is decreasing these days. As a result, parents are putting extra pressure on their children because their expectations are high. **まとめ** In short, people are worried about the future, so students are under pressure.

訳 現代の学生は過去の学生よりもずっと多くのプレッシャーにさらされていると思います。経済はどんどん悪化しています。これは若者にとっていい仕事が減るということを意味します。応募する仕事が減ると、学生はいい企業に採用してもらうために、いい成績を取り多くのことを達成する努力をしなければなりません。彼らは出生率の低下が理由で多くのプレッシャーにさらされています。近年、子どもの数は減っています。その結果、両親の期待が高まって子どもたちに余分なプレッシャーをかけています。簡単に言うと、皆が将来の不安を抱えているため、学生はプレッシャーにさらされているのです。

語注 □ grade: 成績　□ decline: 下降する、低下する　□ birthrate: 出生率
□ decrease: 減少する

ゼミ生中継

理由1 と **詳細1** で「経済状況が悪化していて、若者の仕事が減っている」と言っていますが、仮にこれが事実でなかったとしてもOKですか？

OKです。採点者は、理由として挙げた内容が事実かどうかまでは見ていません。

自分は「子どもたちは名門校に入るようにというプレッシャーをかけられている」と言いたかったのですが、「名門校」が分からなくてgood schoolと言いました。

「名門校」はprestigious schoolだけど、good schoolでも悪くはないよ。全体でChildren are constantly pressured to perform well so they get into prestigious schools.とかかな。

prestigiousか。よし、覚えました！

Q5. 356

Many people are choosing to work from home, and many companies are allowing their employees to do so. What are some advantages and disadvantages of telecommuting? Use specific reasons and examples to support your opinion.

訳 在宅での勤務を選ぶ人は大勢おり、多くの企業が従業員にそうすることを認めています。在宅勤務の長所と短所は何ですか？　意見の根拠となる理由や具体例を示してください。

A5.

Levels ⑤～⑥ 357

意見 Telecommuting has both advantages and disadvantages. 長所 The advantages are the convenience and low cost. 詳細 You can telecommute anytime and anywhere, so it is very convenient. Also, you don't have to pay for gas or transportation, and the Internet fee is cheap. Therefore, telecommuting does not cost much. 短所 A disadvantage is that it may be difficult to concentrate on your work. 詳細 Family members may distract you, or you may be tempted to do things around the house or watch television. まとめ These are the advantages and disadvantages of telecommuting.

訳 在宅勤務には長所と短所があります。長所は、便利さとコストの低さです。在宅勤務はどこでもいつでも仕事ができるので、とても便利です。また、ガソリン代や交通費がかからず、インターネットの利用料金も安価です。このため、在宅勤務にはあまり費用がかかりません。短所は、仕事に集中するのが難しくなりうることです。家族に邪魔されるかもしれませんし、家の雑用をしたり、テレビを見たりしたくなるかもしれません。これらが、在宅勤務の長所と短所です。

語注 □ distract: ～の気を散らす　□ be tempted to do: ～したくなる

Levels ⑦～⑧ 358

意見 Telecommuting has numerous advantages and disadvantages. 長所 The biggest advantage is a reduction in the running costs. 詳細 The company does not need to provide a desk or pay for costs such as water or electricity. It can also save money on paper as telecommuters typically submit their work electronically. Furthermore, employees will not waste their time because companies pay them based on the amount of work rather than by the hour. This can help workers perform efficiently. 短所 However, there are some disadvantages as well. 詳細 For example, staff members are not always available to speak with clients. Scheduling meetings requires additional preparation, too. In addition, it may be a lonely situation for employees because they must spend their days at home alone.

訳 在宅勤務にはいくつもの長所と短所があります。最大の長所はランニングコストの削減です。会社は、デスクを用意する必要も、水道代や電気代を払う必要もありません。在宅勤務では通常、仕事を電子的に提出するので紙代も節約できます。さらに、会社は時間でなく仕事量に基づいて給料を払うので、従業員は時間を無駄にしません。これは労働者が効率的に仕事をするのに役立ちます。しかしながら、いくつかの短所もあります。例えば、スタッフがいつでも顧客と話せるわけではありません。会議の予定を立てるのにも余分の準備が必要です。加えて、自宅で日々を一人で過ごさなければならないので、従業員にとっては寂しい状態になるかもしれません。

語注 □ numerous: 数多くの　□ reduction: 減少、削減　□ submit: ～を提出する
□ electronically: 電子的に、デジタルで　□ based on ～: ～に基づいて

Q6. 359

Which of the following is the most important subject for students to learn at school? Choose ONE of the options provided below and give reasons and examples to support your opinions.

A foreign language / Physical education / Music

訳 次のうち、生徒が学校で学ぶ最も重要な教科はどれですか？　以下の選択肢から一つ選び、意見の根拠となる理由や具体例を示してください。　外国語／体育／音楽

A6.

Levels ⑤～⑥ 360

意見 I think music is the most important subject for high school students to learn. 理由1 This is because technology is getting better. 詳細1 For example, there are many excellent digital translators. Some of them are very cheap, and we can find apps on the Internet, too. So, I think we won't need foreign language skills soon. 理由2 Another reason is that music is creative. 詳細2 I think a creative class is necessary for students, because creativity is the key for many jobs. まとめ For these reasons, I think that music is an important subject for high school students.

訳 高校生が学ぶべき最も重要な教科は、音楽だと思います。これは、テクノロジーが進歩しているからです。例えば、優れたデジタル翻訳機がたくさんあります。とても安価なものもありますし、アプリをインターネットで探すこともできます。ですから、そのうち外国語のスキルは必要なくなると思います。もう一つの理由は、音楽が創造的だからです。創造性は多くの仕事にとって大事なので、学生には創造的な授業が必要だと思います。こうした理由から、高校生にとって音楽は重要な教科だと思います。

ゼミ生中継

Music is creative. って、いい表現ですね。

～is creative.は、アートやデザイン、仕事などいろいろなトピックで使える表現ね。Creativity is the key for many jobs.（多くの仕事にとって創造性が重要です）や、Creativity is important in everything we do.（私たちがする全てのことにおいて、創造性は重要です）といった表現も汎用性高し！ Creativeがキーワードとなる問題は頻出です。

このLevels 5-6サンプルアンサーは「外国語より音楽が重要」とは言っているけど、体育より重要である理由は言っていませんね。問題ないですか？

そこは大丈夫。もちろん言えたらベターだけど、マストではないです。音楽が重要と思う理由2つとその具体例を挙げているから、タスクはこなせています。

Level 7 361

意見 I believe that physical education is most important. 理由1 Firstly, children are playing outdoors less and less. 詳細1 If they are not given physical education at school, they may have no other opportunities to exercise. I read in a paper once that there is a strong link between sports and academic performance. So, doing sports will help them get good grades. 理由2 Furthermore, sports are a great way to meet people and make friends. 詳細2 For example, if we are able to play a sport well, we can join local sports clubs and make friends. まとめ For these reasons, I believe that physical education is the most important subject for students.

訳 体育の授業が最も重要だと考えます。第一に、子どもが外で遊ぶことがどんどん減っています。もし学校で体育の授業がなければ、他に運動する機会がないかもしれません。スポーツと学業成績には強いつながりがあるという新聞記事を読みました。つまり、スポーツをするといい成績につながるのです。さらに、スポーツは人と出会って友達を作るとてもいい手段です。例えば、スポーツがよくできれば、地元のスポーツクラブに入って友達を作れます。こうした理由から、体育が学生にとって最も重要な教科だと私は考えます。

ゼミ生中継

「学生にとって」と言うとき、for studentsとするかfor the studentsとするか迷いました。

冠詞の問題ね。限定詞（the）なしの名詞は、一般的な概念や種類全体を指します。例えば、studentsだと「学生というものは」というニュアンスで、学生全般を意味します。一方、the student(s)なら「その学生（たち）」で、指している学生が一人（または一つのグループ）に限定されます。冠詞については、p. 78の「ゼミ生中継」も参照してね。

Levels 7～8 362

意見 I think that studying a foreign language is the most important. 理由1 There are very few jobs for musicians and athletes, so the skills are not that useful after you graduate. 詳細1 Music and sports are personal hobbies. Interested people can learn and practice them by themselves. There is no need to teach them at school. 理由2 When we study languages, we also learn about different cultures. 詳細2 We learn about the value of those cultures, and this helps our society overcome problems such as discrimination. Furthermore, by learning other languages, we can have more opportunities to make friends, do business and even obtain information from the Internet. まとめ In short, learning a language would be more useful to us in our adult lives than learning about music and sports.

訳 外国語を勉強することが、最も重要だと思います。ミュージシャンやスポーツ選手の仕事はとても少ないので、そういったスキルは卒業後にそれほど役立ちません。音楽やスポーツは個人的な趣味です。興味のある人は自分で学んだり練習したりすればいいのです。それらを学校で教える必要はありません。語学を学ぶときには、異文化も同時に学びます。そうした文化の価値を私たちが知ると、それは、社会全体が差別のような問題を克服する上で役立ちます。さらに、他言語を学ぶことで、友達を作ったり、ビジネスをしたり、さらにはインターネットで情報を得たりする機会が増えます。つまり、語学学習は、音楽やスポーツを学ぶことよりも、大人になってからの生活に役立つのです。

語注 □ discrimination: 差別

実践練習問題 p. 237

Q1. 369

Online learning is becoming increasingly popular. What are some advantages of online learning? Use specific ideas and examples to support your opinion.

訳 オンライン学習は急速に普及しつつあります。オンライン学習の利点は何でしょうか？意見の根拠となる具体的な考えや例を示してください。

A1.

Levels 5～6 370

意見 Some advantages of online learning are the flexibility and lower cost. 長所1 When students take a course online, they have a flexible schedule. 詳細1 They can study in any environment. So, this is a huge benefit for busy people. 長所2 Also, online courses are less expensive than attending classes. 詳細2 This is because schools can arrange online courses at a reasonable cost. The school does not need a classroom and does not have to pay for the instructor's transportation. まとめ For these reasons, I believe some advantages of online learning are the flexibility and lower cost.

訳 オンライン学習の長所のいくつかは、柔軟性と費用の安さです。オンライン講座を受講する生徒は、柔軟なスケジュールを組むことができます。彼らはどんな環境でも勉強ができます。ですから、忙しい人たちにとっては大きな利点です。また、オンライン講座は授業に出るよりもお金がかかりません。これは、学校側がオンライン講座を手頃な費用で手配できるからです。学校は教室を用意する必要がなく、講師の交通費を払う必要もありません。こうした理由から、オンライン学習の長所のいくつかは柔軟性と費用の安さだと考えます。

ゼミ生中継

reasonable って、なんだか高度っぽく聞こえますね。今度から使おう。

reasonableは[r]の発音にも注意ね。cheapとかless expensive、less costlyとか、言い換えをするとさらにポイントアップ!

Levels 7～8 371

意見 There are some advantages of online learning. 長所1 Firstly, it can be much cheaper than attending a physical campus. 詳細1 People with little money can have access to education. Studying at a traditional college costs a lot of money because of the college's operating costs. Therefore, students are charged high tuition fees. 長所2 Another advantage is that courses are offered in a wide range of fields. 詳細2 If you attend a traditional college, you have to choose from the courses they teach. They may not teach the courses you are interested in. In contrast, you can study almost any topic using online learning. You can join courses at colleges in different cities and even different countries. まとめ These are some advantages of online learning.

訳 オンライン学習には、いくつかの長所があります。第一に、現実の学校に通うよりもずっと安く済みます。お金があまりない人でも教育を受ける機会が得られます。従来型の大学で勉強するには、大学の運営費がかかるため、多額の費用がかかります。このため、学生は高い学費を請求されます。もう一つの長所は、幅広い分野の講座が提供されることです。従来型の大学に通うと、彼らが教える講座の中から選ばなければなりません。自分の興味のある講座がないかもしれません。それに対して、オンライン講座を使えば、ほぼあらゆるテーマを学ぶことができます。さまざまな都市、さらにはさまざまな国の大学講座に参加することもできます。これらがオンライン学習の長所です。

語注 □ tuition fee: 授業料　□ a wide range of ～: 幅広い～

ゼミ生中継

私はオンライン学習の長所が思い付きませんでした。あまりよく知らなくて…。

オンライン学習系は頻出トピックなので、日本語でもいいからいろいろ調べておくといいですよ。その他には教育×ITとか、仕事×IT関連の話題も出やすいです。

準備のために調べるだけで、視野が広がりそうですね。

Q2. 372

Some people think that it is important for companies to provide employees with opportunities to exercise during the workday. Do you agree or disagree with this position? Why? Give reasons and examples to support your opinion.

訳 企業が勤務日に、社員に運動する機会を提供することは重要だと考える人もいます。この立場に賛成ですか、反対ですか？　それはなぜですか？　意見の根拠となる理由や具体例を示してください。

A2.

Levels 5～6　373

[意見] I don't agree that it is important for companies to provide employees with opportunities to exercise during the workday. [つなぎ] I have two reasons. [理由1] First, some people like to exercise, but some people don't. [詳細1] This means that only some people will exercise during the workday. It is not fair if some people are working and some people are exercising. [理由2] In addition, it is costly for a company to provide a place to exercise. [詳細2] Many companies do not have extra space for exercise. [まとめ] For these reasons, I don't think companies need to provide opportunities for employees to exercise.

訳 企業が勤務日に、社員に運動する機会を提供することが重要だという考えには賛成しません。理由が2つあります。まず、運動が好きな人もいれば、好きでない人もいます。つまり、勤務日に運動しようとするのは一部の人だけでしょう。一部の人が働いて一部の人が運動していたら、不公平です。加えて、運動する場所を用意するのは企業にとって費用がかかります。多くの企業には、運動のための余分なスペースがありません。こうした理由から、企業が社員に運動の機会を提供するべきだとは思いません。

Levels ⑦～⑧ 374

意見 I think it is a great idea. 理由1 It's not good for our health if we sit at our desks for a long time. 詳細1 Humans are not designed to stay still all day. So, it's the companies' responsibility to encourage employees to get some exercise. 理由2 Moreover, I think that employees will be more productive if they move around occasionally. 詳細2 It is beneficial for the company, too. For example, I often get good ideas when I get up from my desk and do some stretches. Although it is not necessary to have long breaks or heavy exercise routines, short walks or light activities will surely be helpful. まとめ So, I am in favor of allowing exercise because it is a win-win for the company and the employees.

訳 私は、それはとてもいいアイデアだと思います。長時間机に座っているのは健康によくありません。人間は一日中じっとしているようにはできていないのです。ですから、社員に運動するよう勧めるのは企業の責任です。加えて、時々体を動かすと社員の生産性が上がると思います。それは企業にとっても有益です。例えば、私は机を離れてストレッチをするといいアイデアが浮かぶことがよくあります。長い休憩を取ったり激しい運動を行ったりする必要はありませんが、短い距離を歩いたり軽い活動をしたりするのは確実に役立ちます。ですから、企業と社員の双方にとって有益なので、運動を許可することに賛成です。

語注 □ routine:（一定の）動作、活動

ゼミ生中継

詳細1 では、主語をhumansにしていますね。ちょっとびっくりしました。

humanと聞くと、「人類」のような壮大なイメージを持つ人が多いみたいね。でも、humanは「人間」や「私たち」のようなイメージで普通に使われます。健康、環境、リサイクルなどのトピックはよく出るので、話題に強くなっておくといいですよ。また、「健康にいい」を意味するgood for the healthやbeneficial to our healthなどの定番フレーズも覚えておくと便利。私はHealth is better than wealth.（健康は富に勝る）とよく言います。

それ、ことわざですか？

そう。As the saying goes, ～.（ことわざによると～）と前置きをして、暗記してあることわざを言うの。There is a Japanese proverb, ～.（～という日本のことわざがあります）と言って、それっぽいものを作り上げたりもします。

ことわざテクニック、いいですね。やってみます！

あとは、According to statistics, ～.（統計によると～）と言ってもっともらしいデータを出したり、I read an article saying ～.（～という記事を読みました）と言ったりもします。

Q3. 375

Which of the following coworkers would you like to work with: a coworker with a broader knowledge and a variety of experiences, or a coworker with professional expertise and a deep knowledge in a specific field? Why? Give reasons or examples to support your opinion.

訳 次のうち、どちらの同僚と一緒に働きたいですか：幅広い知識と豊かな経験を持つ同僚、または、プロフェッショナルな専門知識と特定の分野に関する深い知識を持つ同僚。それはなぜですか？　意見の根拠となる理由や具体例を示してください。

A3.

Levels 5～6　376

意見 I would like to work with a coworker with a broader knowledge and a variety of experiences. つなぎ There are two reasons. 理由1 First, I am still new at the company, 詳細1 so I think it's important to learn about various aspects of business. Therefore, I would like to work with a coworker with a variety of experiences. 理由2 In addition, someone with a broad knowledge knows professionals in different fields. 詳細2 She can ask for professional help when she needs it, so I can meet new people through her. まとめ In short, I would like to work with a coworker with a broader knowledge because I can learn a lot from her.

訳 幅広い知識やさまざまな経験のある同僚と仕事がしたいです。理由が2つあります。まず、私はまだ会社に入ったばかりなので、仕事のいろいろな面を学ぶことは大切だと思います。ですから、さまざまな経験のある同僚と一緒に仕事がしたいです。加えて、知識の広い人はいろいろな分野の専門家を知っています。同僚が必要に応じて専門家の助けを求めることもあるでしょうから、同僚を通じて新しい人に出会うことができます。簡単に言うと、たくさんのことを学べるので、幅広い知識のある同僚と一緒に仕事がしたいです。

ゼミ生中継

ヤスはmy coworker、my coworkerと連発しているけど、heやsheなどの代名詞で言い換えるとすっきりしますよ。

代名詞を使うとき、heかsheかで悩みます。このサンプルアンサーではsheですね。

代名詞は女性ならshe、男性はheを使うと分かりますが、性別が不明だったり、広く一般的に「人」を指したりする場合は悩みますね。英語の歴史ではheを使うことが多かったのですが、最近はhe or sheと言ったり、一人であってもtheyとしたり、このサンプルアンサーのようにsheを使ったり、絶対的なルールはありません。迷うようなら、自分なりの言い方を決めておくといいですよ。

Levels ⑦～⑧ 377

意見 I would like to work with someone who has experience and deep knowledge of the field I am working in. 理由1 That way, I could rely on the coworker for advice when I didn't know what to do. 詳細1 Now, I have a coworker who has worked in many professions, but his understanding of each field is not very deep. When we ask him for information, he always needs to check with someone else. To me, his knowledge is not useful to us. 理由2 People with a very deep knowledge in a specific field are very valuable because the information they have is rare. 詳細2 It is hard to replace these people and companies pay them more to keep them from leaving. まとめ I would like a coworker who can help me become such a person.

訳 私は、自分が仕事をしている分野の経験や深い知識を持った人と一緒に仕事がしたいです。そうすれば、どうしたらいいか分からないときに同僚のアドバイスに頼ることができます。今、いろいろな仕事を経験してきた同僚がいるのですが、彼のそれぞれの分野に関する理解はあまり深くありません。彼に情報を求めると、彼は必ず別の人に確認する必要があるのです。私から見て、彼の知識は私たちの役に立っていません。特定分野の深い知識がある人は、その人の持つ情報が希少なので、大変貴重です。そうした人たちは代わりがなかなかいないので、会社は退職されないよう、より多くのお金を払います。私もそうした人になれるよう、力になってもらえる同僚を持ちたいです。

Q4. 378

Some people say newspapers are a thing of the past. Do you think newspapers will disappear in the future? Why or why not? Give reasons or examples to support your opinion.

訳 新聞は過去のものだと言う人もいます。新聞は将来、姿を消すと思いますか？　それはなぜですか？　意見の根拠となる理由や具体例を示してください。

A4.

Levels ⑤～⑥ 379

意見 I don't think newspapers will disappear in the future. 理由1 Some people avoid online news because they are worried about misinformation. 詳細1 For example, I have seen a couple of online news articles that had the wrong information. It's difficult to tell what is right and what is fake. 理由2 Additionally, some people like to cut out and keep newspaper articles. 詳細2 For example, my mother is a big fan of figure skating. She likes to look at newspapers and find information about her favorite figure skater and keep the articles. まとめ Therefore, I don't think newspapers will disappear in the future.

訳 将来、新聞が姿を消すとは思いません。情報が誤っていることを心配して、オンラインニュースを避ける人もいます。例えば、私は誤った情報を載せたオンラインニュース記事を見たことが2～3回あります。何が真実で何がウソかを見抜くのは難しいです。加えて、新聞記事を切り抜いて保存するのが好きな人もいます。例えば、私の母はフィギュアスケートの大ファンです。彼女は新聞を見て、好きなフィギュアスケート選手の情報を見つけ、その記事を取っておくのが好きです。ですから私は、将来、新聞が姿を消すとは思いません。

Levels 7～8 380

意見 I think that printed newspapers will disappear in the future. つなぎ Here are some reasons to support my opinion. 理由1 First, the main reason is that more and more people want to check the news on their smartphones or tablets. 詳細1 Recently, many newspaper companies have been publishing their newspapers online. They charge people a little to read the articles. People who like certain newspapers can subscribe and read all of the articles online. They can even search through old newspapers very easily. It is a win-win solution because newspapers save money on printing and readers can get the information more cheaply. Online versions of newspapers are so useful that younger people are even less likely to buy the print editions of newspapers. まとめ Therefore, I think that printed newspapers will probably disappear from stores in the future.

訳 印刷された新聞は将来、姿を消すと思います。以下に、私の意見の根拠となる理由をいくつか述べます。まず、主な理由は、スマートフォンやタブレットでニュースをチェックしたい人がどんどん増えるからです。最近、多くの新聞社がオンラインで新聞を発行しています。記事を読むために課す料金はわずかです。特定の新聞が好きな人は、購読申し込みをしてオンラインで全ての記事を読むことができます。古い新聞を検索することも、とても簡単にできます。新聞社は印刷費を節約し、読者は情報をより安く入手できるので、両得の解決策です。オンライン版の新聞はとても便利なので、若者が印刷版の新聞を買う傾向はますます減っています。このため、将来、印刷された新聞は恐らく店頭から姿を消すだろうと思います。

ゼミ生中継

マイは、I think newspapers will not disappear in the future. って言ってたね。英語のnotは「前に出す」傾向があって、I don't think ～ will ... が一般的です。

つまり、I don't think newspapers will disappear in the future. ということですか？

そう、それが自然。特にthinkやconsiderなど「思う」系の動詞はnotを前に出すのが普通です。ただし、hopeやbe afraidのように「願望」や「価値観」が含まれる語は、notを前に持ってこないの。I don't hope so. ではなく、I hope not. が自然です。

TEST 1 模試1

Q1

p. 244 401

Welcome to Mc**Gilli**cu**t**ty **Sho**ppin**g** **Cen**ter. / We **ha**ve over **240** (**two** **hun**dred **for**ty) **spe**cialty **sto**res / **se**lling everything / from **jew**elry to **spor**ting **goo**ds. / Be**twee**n the **hour**s of **10:00** (**ten**) A.M. and **2:00** (**two**) P.M. to**day**, / we are **hol**ding a **foo**d **fair** / in the **main** **cour**tyard / on **Le**vel **Two**. / **Tea**ms of **che**fs / from Bra**zil**, / **Fran**ce, / and **Ja**pan / will **be** **the**re / **de**monstrating their dis**tin**ctive **coo**king **sty**les / and de**li**cious **na**tional **di**shes. /

訳 マギリカティ・ショッピングセンターへようこそ。当センターには240を超える専門店があり、宝石からスポーツ用品まで何でも販売しています。本日午前10時から午後2時の間、2階にあるメインの中庭でフードフェアを実施しています。ブラジル、フランス、日本のシェフチームが、独特の料理スタイルとおいしい各国料理を披露します。

語注 □ courtyard: 中庭 □ distinctive: 独特の

ゼミ生中継

4行目のfood fairは複合語（本冊p. 64）ですか？

そうですね。だから、1語目を強く読みます。fóod fairね。Shópping Center、spécialty stores、spórting goodsも同じく複合語だから、1語目を強く読んでね。では、demonstratingのアクセントは？

demónstratingですか？

違うよ。正解はdémonstrating。「デモンストレーション」というカタカナ語があるから勘違いしがちだけど、こういうものは要注意ね。その他、jewelry［dʒúːəlri］やchef［ʃéf］も発音に注意すべき単語です。

Q2 p. 244 402

Our **next** **spea**ker is **Ki**m **Ra**zor. / She is an **e**xpert in **cu**stomer **ser**vice / and she has **he**lped **ma**ny **well-known** **bu**sinesses / impro**ve** their **cu**stomer **ser**vice. / She has re**cei**ved **e**xcellent re**views** / from **com**panies / such as S**par**k Ele**c**trics, / Balen**ti**ne **So**ftware, / and **Ca**ster's De**par**tment S**tor**e. / She will be **ha**ppy to **a**nswer **a**ny **ques**tions you **ha**ve. / How**e**ver, / she would **like** you to **wa**it until the **e**nd of her presen**ta**tion. /

訳 次の講演者はキム・レイザーさんです。彼女は顧客サービスのエキスパートで、多くの有名企業で顧客サービス向上に手を貸してきました。スパーク電機やバレンティン・ソフトウェア、カスター百貨店といった企業から、高い評価を受けています。皆さんの質問に喜んでお答えするそうです。ただし、講演の終わりまでお待ちいただきたいということです。

ゼミ生中継

- 「いよいよ次の講演者は～」ということで、「次の」が重要情報。なので、nextにアクセントを置きましょう。nextの語末の［t］は消える音。「ネ・ク・ス・ト」と1文字ずつはっきり読むのはダメだよ。
- 自分の録音を聞き返すと、慌てて読んでいるのが分かります。
- 重要情報はゆっくりはっきり読みましょうね。ヤスは～ is Kim Razor. の後ですぐに次の文を読んでいるけれど、ここはしっかりためて間を作りたいところです。
- 4行目のreviewsのアクセント、思いっきり間違えました。
- réviews って言ってたね。正しくはreviews。ここで気が付いてよかった。ミスの化石化に注意しましょう。

Q3 p. 245

A3.

Levels ⑤～⑥ 403

This is a picture of a street scene. There are several people in the picture. In the foreground, there is a man. He is wearing a long sleeve shirt. It looks like he is checking his smartphone. He is wearing glasses. In the middle of the picture, there is another man. He is riding a bicycle. He has a yellow bag. In the background, there are many people. Also, there are large trees and old buildings. I think it's a beautiful day because there are shadows on the ground.

訳 これは、路上風景の写真です。写真には複数の人がいます。手前には男性が1人います。彼は長袖のシャツを着ています。彼はスマートフォンをチェックしているように見えます。彼は眼鏡をかけています。写真中央には、もう1人男性がいます。彼は自転車に乗っています。彼は黄色いバッグを持っています。奥にはたくさんの人がいます。また、大きな木と建物もあります。地面に影があるので、よく晴れた日だと思います。

Levels ⑦～⑧ 404

This is a street scene. In the foreground, I can see a man sitting on a railing. There are no steps and the railing is not blocking people from entering the street so I assume this is used for parking bicycles. The man is wearing a blue business shirt and gray trousers. He isn't wearing a tie, though. He's looking down at something in his hand. It might be a smartphone. In the center of the photograph, there is a man riding a bicycle on the street. He has long hair and he is carrying a yellow messenger bag over his shoulder. He is wearing a beige shirt and black jeans. On the other side of the street, there are several people. One of them is waiting at the curb. He is speaking to someone on his mobile phone.

訳 これは、路上風景です。手前には、手すりに座っている男性が見えます。階段はなく、この手すりは人が道路に入るのを遮っているわけでもないので、これは自転車を止めるのに使われるのではないかと推測します。男性は青いビジネスシャツとグレーのズボンを身に着けています。でも、ネクタイは着けていません。彼は下を向き、手に持っている物を見ています。スマートフォンかもしれません。写真中央には、路上で自転車に乗っている男性がいます。髪が長く、黄色いメッセンジャーバッグを肩に掛けています。彼はベージュのシャツと黒いジーンズを身に着けています。道路の反対側には、何人かの人がいます。そのうちの1人は、歩道の縁のところで待っています。彼は携帯電話で誰かと話しています。

語注 □ railing: 柵、手すり　□ block ～ from doing: ～が…するのを阻止する
□ curb: 縁石、へり

ゼミ生中継

ナオは、手前の男性と奥の男性の2人を描写したんだよね？　両方ともa manと言っていたので、聞きながら「同じ人？」と混乱しました。

あ、それぞれの男性の位置表現を言い忘れました…。

ヤス、sceneはカタカナの「シーン」と発音しないように。[s]の発音（本冊p. 56）を確認してね。backgroundの語末も、カタカナの「ド」が聞こえます。どちらも必ず発音をマスターすべき単語だから、サンプルアンサーを繰り返しリピートして自動化させてください。

はい！

Q4 p. 246

A4.

Levels ⑤～⑥ 405

This is an indoor scene. In the middle, I can see a man. I think he is a businessperson, because he is wearing a dress shirt. He has a beard. He is reaching for something. Maybe, he wants to have a cup of coffee. On the right side of the picture, there are some pots for drinks. In the background, I can see a light.

訳 これは、室内の場面です。真ん中に男性が見えます。ビジネスパーソンだと思います、ドレスシャツを着ているので。彼はひげを生やしています。彼は何かに手を伸ばしています。たぶん、コーヒーを飲みたいのでしょう。写真の右側には、飲み物のポットがいくつかあります。奥には、照明が見えます。

Levels ⑦～⑧ 406

This is a picture of a man. He's wearing a dress shirt and a pair of slacks. He has very short hair and a beard. The picture was taken indoors. The man is preparing a drink at a counter. There are some pots there, and they have labels. He has a paper cup in his hand, and he is reaching for something. On the other side of the counter, I think there is a stairway with a light hanging from the ceiling.

訳 これは、男性の写真です。ドレスシャツにスラックスを身に着けています。とても短い髪でひげを生やしています。写真は室内で撮られました。男性はカウンターで飲み物を準備しています。そこにはいくつかのポットがあり、ラベルがあります。男性は手に紙コップを持ち、何かに手を伸ばしています。カウンターの反対側には階段があり、天井から照明がぶら下がっているように思います。

ゼミ生中継

dress shirt って初めて聞きました。Y shirtsじゃないの?

ワイシャツは和製英語で、英語ではdress shirtとかbusiness shirtですね。しかも、shirts って複数形だと、何枚もシャツを着ていることになるでしょ。単数形でね。その他、サラリーマン、ワンピース、ノートパソコンなども和製英語。頻出だから気を付けて!

サラリーマンはoffice workerとかbusinesspersonで、ワンピースはdress、ノートパソコンはlaptopですね。

その通り。あとは、人が何かを取ろうとしている場面も頻出。reach for ~(～の方に手を伸ばす)も覚えておいてね。何があるのかよく見えなければ、サンプルアンサーのようにsomethingでOK。

場所がよく分からなくて考えてしまいました。an office or a hotel . . .とか言い直していたら時間が経ってしまって、最初から焦りました。

ホテルのロビーっぽいけれど、即座に判断できなければサンプルアンサーのように「室内の場面(写真)」としてしまいましょう。または無理に場面を言うのではなく、サンプルアンサーのように「男性の写真」でも。最初の場面描写は3秒くらいを目標に。残りは人物の特徴と動作描写、周りの物をできるだけ多く言えるように練習してね。

Q5-7 p. 247

407

Imagine that a U.S. marketing firm is doing research in your country. You have agreed to participate in a telephone interview about travel and vacations.

訳 アメリカのマーケティング会社が、あなたの国でリサーチをしていると想像してください。あなたは、旅行と休暇に関する電話インタビューへの参加に同意しました。

Q5. 408

Have you ever traveled alone and where did you go?

A5. 409-410

Levels ⑤~⑥ Yes, I have. I went to Kyoto, the old city in Japan last year.

Levels ⑦~⑧ I visited Australia on my own about four years ago. I had a good time, but sometimes I was a little lonely.

訳 **Q5.** 一人旅はしたことがありますか、また、どこへ行きましたか？

A5. Levels 5-6: はい、あります。日本の古都である京都に、去年行きました。

Levels 7-8: 4年ほど前、1人でオーストラリアに行きました。とても楽しかったのですが、少し寂しいときもありました。

語注 □ on one's own: 1人で

ゼミ生中継

僕はI went to Okinawa. って答えました。「マリンスポーツをした」って付け加えたかったけど、何て言えばいいのか分かりませんでした。

I did water/marine sports. だね。such as jet skiing and rafting（水上バイクやラフティングなどの）などと続けてもいいですね。ちなみにOkinawaと答えるなら、その場所について説明を加えると親切です。Okinawa, Japan's southernmost prefecture（日本最南端の県である沖縄）とか、a very popular resort island in Japan（日本でとても人気のリゾート島）とか。採点者はネイティブスピーカーだから、日本語の単語や地名は簡単に説明してあげるといいです。

なるほど。ちなみに、大阪をa resort islandと言うのはまずいですよね。

そうね。そこは減点ポイントじゃないけど、正しい情報を言うのに越したことはないです。one of the main cities in Japan（日本の主要都市の一つ）だと、いろいろと使い回せるよ。

Q6. 411

If you were to travel, which season would you like to travel in and why?

A6. 412-413

Levels ⑤~⑥ If I were to travel, I'd like to travel in fall because I think fall is the most beautiful season.

Levels ⑦~⑧ If I were to travel, I'd like to travel in summer because that is when I can take longer holidays. It is also nice to visit cooler places in the middle of summer.

訳 **Q6.** 旅行するとしたらどの季節がいいですか、また、それはなぜですか？

A6. Levels 5-6: 旅行するとしたら秋がいいです、秋は最も美しい季節だと思うからです。
Levels 7-8: 旅行するとしたら夏がいいです、長めの休暇が取れる時期だからです。真夏に涼しい場所を訪れるのがいいということもあります。

Q7. 414

When traveling, do you prefer to use a travel agency or organize your own trips? Why?

A7. 415-416

Levels 5～6 When traveling, I prefer to organize my own trips, because I want to save money. Also, I think it's more exciting if I plan my own trips. For example, I went to Thailand last year, and I visited areas that tourists don't usually go to with typical agencies. It was an adventurous experience. That's why I think I prefer to organize my own trips.

Levels 7～8 When traveling, I like to use a travel agency. This is because agencies have a lot of expertise and knowledge. They coordinate itineraries that include transfer service, accommodations, and sightseeing activities. For example, when I went to Europe last year, I was able to visit Barcelona, Paris, and Rome and did lots of activities even though I only had 10 days. I don't think I would be able to do that without their help. That's why I prefer to use a travel agency.

訳 **Q7.** 旅行をするときは旅行代理店を使う方がいいですか、それとも自分で旅の手配をする方がいいですか？ それはなぜですか？

A7. Levels 5-6: 旅行をするときは、自分で旅の手配をする方がいいです。お金を節約したいからです。それに、自分で旅を計画した方が楽しいと思います。例えば、私は去年タイに行き、旅行者が一般の代理店を通じてはあまり行かないようなエリアを訪れました。スリルのある体験でした。これが、自分で旅を手配する方がいいと思う理由です。
Levels 7-8: 旅行をするときは、旅行代理店を使いたいです。代理店は専門性が高く知識が豊富だからです。彼らは移動サービス、宿泊、観光活動を含めた日程を組んでくれます。例えば、私が去年ヨーロッパに行ったとき、10日間しかなかったのに、バルセロナとパリとローマを訪れてたくさんの活動をすることができました。彼らの手助けがなければ、自分ではできなかっただろうと思います。これが、私が旅行代理店を使いたい理由です。

語注 □ adventurous: 冒険心のある、大胆な　□ expertise: 専門知識（発音は [èkspərtí:z]）

Q8-10 p. 249

送別会へのご招待

バンダレー・ホテル、チューリップ・ルーム
8月19日、月曜日(午後7時〜9時半)

今月末で退職するトッド・ホームズさんの30年間のご精勤を祝うため集まります。

午後7:00 – 7:10	ビンス・クルーガー(BGTインダストリーズ社長)による歓迎のあいさつ
午後7:10 – 8:00	ディナーの提供と余興(バンドによる生演奏 - モクシー・ミュージック)
午後8:00 – 9:00	各部門長からのあいさつ
午後9:00 – 9:30	ホームズさんによるお別れのメッセージ

参加者は皆さま、招待状をご持参ください
抽選で賞品が当たります

417

Hi. It's Rhonda Parlett. I was just informed that there would be a farewell party next week. I've been on a trip so I haven't received my invitation.

訳 もしもし。ロンダ・パーレットです。来週、送別会があるということを先ほど知らされました。出張に行っていたので、招待状を受け取っていないのですが。

Q8. **418**

Can you tell me where it is and what time it starts?

A8. **419**

Sure. It's in the Tulip Room at the Vandelay Hotel and it starts at 7:00 P.M. on Monday, August 19.

訳 **Q8.** 場所がどこで、何時に始まるか教えてもらえますか?

A8. はい。バンダレー・ホテルのチューリップ・ルームで行われ、8月19日、月曜日の午後7時開始です。

ゼミ生中継

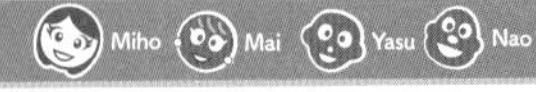

It will be held in 〜.と答えてもOKですか?

大丈夫です。

曜日と日付も言わないと減点されますか?

それは大丈夫。言っても言わなくてもOKです。

Q9. 420

I heard that we can win a prize on that day, is that correct?

A9. 421

You can win a prize, but you need to bring your invitation.

訳 **Q9.** その日、賞品が当たると聞いたのですが、そうなんですか？

A9. 賞品が当たるかもしれませんが、招待状を持っていく必要があります。

ゼミ生中継

Q9の答えが見つけられませんでした…。

最後の方にイタリック体で書いてあるね。欄外に書かれた補足事項やイタリック体で書かれた部分は、Q9で問われることが多いです。準備時間でしっかり声に出して読み、問題を予想しましょう。

ところでこのサンプルアンサー、短めですね。

そうね。このセクションでは、質問にちゃんと答えられていれば、時間いっぱいまで話さなくても大丈夫。もし何か付け加えるとしたら、So, don't forget it!（ですから、お忘れなく！）なんて言うと親切ですね。

Q10. 422

I have a business meeting with one of my clients on that night and will probably arrive at around 8 o'clock. What will I miss?

A10. 423-424

Levels ⑤～⑥ Let's see. First, there will be a welcome speech from Vince Kruger. After that, we will have dinner. While we are having dinner, there will be a live performance by a band.

Levels ⑦～⑧ Well, let me check that for you. There are two things before 8 P.M. First, Mr. Kruger, the president of BGT Industries, will give a welcome speech from 7:00 P.M. Dinner will be served after that at 7:10 P.M. and we'll have entertainment by a band called Moxy Music.

訳 **Q10.** その夜は顧客と商談があって、到着が8時ごろになりそうです。何を逃すことになりますか？

A10. Levels 5-6: そうですね。最初にビンス・クルーガーによる歓迎のあいさつがあります。その後、ディナーを食べます。食事をしている間に、バンドの生演奏があります。

Levels 7-8: ええと、確認します。午後８時前には予定が２つあります。まず、BGTインダストリーズ社長のクルーガー氏が午後７時から歓迎のあいさつをします。その後、午後７時10分にディナーが提供され、モクシー・ミュージックというバンドによる余興があります。

ゼミ生中継

マイもヤスも、you will miss ～と言ってmissすることを順番に案内してたね。

え？　マズいですか？

「仕事があって到着が8時になるんだけど…」と言っている人に、「あなたは～を見られません。～にも参加できません」と案内するのって、どう思う？

…あまり感じがよくないですね。

でしょ。このサンプルアンサーのように、There will be ～. やWe will ～. などの表現を使って、予定されていることを教えてあげるほうが感じがいいよね。最後にSo, you'll miss these things.と加えるのであれば自然です。

確かに。ただ答えるだけでなく、聞き手の気持ちも意識して話すようにします！

Q11 p. 250

425

Which of the following is the most important factor for a business to succeed?

- Having a great team
- Willingness to change
- Customer loyalty

Use specific ideas and examples to support your opinion.

訳 以下のうち、事業が成功するために最も大切な要素は何でしょうか？
・優れたチームを持つこと
・変革への意欲
・顧客への誠実さ
意見の根拠となる具体的なアイデアや例を示してください。

A11.

Levels 5～6　426

I believe the most important factor for a business to succeed is a willingness to change. Most of all, businesses must change to match the needs of customers. There are always new trends and customers like to follow trends. For example, at my company, we used to only take orders through phone calls and e-mails. But now, many people have smartphones and they like to use apps. We created a smartphone app and started to take orders through that app as well. As a result, our company's sales have gone up. That is why

I think the most important factor for a business to succeed is a willingness to change.

訳 私は、事業が成功するために最も大切な要素は変革への意欲だと思います。何よりも、事業は顧客のニーズに合わせて変化する必要があります。常に新しい流行が生まれ、顧客は流行を追いたがります。例えば、私の会社では、以前は電話か電子メールでしか注文を受けていませんでした。しかし現在、スマートフォンを持つ人が多く、彼らはアプリを使うことを好みます。私たちはスマートフォン向けアプリを作り、そのアプリからも注文を受けるようにしました。その結果、会社の売り上げは上がりました。この理由から、事業が成功するために最も大切な要素は変革への意欲だと考えます。

Levels ⑦～⑧ 427

I believe that having a great team is the most important factor for a business to succeed. The main reason is that when people with different abilities get together, the team can do things that the individual members cannot. For example, when my company launched a new product last year, we had members with different skills on the team. The marketing expert talked to the designer and the designer came up with the perfect product. The production manager worked out the cost of production. And then, he helped the marketing manager calculate a price. Then, the marketing manager came up with a campaign to introduce the product to the public. None of the members could have reached the final stage without help from the others.

訳 私は、優れたチームを持つことが事業の成功のために最も大切な要素だと思います。大きな理由は、さまざまな能力を持った人々が結集すると、そのチームは個々のメンバーではできないようなこともできるからです。例えば、私の会社が去年、新製品を発売したとき、チームにさまざまなスキルを持つメンバーがいました。マーケティングの専門家がデザイナーと相談し、デザイナーが完璧な製品を考え出しました。生産責任者が製造コストを割り出しました。そして、彼は、マーケティング責任者が価格を算出するのを手伝いました。それから、マーケティング責任者が製品を人々に紹介するキャンペーンを考えました。どのメンバーも、他のメンバーからの助けがなければ最終段階に到達できていなかったでしょう。

ゼミ生中継

Having a great teamを選んだのですが、詳細が展開できず、同じことを繰り返してグダグダになってしまいました。

サンプルアンサーのように、具体的な事例で説明するといいわね。このセクションでは2つ理由を言うのが必須というわけではなく、このアンサーみたいに理由を1つに絞り、あとはそれの裏付けとなる理由を、経験談や具体例で分かりやすく提示する方がいい場合もあるからね。実体験ならリアルで説得力が増すし、単語でつまずいても言い換えなどの対応がしやすい。実体験がなければ作り話でもOKです。いろいろなネタがあると便利なので、普段からストックを多く持っておくよう練習しましょう。

このセクション、本番ではいつも焦って頭が真っ白になるので、練習量を増やします。

そうね。「本番で焦って何も出てこない」というのは、練習が足りていない証拠。どんなときでも焦らず話せるように、このセクションは徹底的に練習を重ねましょう。また、ミスの化石化を防ぐために、スピーチを書き出し、ミスをつぶしてから音読練習することを忘れないで。Practice makes perfect!

TEST 2 模試2

Q1

p. 251 448

Welcome aboard / Flight 234 (two-three-four) / for Seattle. / I'm your captain, / Deanna Wills. / According to the itinerary, / we're about 20 (twenty) minutes behind schedule / on account of the rain, / but we expect to make up that time / during the flight / so we should be getting into Seattle on schedule / at 1:00 (one) P.M. / After we take off, / the flight crew will be serving lunch. / Beef, / chicken, / and fish / are on the menu. /

訳 シアトル行き234便にようこそ。私は機長のディアナ・ウィリスです。旅程と照らし合わせると、当機は雨のため予定より20分ほど遅れておりますが、飛行中にこの遅れを取り戻し、シアトルには予定通り午後1時に到着する見込みです。離陸後に、乗務員が昼食のご提供をいたします。メニューにはビーフとチキンと魚がございます。

ゼミ生中継

Seattleって発音が難しい。「シアトル」じゃないんですね。

発音は[siǽtl]です。「スィアーロウ」のような感じ。地名の発音は難しく感じるかもしれないけど、メジャーなものは正確に発音できるようにしたおくといいですね。音声を聞きながら、最低100回は発音練習しておくようにね。

Flight 234はtwo-three-fourと読むんですね。two hundred thirty-fourと読んでしまいました。

フライトナンバーは通常、two-three-fourのように数字を一つ一つ読みます。あとは、two thirty-fourという読み方もあり。555などはtriple fiveと読むこともあります。

トリプルファイブ！　かっこいい！

Q2 p. 251 449

The **Tenne**ssee **Wi**ldlife Pro**te**ction and Preser**va**tion So**ci**ety / needs volun**teers** / to **he**lp **clea**n up **Beau**mont **Na**tional **Par**k. / There has been an **in**crease / in the **nu**mber of **vi**sitors / to the **cam**psite, / and **high wi**nds have **carrie**d the **tra**sh / **far** and **wi**de. / It's **ba**d / for the **na**tive **a**nimals / so we **nee**d **peo**ple / to comp**le**tely re**mo**ve these **o**bjects / from the **a**rea's **ri**vers, / **la**kes, / and **fo**rests. /

訳 テネシー野生生物保護保全協会では、ボーモント国立公園の清掃を手伝うボランティアを募集しています。キャンプ場の利用者数が増えており、強風でゴミが遠く広範囲に飛ばされています。在来動物に悪影響があるため、エリア内の河川、湖、森林からこうしたものを完全に取り除く人々が必要です。

ゼミ生中継

最初の固有名詞が長すぎて、どこまでが主語なのか一瞬分かりませんでした。

こういうとき、どんな感じで発音すればいいですか?

長い固有名詞は頻出です。練習の段階で見つけたら、丁寧に読んでおきましょう。このように長い名詞が主語のときは、最後の語が下降するイントネーションで読みます。ここではSocietyを下降で読む感じね。

volunteersの冒頭、癖で「ボ」と言ってしまう。「ヴォ」が正しいのに。

私はíncreaseをincréaseって読んじゃいました。

アクセントと発音は重要! 間違った部分は今すぐ知識の訂正をして、ミスの化石化を防ぎましょう。繰り返し練習あるのみね。

Q3 p. 252

A3.

Levels ⑤〜⑥ 450

This is a picture of a street scene. There are several people in this picture. On the left side of the picture, a woman is standing at the edge of the street. She is waiting to cross the street. On the right side of the picture, there is a food cart. In the middle of the picture, there are some men. Two of them are wearing red aprons and standing by the food cart, so I guess they are working at the food cart. It looks like a sunny day.

訳 これは、路上風景の写真です。この写真には複数の人がいます。写真左側では、道路の端に女性が立っています。彼女は道路を渡ろうと待っています。写真の右側には食べ物の屋台があります。写真中央には何人かの男性がいます。そのうちの2人は赤いエプロンを着けて屋台のそばに立っているので、食べ物の屋台で働いているのだろうと思います。晴れた日のようです。

ゼミ生中継

at the edge of the street って言えばよかったんですね。on って言っちゃいました。前置詞がどうも苦手です。

間違いではないけど、onだと「道路の端に」というより「道路の端の上に」となるから、ちょっと微妙かな。前置詞は、何とかして慣れるしかないわね。考えなくても前置詞が使えるようになるまで、何度も音読しましょう。

Levels ⑦〜⑧ 451

This is a picture of an intersection between two streets. There are some cars coming up the road. One is a taxi and another looks like a van. A woman in a purple T-shirt is standing at the curb waiting for the lights to change so that she can cross the street. There is a man behind her with his hand in his back pocket. He is waiting, too. There are two men wearing red aprons on the footpath. One of them is standing in front of a food cart, which is on the right-hand side of the photograph. I think they must work there. There are many tall buildings on either side of the street so I think this must be near the city center.

訳 これは、2つの道路の交差点の写真です。道路をこちらに向かって走って来る車が何台かいます。1台はタクシーで、もう1台はバンのようです。紫のTシャツを着た女性が歩道の縁に立っていて、信号が変わって道路が渡れるようになるのを待っています。彼女の後ろには手を後ろのポケットに入れた男性がいます。彼も待っています。歩道上に、赤いエプロンを着けた男性が２人います。そのうちの１人は、写真右側にある食べ物屋台の前に立っています。彼らはきっとそこで仕事をしているのだろうと思います。道路のどちら側にも高いビルがたくさん建っているので、都心近くに違いないと思います。

語注 □ footpath: 歩道

屋台や出店の写真は頻出です。food stand（食料品スタンド）、food cart（食べ物の屋台）、stall（屋台、出店）といったキーワードを覚えておきましょう。人の服装の描写をするときは、このサンプルアンサーのin a purple T-shirt（紫のTシャツを着て）のように、inを使うとコンパクトに表現ができます。

Q4

p. 253

A4.

Levels 5～6 452

This is a picture of a restaurant. There are many people in this picture. In the middle of the picture, there are seven people. Six of them are sitting down, and one of them is standing next to them. She is a server. She is taking their order. In the background, I can see other people enjoying their meals. Maybe people are having a good time.

訳 これは、レストランの写真です。この写真にはたくさんの人が写っています。写真の中央には7人います。そのうちの6人が座っていて、1人がその隣に立っています。彼女は給仕係です。彼女は注文を取っています。奥には、他の人々が食事を楽しんでいるのが見えます。たぶん、みんな楽しい時間を過ごしているのでしょう。

Levels 7～8 453

This picture was taken in a restaurant. There is a group of six or seven people seated at a table. Some of them look elderly. I can see a server standing by the table, so I suppose they are ordering their meals. There are more tables along the walls, and there are people seated at them. The restaurant seems to be fairly busy. It must be lunchtime because I can see a lot of daylight coming in through the windows.

訳 この写真はレストランで撮られました。テーブルに6、7人のグループが座っています。彼らのうち何人かは年配のように見えます。テーブルのそばに給仕係が立っているのが見えます。従って、食事を注文しているのでしょう。壁に沿ってさらにテーブルがあり、そこに人々が座っています。レストランはかなり混んでいるようです。きっとランチタイムでしょう。なぜなら、窓から日の光がたくさん入っているのが見えるからです。

ゼミ生中継

サンプルアンサーではserverと言っていますが、やっぱりwaitressは間違いですか？

waitressでもOKよ。ただ、最近はジェンダーニュートラルな単語が好まれる傾向があるよね。男性または女性を前提とした単語（waiter/waitress）より中立的な単語（server）を使うことにも慣れていきましょうね。

このようにたくさんの人が写っている写真は30秒で全てを描写することは無理があるので、細かいところに気を取られないようにしましょう。目立つメインの人（またはグループ）にフォーカスしてしっかり描写することを優先しましょう。レストランのシーンで、食事をしている（enjoying their meals）、オーダーを取っている（taking their order）場面は頻出です。これらの頻出場面は、漏れなくスムーズに描写できるように表現を覚えて自動化しておきましょう。

Q5-7

p. 254

454

Imagine that a movie distribution company is conducting research in your country. You have agreed to participate in a telephone interview about watching movies.

訳 映画配給会社があなたの国でリサーチを行っていると想像してください。あなたは映画鑑賞に関する電話インタビューへの参加に同意しました。

Q5. 455

When was the last time you watched a movie and who did you watch it with?

A5. 456-457

Levels ⑤～⑥ The last time I watched a movie was three months ago. I saw it with my family.

Levels ⑦～⑧ The last time I watched a movie was about a week ago. I watched it with one of my friends. I like watching movies online using my tablet.

訳 **Q5.** 最後に映画を見たのはいつで、誰と一緒に見ましたか？

A5. Levels 5-6: 最後に映画を見たのは３カ月前です。家族と一緒に見ました。
Levels 7-8: 最後に映画を見たのは１週間ほど前です。友達の一人と見ました。タブレットを使って、オンラインで映画を見るのが好きです。

ゼミ生中継

「最後に映画を見たのはいつか」と聞かれて、映画館で？　DVDで？　それともストリーミング配信で？　と一瞬、迷ってしまいました。

テストでは聞き返せないから、迷うこともあるかも。特に指定がなければ視聴方法までは言わなくていいけど、at the movie theater（映画館で）、on DVD（DVDで）、online（オンラインで）も言えるようにしておくと便利ですね。

Q6. 458

When a movie is based on a book, do you prefer to read the book before watching the movie or watch the movie before reading the book? Why?

A6. 459-460

Levels ⑤～⑥ I prefer to watch the movie first, because I can enjoy the story more that way.

Levels ⑦～⑧ I prefer to read the book before watching the movie, because I don't feel like reading the book if I already know the end of the story. So, I always read the book first.

訳 **Q6.** 映画が本を基にしている場合、映画を見る前に本を読むのと、映画を見てから本を読むのでは、どちらが好きですか？　それはなぜですか？

A6. Levels 5-6: 先に映画を見る方が好きです。その方がストーリーを楽しめるからです。
Levels 7-8: 映画を見る前に本を読む方が好きです。ストーリーの結末が分かっていると、本を読む気にならないからです。ですから、いつも本を先に読みます。

ゼミ生中継

この問題、そもそも映画の原作を読んだ経験がないので答えられませんでした。

質問されている以上はどちらかを選びましょう。Why?と理由を聞かれているときは、簡単でいいので理由も添えること。普段の会話と同じで、「読んだことがないから選べない」では話が終わっちゃうしね。聞かれたことに答えた上で、「そもそも原作を読んだことがない」という情報を加えるのはOKです。例えば、I've never picked up a book that's been made into a film.（映画化された本を読んだことがありません）とかね。

Q7. 461

When choosing a movie to watch, what is the best way to get information about the movie and why?

A7. 462-463

Levels ⑤～⑥ The best way to get information about the movie is by talking with my friends. This is because I can trust my friends. I sometimes check the movie's Web site, but usually it only says good things, so I can't trust that information. I only get information from a source I can trust.

Levels ⑦～⑧ For me, the best way to get information about the movie is by reading reviews. I think this because reviews help me quickly determine what I want to watch. I used to get information by reading magazines, but now I just check the Internet. It's easier and faster. Some Web sites let readers rate movies and they give films a score out of ten. I only watch films with scores higher than seven.

訳 **Q7.** 見る映画を選ぶとき、その映画の情報を得るのに最もよい方法は何ですか、また、それはなぜですか？

A7. Levels 5-6: 映画の情報を得る最もよい方法は、友人たちと話すことです。これは、友人たちが信頼できるからです。ときどき映画のウェブサイトをチェックしますが、いいことしか書いていないので、その情報は信頼できません。私は信頼できる発信元からしか情報を取りません。

Levels 7-8: 私の場合、映画の情報を得る最もよい方法は、レビューを読むことです。そう思うのは、レビューが何を見たいか素早く決めるのに役立つからです。以前は雑誌を読んで情報を得ていましたが、今はインターネットをチェックするだけです。簡単で早いのです。ウェブサイトの中には読者に映画の評価をさせるところがあり、映画に10点満点で点数を付けます。私は７点以上付いている映画だけを見ます。

Q8-10

p. 256

ホリスター・レストラン

応募者面接予定表

9月21日（月）

時間	応募者名	職務	現在の勤め先
午前10:00	トニー・ワグナー	受付	ヒルトップ・レストラン
午前10:30	キム・ローズ	シェフ	ザ・ビンセント
午前11:00	リック・ピータース	副支配人	マラード&クート
午前11:30	~~ブレット・デイル~~ （キャンセル）	~~シェフ~~	~~ビショップス~~
午後1:30	モーリン・ウン	給仕係	ペスカトーレ
午後2:00	ジョー・ヒル	副支配人	ザ・クラブ・シャック

🔊464

Hi. It's Joe Townsend. I'm afraid I've left the list of job applicants we'll be meeting next week on my desk at work. I need you to give me some details so that I can plan the interviews.

訳 もしもし。ジョー・タウンゼントです。来週会う予定の求人応募者のリストを、仕事場の机の上に置き忘れたようです。面接の準備ができるよう、詳細をいくつか教えてもらいたいのですが。

語注 □ applicant: 志願者、応募者

Q8. 🔊465

What date are the interviews on and what time do they start?

A8. 🔊466

They will be held on September 21, and they start at 10 A.M.

訳 **Q8.** 面接のある日はいつで、開始は何時ですか？

A8. 9月21日に実施予定で、午前10時開始です。

ゼミ生中継

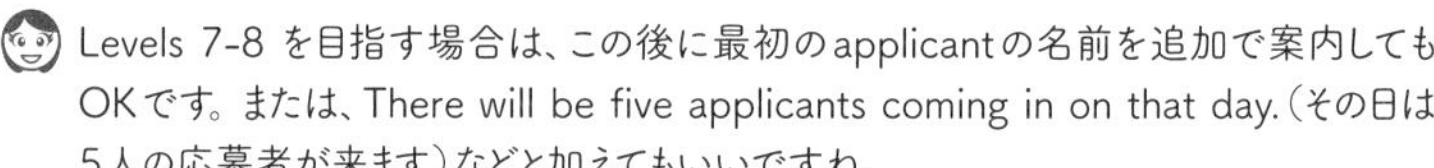
Levels 7-8 を目指す場合は、この後に最初のapplicantの名前を追加で案内してもOKです。または、There will be five applicants coming in on that day.（その日は5人の応募者が来ます）などと加えてもいいですね。

September 21の21を、twenty oneと言ってしまいました。

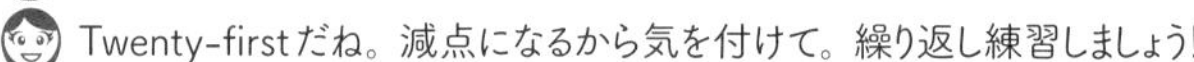
Twenty-firstだね。減点になるから気を付けて。繰り返し練習しましょう!

Q9. 🔊467

There are two people applying for the chef position, is that correct?

A9. 🔊468

Actually, that's not correct. There were originally two, but one of them canceled.

訳 **Q9.** シェフの職務に2人の応募者がいますよね？

A9. 実は、違います。もともとは2人いましたが、そのうち1人はキャンセルしました。

Levels 7-8を目指す場合は、この後にNow, Kim Rhodes is the only applicant.（今はキム・ローズさんが唯一の応募者です）などと続けてもOKです。

Q10. 469
We need to get that assistant manager position filled immediately. Has anyone applied yet? If so, tell me about them.

A10. 470
There are two applicants for that position. The first one will be in at 11:00 A.M. His name is Rick Peters and he's from Mallard and Coot. The second one is coming in at 2:00 P.M. Her name is Jo Hill and she currently works at The Crab Shack.

訳 **Q10.** 副支配人の職はすぐにも埋めなければなりません。もう応募はありましたか？もしそうなら、その人たちについて教えてください。

A10. その職には２人の応募者がいます。１人目は午前11時に来る予定です。名前はリック・ピータースで、マラード＆クートからの人です。２人目は午後２時に来る予定です。名前はジョー・ヒルで、現在はザ・クラブ・シャックで働いています。

ゼミ生中継

これは、面接スケジュールなんですね。

そうです。よく出るので慣れておいてね。大抵はapplicant（応募者）とposition（職種）が書かれていて、他にcurrent employer（現在の勤め先）やinterviewer（面接担当者）などが載っていることもあります。

人名の読み方が難しかったです。

読み方が分からない場合も、スペルから想像して堂々と読んでください。準備時間中に声を出して読むようにね。

私は、名前から性別が判断できませんでした。

そうね、英語の名前は慣れていないと性別が分かりにくいですね。でも、ここでheとsheを間違えたとしても、そこで即減点とはならないから大丈夫ですよ。

Q11 p. 257

471

Do you agree or disagree with the following statement?
Modern technology helps students learn more quickly.
Give reasons and examples to support your opinion.

訳 次の意見に賛成ですか、反対ですか？
「現代のテクノロジーのおかげで生徒の学習スピードが上がる」
意見の根拠となる理由や例も述べてください。

A11. Levels 5～6 472

I agree that modern technology helps students learn more quickly. I have two reasons to support my opinion. First, nowadays students use portable devices like smartphones to study. I see many students studying on the train using their smartphones. There are many apps to help them study as well. This means the students have more opportunities to study outside of the classroom. In addition, I think lecture videos are very efficient. Students can skip what they know and watch the part they don't understand over and over. This is very beneficial. Therefore, I agree that modern technology helps students learn more quickly.

訳 現代のテクノロジーのおかげで生徒の学習スピードが上がるということに同意します。意見の根拠となる理由は2つあります。まず、最近の生徒はスマートフォンなどの携帯端末を学習に使います。スマートフォンを使って勉強している学生を電車でたくさん見掛けます。彼らの勉強に役立つアプリもたくさんあります。これは、教室外での学習機会が増えているということです。加えて、講義ビデオもとても効率がいいと思います。生徒は自分の分かっている部分は飛ばして、分からない部分を何度も繰り返し見ることができます。これはとても役に立ちます。ですから、現代のテクノロジーのおかげで生徒の学習スピードが上がるということに同意します。

Levels 7～8 473

I disagree that modern technology helps students to learn quickly. Actually, I think that it is a distraction. People focus on the devices rather than the subject they are studying. People rely too much on technology and believe that it will help them learn, but in fact, traditional materials are all that people really need. When I studied, I learned a lot by summarizing the textbooks and reading my notes from class. Technology cannot do these things for us. People say a smartphone can hold hundreds of books, but that is meaningless. I can only read one book at a time. Some students believe that they can rely on technology and try to watch YouTube videos rather than asking their teachers questions. This is not as effective because teachers can react to students' answers. For these reasons, I disagree that modern technology helps students to learn more quickly.

訳 私は、現代のテクノロジーのおかげで生徒たちの学習スピードが上がるという説には反対です。むしろ、気を散らすものだと思います。人は、勉強中の教科よりも、情報機器の方に集中してしまいます。テクノロジーに過度に頼って、それが学習の助けになると信じますが、実際のところ、本当に必要なのは従来の学習素材だけです。私が勉強していた頃は、教科書の要約と授業のノートの見直しをして多くを学びました。テクノロジーはこういったことはしてくれません。スマートフォンに何百冊も本を入れておくことができると言われますが、それは無意味です。一度に読める本は1冊だけですから。一部の生徒は、テクノロジーに頼ればいいと信じて、教師に質問するよりもYouTubeの動画を見ようとします。これは効率がよくありません、なぜなら教師は生徒の答えに反応できるからです。こうした理由から、現代のテクノロジーのおかげで生徒の学習スピードが上がるという説には反対です。

語注 □ distraction: 気を散らすもの　□ summarize: ～を要約する

ゼミ生中継

Miho: このLevels 7-8は少し長いですが、練習素材としてはいいので、Levels 7-8または満点を目指す場合は何度も練習し、表現を吸収して自動化してください。「最新技術×教育」「最新技術×職場」のトピックは頻出。学校や職場に新しい技術を入れたときの利点と欠点をそれぞれ言えるようにしておくと、さまざまなトピックに対応できるようになります。テストではスピーチは1分ですが、1つのトピックで1分半から2分ほど話せるように練習しておけば、本番で「ネタが尽きて言うことがなくなった」という状態を回避できます。

Mai: 「eラーニングなら個々のペースで学べる」と言いたかったんですが、どう言えばいいのか分かりませんでした。

Miho: can study at my/their own pace by e-learningかな。

Nao: 「eラーニングで学ぶ」は、learn by e-learningだと変ですよね?

Miho: ううん、大丈夫。その他、learn using the e-learning methodやlearn by using e-learningでも。また、e-learnで動詞にもなるので、例えばwe can e-learn the subject（その科目をeラーニングで学ぶ）とも言えますよ。

Nao: なるほど。

Speaking Test

TEST 3 模試3

Q1

p. 258 494

In **bu**siness **news** to**day**, / the **State Go**vernment **De**partment of Water and **E**nergy / has de**ci**ded to **pri**vatize the **state**'s elec**tri**city pro**duc**tion. / The **state**'s **po**wer **ge**nerators / will be **sold** / to **two ri**val elec**tric com**panies / — Mc**Court Po**wer and **Gre**gory E**lec**trics. / This is a **great** oppor**tu**nity / for in**ves**tors. / **Shares** will be **sold** on **three dates**: / **March 23** (twenty-**thir**d), / **A**pril **20** (**twen**tieth), / and **June 19** (nine**teen**th). /

訳 今日のビジネスニュースとしては、州の水道・電力省が州の発電を民営化する決定をしました。州の発電設備は競い合う電力会社２社――マッコート電力とグレゴリー電気――に売却されます。投資家にとっては絶好の機会です。株式が売り出されるのは、３月23日、４月20日、６月19日の３日間です。

語注 □ privatize: ～を民営化する □ power generator: 発電設備 □ investor: 投資家

ゼミ生中継

- １文目は早口言葉みたいで、めっちゃ言いにくかったです。
- 確かに言いにくいですね。１文目のthe State ～ Energyは長い主語。Energyで下降します。
- electricityは舌をかみそう…。
- privatize［práivətàiz］、electricity［ilektrísəti］、rival［ráivəl］、electric［iléktrik］、opportunity［àpərtjú:nəti］は、どれも日本人が苦手とする単語です。サンプルアンサーをまねして何度も練習しましょう。business news、electricity production、power generatorsは複合語で、１語目を強く読みます。opportúnityやinvéstorsのアクセントも間違えやすいので気を付けてね。
- 23はtwenty-thirdなんですよね。～thを付けるだけなら機械的にできるけど、21st、22nd、23rdは苦手です。
- 気持ちは分かるけど、慣れるしかないわね。
- McCourtの読み方が分かりませんでした。マックコート？
- McDonaldsのcと同じでcはほぼ脱落するから、「マッコート」に近い発音です。

Q2

p. 258 495

Come on down to Moreton Park this Sunday / from 10 (ten) A.M. / to take part in the annual Stanthorpe Fun Run. / There are races over three distances: / three kilometers, / five kilometers, / and ten kilometers. / You can register online / by visiting the city council Web site / and clicking on the links / to the Fun Run homepage. /

訳 今週日曜日の午前10時にモアトン公園へ来て、毎年恒例のスタンソープ・マラソンに参加しましょう。3キロ、5キロ、10キロの3つの距離でレースが行われます。参加登録は市議会のウェブサイトから市民マラソンのホームページへのリンクをクリックし、オンラインで行えます。

マラソン大会参加への呼び掛けなので、出だしは元気に読みましょう。this Sundayも強調するとgood。ナレーターになりきることが大切です。Fun Runもキーワードですね。さらっと読むのではなく、しっかりと宣伝するつもりで気持ちを込めて読みましょう。kilómetersのアクセントも間違えないように。固有名詞Stanthorpeの発音は戸惑うかもしれませんが、自信がなくてもごまかさず、スペルから発音を想像して堂々と読みましょう。

Q3

p. 259

A3.

Levels 5～6 496

This is a picture taken inside. Maybe this is a library because I can see many books in the background. There are several people in this picture. In the middle of the picture, there is a man wearing a blue shirt. He is standing by the counter. Behind the counter, there are two people. One of them is talking on the phone. On the left side, there is a woman. She is wearing a black hat. I guess she wants to borrow some books because she is holding some books. Around them, I can see many things, such as signs, PCs, chairs and more.

訳 これは、屋内で撮られた写真です。奥にたくさんの本が見えるので、おそらく図書館でしょう。写真には人物が何人かいます。写真中央には、青いシャツを着た男性が見えます。彼はカウンターのそばに立っています。カウンターの向こうには２人の人がいます。そのうちの１人は電話で話しています。左側には女性がいます。彼女は黒い帽子をかぶっています。本を手に持っているので、本を借りようとしているのだと思います。彼らの周囲には、看板やパソコン、椅子など、いろいろなものが見えます。

ゼミ生中継

This is a picture taken inside/outside.と言い、直後にMaybe this is 〜 because I can see ...（…が見えるので、これはおそらく〜でしょう）と言うのは、出だしで使えるお勧めセット文です。

人物が女性か男性か、写真から判別が難しいときはどうすればいいですか?

どちらで言い切ってしまってもOKです。その部分で減点はありません。同じように、右と左を言い間違えた場合もほぼ減点なしと考えられます。

じゃあ、前置詞を間違えても大丈夫ですか?

それはダメ。

Levels ⑦〜⑧ 497

This is a picture taken inside a building. There is a counter, and a woman behind the counter is making a phone call. She has the phone in her right hand and her left hand is on her face. Two people are in line in front of the counter. In the middle of the picture, there is a man who is up at the counter looking down at his smartphone or his wallet. On the left side of the picture, there is a woman wearing jeans, sneakers and a black hat, waiting in line with a book in her hand. On the right side of the picture, there are many flyers and brochures on the counter facing the people who are lining up. Maybe it's a library counter since I see a lot of bookshelves in the background.

訳 これは、建物の中で撮られた写真です。カウンターがあり、カウンターの向こうにいる女性が電話をかけています。彼女は右手に電話を持ち、左手を顔に当てています。カウンターの前には2人が並んでいます。写真中央、カウンターのところに男性がいて、下を向いてスマートフォンか財布を見ています。写真左側には、ジーンズとスニーカーと黒い帽子を身に着けた女性がいて、本を手に持って並んで待っています。写真右側には、カウンターの上に、並んで待つ人に向かってたくさんのチラシやパンフレットがあります。奥に本棚がたくさん見えるので、たぶん図書館のカウンターでしょう。

語注 □ in line: 並んで

ゼミ生中継

Miho Mai Yasu Nao

男性が何を見ているのか分からなくて、The man is looking at something. と言ってしまいました。his smartphone or his wallet のように、具体的に言った方がいいですか?

どちらでもOKですよ。ただ、はっきり見えているのにsomethingで済ませると語彙力不足と判定されかねません。具体的に語彙を出す方が「複雑さ(C)」の加点が望めるので、言えそうなら言いましょう。

何なのかはっきり見えていないときは、想像で言ってもOKですか?

OKですが、He is looking at his smartphone or something.(彼はスマートフォンか何かを見ています)というように濁してもいいですね。

模試3

Q4 p. 253

A4.

Levels 5~6 498

This is a picture of a parking lot. In the middle of the picture, I can see a man on a stepladder. I think he is a manual worker because he is wearing a safety vest and a white helmet. He is working on the ceiling. I can see some fences and cars in the background. He is wearing brown pants and a red shirt.

訳 これは、駐車場の写真です。写真の中央に、脚立に乗っている男性が見えます。安全ベストと白いヘルメットを着けているので作業員だと思います。彼は天井の工事をしています。奥にはフェンスと車が見えます。彼は茶色のパンツと赤いシャツを着ています。

Levels 7~8 499

This picture was taken in an area under a building. I think it must be a parking garage as there is a wide lane for cars to pass along. A worker is standing on a ladder. He or she seems to be installing or repairing something attached to the ceiling. There is a fence to the person's right. On the other side of the fence, there is some other equipment. In the background, I can see a couple of cars parked near the entrance.

訳 この写真は、ビルの下で撮られたものです。車が通れる広い通路があるので、きっと駐車場でしょう。作業員が脚立の上に立っています。彼または彼女は、天井に取り付けられた何かを設置しているか、修理しているようです。人の右側にはフェンスがあります。そのフェンスの向こう側には、他の設備があります。奥には、入口の近くに車が数台停まっているのが見えます。

ゼミ生中継

工事の描写、ちょっと苦手なんですよね。

そうね、描写が少し難しいときもあるけれど、工事のシーンは頻出だから頑張ろうね。

この「脚立」が難しかったです。ladderでも大丈夫ですね？

大丈夫。頻出の動作（動詞）ならwork on ~（～に取り組む、～を修理する）、install ~（～を取り付ける）など、物（名詞）ならfence（柵）、cone（工事用コーン）、power tool（電気工具）、machinery（機械類）、scaffolding（足場）、crate（木箱）、ladder（はしご）あたり。必ず覚えておきましょう。

Q5-7 p. 261

500

Imagine that someone wants to open a new shoe store in your area. You have agreed to participate in a telephone interview about buying shoes.

訳 あなたの地域で新しく靴屋を開こうとしている人がいると想像してください。あなたは靴の購入に関する電話インタビューへの参加に同意しました。

Q5. 501

When was the last time you bought a pair of shoes and where did you buy them?

A5. 502-503

Levels ⑤～⑥ The last time I bought a pair of shoes was six months ago. I bought them online.

Levels ⑦～⑧ The last time I bought a pair of shoes was about a week ago. I bought them at a sporting goods store at a shopping mall near my house.

訳 **Q5.** 最後に靴を買ったのはいつで、どこで買いましたか？

A5. Levels 5-6: 最後に靴を買ったのは6カ月前です。オンラインで買いました。
Levels 7-8: 最後に靴を買ったのは、1週間ほど前です。家の近所のショッピングモールにあるスポーツ用品店で買いました。

Q6. 504

When buying new shoes, do you usually try them on first? Why or why not?

A6. 505-506

Levels ⑤～⑥ I always try them on first, because I want to make sure they fit comfortably.

Levels ⑦～⑧ I don't usually try them on because I buy them online. I know my size and the shoes always fit well. So, I don't need to try them on.

訳 **Q6.** 新しく靴を買うとき、まず試し履きをしますか？ その理由は？

A6. Levels 5-6: 私はいつも、まず試し履きをします、快適に足に合うことを確認したいからです。
Levels 7-8: 私はオンラインで買うので、いつもは試し履きをしません。自分のサイズは分かっているし、いつもちゃんと足に合います。ですから、試し履きをする必要はありません。

模試 3

ゼミ生中継

Q5では「オンラインで買う」と答えたのに、この質問にyes（試し履きをする）と答えても大丈夫ですか？

大丈夫です。Q5、Q6、Q7はそれぞれ別の採点者が担当するので、各質問に対する答えの矛盾は減点対象になりません。

試着しない理由がbecause I buy them onlineだけだと短いですか？

問題なし。ただし高得点を目指す場合は、Levels 7-8のサンプルアンサーのようにシンプルな1文を加えるとベターです。

僕は「返品できるから試し履きはしない」と言いたかったけど、言えなかった…。

I don't try them on because I can return them if they don't fit right. かな。

fit my feetではなくfit my legsと言っちゃいました。

fit my legsだと不自然ですね。ズボンやブーツの履き心地について話しているのであればOKです。

Q7. 507

Which of the following is the most important to you when choosing a place to buy new shoes, and why?

· Staff knowledge
· A large selection of items
· Convenient location

A7. 508-509

Levels ⑤～⑥ For me, staff knowledge is the most important, because I can get advice from them. For example, I bought new running shoes last month. At first, I didn't know which ones to buy, but the store staff helped me choose the right pair. They were very helpful.

Levels ⑦～⑧ The only thing I consider when choosing a shoe shop is the location. The closer it is to my house, the better, because I don't want to travel a long way just for shoes. I think that most stores stock the same shoes, so I am not really worried about selection. I don't care about staff knowledge, because I can find out anything I need to know by reading the catalog.

訳 **Q7.** 新しい靴を買う場所を選ぶとき、あなたにとって一番重要なのは次のうちどれですか、また、それはなぜですか？　スタッフの知識／品ぞろえの多さ／便利な立地

A7. Levels 5-6: 私にとってはスタッフの知識が最も重要です。なぜなら、アドバイスしてもらえるからです。例えば、私は先月新しいランニングシューズを買いました。初めはどれを買えばいいか分からなかったのですが、店員さんがふさわしい一足を選ぶ手助けをしてくれました。彼らにとても助けられました。

Levels 7-8: 靴屋を選ぶとき考慮する唯一のことは立地です。自宅に近いほどいいです、ただ靴のためだけに遠くまで行きたくないからです。ほとんどの店で同じ靴を置いていると思うので、品ぞろえについてはあまり心配しません。スタッフの知識も気にしません、必要なことは自分でカタログを読んで知ることができるからです。

ゼミ生中継

Levels 5-6のサンプルアンサーは 理由 が1つで、その代わりに 詳細 として自分の体験談を入れています。説得力が増す、いい答えですね。また、Levels 7-8アンサーのように、除外した選択肢を選ばなかった理由を述べてもOKです。

僕は「値段」が一番大事だと思ったのですが、3つの選択肢になかったので困りました。

2択、3択の中に好みの選択肢がないこともあると思います。それでも、タスクは「選択肢の中から選ぶこと」。好みの選択肢がない中で、一番簡単に理由が出そうなものを瞬時に選択するという練習を積むことが大事です。理由や具体例は想像力勝負！　練習を積んでいくうちに話題が豊富になるし、どんなトピックでも話せるようになります。

Q8-10 p. 263

トルーマン・コーポレーション – 管理職研修セミナー 12月4日（火） サンダース会議センター		
	午前の研修セッション	
午前8:30-9:30	対立解決	ブレンダ・ラブ、人事課長
午前9:30-10:30	企画立案	トッド・グリーン、マーケティング部長
午前10:30-正午	実地訓練	フィル・ヤング、管理部長
正午-午後1:00	昼食	
	午後の研修セッション	
午後1:00-2:00	製品検査	サンドラ・レイン、製造主任
午後2:00-3:30	有意義な調査の作成	ウィル・オダ、マーケティング・アシスタント
午後3:30-4:30	チーム問題解決活動	スコット・ボビット、ゲスト専門家

語注 □ conflict: 対立、衝突 □ resolution: 解決策

510

Hi, I'm supposed to attend the management training seminar next Tuesday. I seem to have lost the schedule. Could you fill me in on some of the details of the seminar?

訳 もしもし、来週火曜日の管理職研修セミナーに出る予定です。日程表をなくしてしまったようです。セミナーの詳細をいくつか教えていただけますか？

語注 □ fill ~ in on ...: …について～に詳細を伝える

Q8. 511

When are the team problem-solving activities and who is running the session?

A8. 512

The team problem-solving activities will begin at 3:30 P.M. and a guest expert named Scott Bobbitt will be running the session.

訳 **Q8.** チーム問題解決活動はいつで、誰がセッションを担当しますか？

A8. チーム問題解決活動は午後３時30分開始で、スコット・ボビットというゲスト専門家がセッションを担当します。

Q8は表の上の方にある情報（場所、日付、最初の予定など）から出ることが多いですが、このように表の下、または真ん中の項目から聞かれることもあるので注意しましょう。

Q9. 513

Am I right in thinking that Conflict Resolution will be in the afternoon?

A9. 514

Actually, no. It's in the morning. Conflict Resolution will be held from 8:30 A.M. and Brenda Love will be leading it.

訳 **Q9.**「対立解決」は午後にあると思っていますが、合っていますか？

A9. 実は、違います。午前中です。「対立解決」は午前８時30分から行われ、ブレンダ・ラブが担当します。

Am I right in thinking that ～? という聞き方はQ9の頻出なので、慣れておいてくださいね。人名の後に～, HR manager（人事課長の～）と役職を入れてもOKです。また、Levels 7-8 を目指す場合で、2つの質問にしっかり答え終わった後に時間が余っていたら、It runs for a full hour.（丸1時間行われます）などの追加情報を入れてもいいでしょう。

Q10. 515

Aside from team problem-solving activities, what else is on in the afternoon?

A10. 516-517

Levels 5～6 There are two sessions. The first one is product testing at 1 o'clock. It's led by Sandra Rayne. The other is about creating meaningful surveys. It starts at 2:00 P.M. and finishes at 3:30 P.M. The speaker is Will Oda, the marketing assistant.

Levels 7～8 Well, the first session after lunch is at 1 o'clock. It's on product testing and it's being run by Sandra Rayne — she's the chief of production. After that, at 2:00 P.M., there's a talk on creating meaningful surveys by Will Oda. He's a marketing assistant. Then there's the team problem-solving activities. The afternoon sessions will finish at 4:30 P.M.

訳 **Q10.** チーム問題解決活動の他に、午後は何がありますか？

A10. Levels 5-6: セッションが２つあります。１つ目は１時の「製品検査」です。サンドラ・レインが担当します。もう１つは有意義な調査の作成に関するものです。午後２時開始で午後３時30分に終わります。講演者はマーケティング・アシスタントのウィル・オダです

Levels 7-8: ええと、昼食後、最初のセッションは１時からです。製品検査がテーマでサンドラ・レインが担当します――彼女は製造主任です。その後、午後２時からは、有意義な調査の作成に関するウィル・オダの講演があります。彼はマーケティング・アシスタントです。その後がチーム問題解決活動です。午後のセッションは４時30分に終わります。

Aside from ～(～以外で)と聞かれる問題も頻出です。～以外の項目を正しく案内しましょう。この問題では、「team problem-solving activities 以外の午後の予定詳細」が問われています。答えるときは、セッション名だけでは情報不足なので、担当者や時刻も加えます。高得点を目指す場合は、Levels 7-8のサンプルアンサーのように、情報を漏らすことなく網羅するようにしましょう。必要な情報を伝えた後は、数秒余らせてもOKです。

Q11 p. 264

518

Some people believe that the best way to learn a foreign language is to live where that language is spoken. Do you agree with this opinion? Why or why not? Use specific reasons and examples to support your opinion.

訳 外国語を身につける最善の方法はその言葉が話される場所に住むことだ、と考える人がいます。この意見に賛成ですか？ それはなぜですか？ 意見の根拠となる具体的な理由や例を挙げてください。

A11.

Levels ⑤～⑥ 519

I agree with the opinion that the best way to learn a foreign language is to live where that language is spoken. First of all, you have opportunities to use the language. Practice is important when you are learning a foreign language, so it's good to be in an environment where you have to use the language. I believe "practice makes perfect." Second, you can learn about the culture. Culture and language are related, so I think you need to study both. As a result, I think the best way to learn a foreign language is to live where that language is spoken.

訳 外国語を身につける最善の方法はその言葉が話される場所に住むことだ、という意見に賛成です。第一に、その言葉を使う機会があります。外国語を学ぶ際には練習が重要ですから、その言葉を使わざるを得ない環境に身を置くのはいいことです。「習うより慣れろ」が私の信条です。第二に、文化も学ぶことができます。文化と言語は関連しているので、どちらも勉強する必要があると思います。結論として、外国語を身につける最善の方法はその言葉が話されている場所に住むことだと思います。

Levels ⑦～⑧ 520

I disagree with the opinion that the best way to learn a foreign language is to live where that language is spoken. In the modern world, you can learn a language anywhere. We have access to the Internet and we can have conversations online with people from around the world at any time. Sites like YouTube have a huge number of videos that can teach us grammar and words from almost any language. Also, if I stay in my own country, I can speak to teachers who know my language. They can explain grammar and pronunciation to me well. If I travel to another country, there is no one who can explain difficult grammar in my first language. The same is true for books. The books written in my language may not be available in the country I travel to. For these reasons, I disagree.

訳 外国語を身につける最善の方法はその言葉が話されている場所に住むことだ、という意見に反対です。現代の世の中では、どこにいても言語が学べます。インターネットが利用できて、世界中の人といつでもオンラインで会話ができます。YouTubeのようなサイトには、ほぼ全ての言語の文法や単語を教えてくれる動画が山のようにあります。また、自国にいれば、私の言葉が分かる教師に相談ができます。彼らから文法や発音をきちんと説明してもらえます。外国へ行くと、難しい文法を私の第一言語で説明してくれる人はいません。本についても同じです。行く先の国では、私の母語で書かれた本は見つからないかもしれません。こうした理由から、反対です。

ゼミ生中継

問題文が長いです。どこをコピペして答えればいいのか、混乱しました。

このくらい長めの問題も出ることがあります。落ち着いて、まずは何が聞かれているのか読み取ることを優先させましょう。

2つ目の理由を話したところで、時間が終わってしまいました。

練習するときは常にタイマーを片手にね。タイマーを見ながら練習していると、30秒はこれくらい、50秒はこれくらい、と感覚的に分かるようになります。

サンプルアンサーは暗記するのがいいですか?

丸ごとでなくても、自分流にアレンジしたり、自分の答えとサンプルアンサーの表現を合体させたりしてもOK。いずれにしても、正しい英文を暗記することが基本中の基本。最初は暗記から始まり、それがインテイクされて浸透すれば、最終的には自分のものになります。

インプット→インテイク→アウトプットですね!

そうです。知識の自動化はそうやって起こります。つらくても、それが脳に効いているという証拠。頑張りましょう!

改訂版TOEIC® スピーキングテスト 究極のゼミ
別冊①
PC：7023041

『改訂版 TOEIC® スピーキングテスト究極のゼミ』
別冊②

直前チェックリスト

成果を最大限発揮するために
試験直前まで時間を有効活用しましょう！

直前チェックリスト

Q1-2 音読問題

Read a text aloud

問 題 数 2問
解答時間 各問45秒（準備時間各45秒）

これだけは絶対再確認！

- [ ] **1. 棒読みしない**
- [ ] **2. 話し手になりきる**
- [ ] **3. 相手に語りかけるように**
- [ ] **4. 急がない（早口にならない）**
- [ ] **5. 最後は時間を余らせてよい（10秒くらい余ってもOK）**

攻略1 準備時間を有効に使う

準備時間では声に出して予行練習をする。**並列構造や、固有名詞、数字**などを事前に読んで口を慣らす。一度読んでつっかえてしまう単語は、繰り返し発音しておく。**固有名詞の読み方が分からなくても、堂々と読む。**自分の役どころを把握する

- 宣伝系なら ➡ 明るめの声で、元気いっぱいに
- 空港・駅系なら ➡ 落ち着いたトーンで。カッコいい自分を想定
- ニュース系なら ➡ 正確に、冷静に。口角を上げ、リスナーを意識して

攻略2 英語のリズム・音のルールをマスターする

文アクセント（伸ばす、はっきり、ゆっくり）、つながる音（visit us）、変わる音（wrote you）、消える音（next）に気を付ける

攻略3 適切な息継ぎで聞きやすい間を作る

焦らない。速く読まない。意味のまとまりや文の構造に合わせて間を作る

攻略4 音の上げ・下げを意識する

●並列構造

You may not take **food**↗, **beverages**↗ or **pets**↘ into the stadium.

We are selling everything **from** jewelry↗ **to** sporting goods.↘

●if ～の文　if節の最後を上げる（↗）＋文末を下げる（↘）

●WH疑問文　文末を下げる（↘）

●Yes/No 疑問文　文末を上げる（↗）

●長い主語　主語の最後を下げる（↘）

●平叙文（普通の文）　文末を下げる（↘）

攻略5 英語らしく発音する

● [l] / [r]　lead / read　collect / correct

● [ʃ] / [s]　she / sea　ship / sip

● [θ] / [s]　thank / sank　think / sink

● [b] / [v]　ban / van　best / vest

● [f] / [h]　fat / hat　fold / hold

攻略6 話者になりきる！

内容を理解した上で、その内容が相手に伝わるよう、**語り掛けるように読む**ことがマスト

直前チェックリスト

Q3-4 写真描写問題

Describe a picture

問 題 数 2問
解答時間 30秒（準備時間45秒）

これだけは絶対再確認！

- [ ] **1. 解答時間をめいっぱい使う**
- [ ] **2. 急ぎすぎない、ゆっくりすぎない、速度は一定に**
- [ ] **3. 1箇所だけに偏った描写はしない（2名以上は描写する）**
- [ ] **4. 練習したものをそのまま出すイメージで話す**

攻略1 準備時間を有効に使う

- 最初の**出だし文の準備**
- 位置表現を抜いた**描写文を早口でなるべくたくさん言う**（人の服装、外見、動作）
- リハーサルは英語でも日本語でもOK

攻略2 「型」を覚える

1 全体 （どこ？）
2 細部 （目立つ人1：位置＋動作、服装、持っている物）
3 細部 （目立つ人2：位置＋動作、服装、持っている物）
4 細部 （目立つ人3 or 物：位置＋動作、服装、持っている物）
5 感想・推測
➡ 感想などは時間があれば。また、途中でちょこちょこと挟んでもOK

攻略3 汎用性の高いフレーズを覚える

●全体描写

This is a picture of a restaurant.

This is a picture taken at a park/in a department store.

This is a picture taken outside/inside.

●位置表現

In the middle of the picture（中央）

In the background of the picture（奥）

In the foreground of the picture（手前）

On the right side of the picture（右側）

On the left side of the picture（左側）

●服装・動作

半袖	He is wearing a short-sleeved shirt.
長髪、長袖	She has long hair and is wearing a long-sleeved shirt.
黒スーツ	He is wearing a black suit.
メガネ	He is wearing glasses.
電話中	He is talking on a smartphone.
会話してる	They are having a conversation.
PC仕事中	He is using a computer while sitting at a desk.
コピーしてる	She is using a copy machine.

●最後10秒になって描写しきれなかったポイントがたくさんあるときのお助け文：

Around them, I can see many things such as（cups, a big window, files...）and more.

●感想・推測

It looks like (they are ordering food).

It seems to be (a popular restaurant).

I think (they are having a good time).

●外で…

影ある　It seems to be a sunny day, because I can see shadows on the ground.

影ない　I think it is an overcast day, because I cannot see any shadows.

雲ある　I think It is a sunny day, but there are some clouds in the sky.

雲なし　It looks like a sunny day, because I can see a blue sky.

木がある　It must be a big park, because I can see some tall trees.

●室内で…

窓の外が明るい　I think it is a beautiful day, because I can see some sunshine outside.

窓の外が明るい　It might be daytime as it is very bright outside.

●服装から

Maybe it's winter, because some people are wearing warm clothes.

It must be warm, because they are wearing short sleeves.

攻略4　文法ミスをなくす

基本的なミスをしないように（複数形、前置詞など注意）

She is wearing a long-sleeved shirts. ×→　shirt

- これまで練習した、自分が言える文で構成する
- 背伸びしたことを言おうとすると間違える可能性があるので注意
- ミスった！ と思ったら少しであれば言い直してOK

攻略5　「複雑さ（C）」と「流暢さ（F）」をアピールする

単文だけでなく重文や複文も使えると◎

重文　I can see a train, **but** nobody is on it.

複文　I think **that** it's winter **because** they are wearing coats.

直前チェックリスト

Q5-7 応答問題

Respond to questions

問題数 3問
解答時間 Q5、Q6 各問15秒　Q7 30秒　（準備時間各3秒）

これだけは絶対再確認！

- ☐ **1. シンプルに答える**
- ☐ **2. コピペ対応**
- ☐ **3. 2択・3択は答えやすいものを選ぶ**
- ☐ **4. Q4、5はなるべくYesで答える**
- ☐ **5. ダブルQの場合、答え漏れがないよう注意**
- ☐ **6. 答えるときはできればジェスチャー付きで（「流暢さ（F）が上がる）**

攻略1 トピックと質問を文字で確認

画面に質問が出たらすぐに文字で確認する。質問トピックはaboutかonの後ろ

攻略2 とにかく即答する

- 即答・ストレートがマスト
- 2択や3択の場合、答えやすい方の選択肢を選ぶ（優柔不断は禁物）
- 質問文のコピペをする

攻略3 難しい単語・構文は使わない

- 背伸びしたことを言わない
- 文法や語彙の複雑さは採点項目ではない（「正確さ（A）」が焦点）

攻略4 答え漏れをなくす（Q5、6）

- Q5、6は、2つ質問されることが多い。的確に答える。2文（上級者は3文でも）を目指す。
- Q5、6では、15秒全部使わない。最低でも1～2秒は時間を余らせる。

攻略5 型を活用する（Q7）

解答（1文）→ 理由1（1文）→ 理由2（1文）→ 詳細（1文～）→ まとめ（1文）

●3択

解答 I think the most important factor is price

理由 because I don't want to waste a lot of money on a room.

詳細 If I can save money, ...

●2択

解答 I prefer to go shopping with my friends.

理由 This is because it is more interesting if I have someone to talk to.

詳細 For example, I went to ...

●自由解答

解答 I like to shop for things at online stores

理由 because I can find things at good prices.

詳細 For example, I bought ...

一般論より具体的な話を

①難しいことを話そうとすると撃沈するので簡単なことで説明
②一般論より、具体例や経験談を交ぜると話しやすい
③ストーリー仕立てにすると話しやすい
④作り話でもよい

直前チェックリスト

Q8-10 提示された情報に基づく応答問題

―― Respond to questions using information provided

問題数 3問
準備時間 各問3秒、資料を読む時間45秒
解答時間 Q8、Q9：各問15秒　Q10：30秒

これだけは絶対再確認！

- ☐ **1. 準備時間が始まったら声に出して読む**
- ☐ **2. 先読みでQを予想する**
- ☐ **3. 答えるときは、指で画面の当該箇所をなぞりながら読むと間違えない**
- ☐ **4. 資料の内容を単語ではなく文にして答える**
- ☐ **5. 間違えたと思ってもあきらめない（1回くらい間違えても大丈夫）**
- ☐ **6. 案内している人ということを忘れずに（親切に、明るく、棒読み禁止）**

攻略1 資料の種類を知る

資料を見た瞬間に、**何の表なのかを見抜く**：会議、セミナー、イベント予定、旅程表、履歴書等

攻略2 質問を予想する

先読み時は声を出して読む。答えのキーワードが見つかったら念入りに

Q8 …… 資料内の基本情報を尋ねるピンポイント問題

Q9 …… 資料内の内容を正しく理解できているかを尋ねる内容確認問題

Q10 …… 資料内の何らかの条件を満たす情報をまとめさせる要約問題
➡ 多くは2項目をまとめる

攻略3 お役立ちフレーズを駆使する

Q8 ……. Sure. / Certainly. / Of course.

Q9 ……. Actually, no. / Unfortunately, no.
I'm sorry, but that's not true.

●時間が余りすぎたとき…… Do you have any other questions?
●詰まってしまったとき…… Just a moment, please.
Let me check that for you. / Let me see.

攻略4 動詞と前置詞の用法を完璧にする

例：

The workshop will **take place** in Conference Room A.

She will **give a presentation**.　He will **lead a session**.

After that, you can **take/have a break**.

He will **give a description** of the new building.

The opening **remarks** will **be given** by Ms. Smith.

We will **hold a Q&A** session.　He will **give you a factory tour**.

● **in**　部屋など空間の広がりがあるイメージの場所や、国･都市など
in Meeting Room B　**in** Moore's Hall　**in** Kansas City

● **at**　建物などの地点や、比較的狭い場所
at the Riverside Hotel　**at** the MIBC Business Center

● **on**　建物の階数
on the first floor　**on** the third floor

●時間　**at**
You are scheduled to visit the Civic Hall **at** 9 A.M.
begin **at** 9:00.　start **at** 9:00　finish **at** 6:00 P.M.

●日付　**on**
The conference will be held at Moore's Hotel **on** April 2.
begin **on** May 5　start **on** Monday

●曜日　**on**
The workshop is scheduled to be held **on** Tuesday, October 3.

直前チェックリスト

Q11 意見を述べる問題

Express an opinion

メモを活用!

問 題 数　1問
解答時間　60秒（準備時間45秒）

これだけは絶対再確認！

- [ ] 1. 答えやすい意見で即決する
- [ ] 2. 意見はシンプルに分かりやすく。質問が短ければコピペ対応も◎
- [ ] 3. 意見の裏付けをはっきり言う
- [ ] 4. 論理的に展開する
- [ ] 5. 難しいことを言おうとしない。具体例や経験談などを組み込む

ノートテイキングの心得

- [ ] 問題を文字で把握したらすぐに自分の答えをメモる
- [ ] 意見とその理由のキーワードを書く（英語、日本語OK）
- [ ] 時間があれば詳細のキーワードも書く

攻略1 スピーチの型にはめる

意見（1文）→つなぎ（1文）→理由1（1文）→詳細1（1～2文）→理由2（1文）→詳細2（1～2文）→まとめ（1文）

意見	自分の意見
（つなぎ）	理由を述べる前の一言
理由1	意見の裏付けとなる1つ目の理由
詳細1	理由1を説明する詳細や具体例
理由2	意見の裏付けとなる2つ目の理由

詳細2　理由2を説明する詳細や具体例

（まとめ）　最初に述べた自分の意見を繰り返す

攻略2　意見や具体例のストックを増やす

持っているアイデア・ネタのストックから何かを引っ張り出してきて言う。

攻略3　途中で止まらずに話し続ける

論理的な展開を作るための効果的なフレーズを挟みながら、止まらない工夫をする。

目標→120-150点：100語（7～9文）前後、160点以上：130語（9文）前後

攻略4　同じ表現を繰り返さない

攻略5　文法に意識を向けすぎない

話している途中は文法に意識を向けすぎない（多少のミスは減点されない）

【汎用フレーズを確認】

●意見フレーズ

Agree・Disagree問題

I agree (disagree) that～

I agree(disagree) with the statement that～

2択・3択問題

I prefer to～　　I think that～ is the most important...

Adv・Disadv問題

There are many advantages/disadvantages of～

One of the advantages of～ is that...

●If問題

If ～ , I would...

●つなぎフレーズ

There are two reasons.　　I have two points.

●理由フレーズ

Because～ / It's(That's) because～ / This is because～
I say so because～ / The reason is that～

●説明、追加、具体例フレーズ

First, / First of all, / Firstly,　Second, / Secondly, / Next,
And / Also, / In addition,　For example, / For instance,
In my case,

●まとめ文フレーズ

So, / Therefore, / Thus, / That is why～
In short, / To sum up,　In conclusion,　As a result,

【頻出Question例を確認】

●ビジネス系

Q Would you prefer to take a job working for a small company or a large company?

Q What is the most important aspect when working in a workplace?
Ability to deliver results / Being a team player / Following company rules

Q What is the best way to motivate employees to perform at their best: monetary rewards or strong leadership?

Q Some people believe that companies should hire employees for their entire lives. Do you agree or disagree with this opinion?

Q Do you agree or disagree with the following statement? *Employees who complete their work quickly are the most valuable to their companies.*

●教育・家族・ライフスタイル系

Q Which of the following is the most important thing for parents to teach their children?　Politeness / Kindness / The value of money

Q Do you agree or disagree with the following statement? *Parents should try to influence their children's career choice.*

Q If you could change one thing in your workplace or at school, what would it be?

Q Some people say that today's children are smarter but less creative. Do you agree or disagree with this position?

Q What do you consider to be the most important quality in a good friend?　A sense of humor / Trustworthiness / The ability to be a good listener

Q What is the most important consideration for tourists when visiting a foreign country?　Knowledge about the language / Understanding of the cultures and customs / Advice about climate and what to wear

●テクノロジー

Q What are some of the advantages of having a smartphone?

Q Do you think television has any negative effects on families?

Q Do you think online meetings will replace face-to-face meetings?

Q In your opinion, which innovation will have more impact on our society: self-driving cars or eco-friendly straws and spoons?

You can do it!

MEMO

MEMO

MEMO

PC：7023041